100 Jahre Japan-Mission
der Thüringischen Franziskanerprovinz
(1907–2007)

Von Fulda nach Hokkaido

meinhardt

Bischof Berlioz und die beiden ersten Franziskanermissionare auf Hokkaido

Diözesanbischof Berlioz von Hakodate/Hokkaido (Mitte) nach der Spendung des Sakramentes der Firmung mit neuen japanischen Christen in Sapporo im Jahr 1915. Neben ihm sitzen die beiden ersten Franziskanermissionare auf Hokkaido, P. Wenzeslaus Kinold (l.) und P. Maurice Bertin (r.).

Impressum:

Von Fulda nach Hokkaido – 100 Jahre Japan-Mission der Thüringischen Franziskanerprovinz (1907–2007)

Herausgeber:	Thüringische Franziskanerprovinz von der heiligen Elisabeth e. V., Fulda
	Provinzialat der Thüringischen Franziskanerprovinz von der heiligen Elisabeth
	Am Frauenberg 1 • 36039 Fulda • Tel.: 06 61 10 95-36 • Fax: 06 61 10 95-39
Konzept und Redaktion:	P. Emmanuel Dürr ofm, P. Dr. Paulus Hägele ofm,
	P. Dr. Sigfrid Klöckner ofm (verantwortlich), Thomas Meinhardt,
	P. Dr. Benedikt Mertens ofm
Lektorat:	Michael Ecker, Thomas Meinhardt (verantwortlich),
	P. Dr. Benedikt Mertens, Daniela Seel
Satz und Gestaltung:	Davide De Leo
Verlag:	meinhardt
	Agentur für Kommunikationsstrategien, Text und Design
	Magdeburgstraße 11 • 65510 Idstein
	Tel.: 0 61 26 58 86 88 • Fax.: 0 61 26 58 86 89
	E-Mail: info@meinhardt-verlag.de
Fotos:	S. 181: © picture-alliance/dpa/dpaweb • S. 164, 183–184, 189, 214: © KNA-Bild •
	S. 191–192: © Steyler Missionare, Japan • S. 202–203: © Kerstin Meinhardt •
	S. 209: © picture-alliance/dpa • S. 208: © www.assisi.de • Fotos ohne Nachweis:
	Archiv der Thuringia und anderer franziskanischer Fotoarchive
Druck und Bindung:	Fuldaer Verlagsanstalt

Gedruckt auf alterungsbeständigem, holzfreiem und säurefreiem Papier entsprechend DIN ISO 9706

1. Auflage, Idstein Oktober 2007 • Copyright: Liegt beim Herausgeber, alle Rechte vorbehalten

Printed in Germany

ISBN: 978-3-933325-32-7

Inhaltsverzeichnis

Vorwort (Deutsch) 7
Preface (Japanese) 15
Preface (English) 21

Kapitel I: Historischer Überblick

a) Kleine Geschichte der Franziskanermission in Japan 29
   P. Prof. Andreas Tsutomu Fukuda ofm

b) Von den Anfängen 1907 bis zum Eintritt
   in die Japanische Provinz 1985 43
   Aus den Chroniken der Thüringischen Japan-Mission
   P. Dr. Paulus Hägele ofm

c) Die Hokkaido-Mission nach 1985 113
   Versuch einer Chronik
   P. Urban Saubier ofm

d) Porträts einiger herausragender Persönlichkeiten 133
   P. Emmanuel Dürr ofm

Kapitel II: Persönliche Zeugnisse

Zeugnisse von Brüdern in Hokkaido 155
P. Dr. Sigfrid Klöckner ofm

Kapitel III: Die katholische Kirche in Japan

Die Lage der katholischen Kirche in Japan nach
100 Jahren missionarischen Wirkens 177
Interview mit P. Prof. Eugen Rucker SVD

Kapitel IV: Ausblick

a) Gedanken eines »Außenstehenden« 197
   P. Dr. Sigfrid Klöckner ofm

b) Die Wandlung des Missionsverständnisses 207
   Interview mit P. Prof. Andreas Tsutomu Fukuda ofm

c) Hundert Jahre – und was jetzt? 223
   Einige autobiografisch geprägte Überlegungen
   P. Helmut Schlegel ofm

d) Das St. Gregorius-Institut für Kirchenmusik 239
   Veronika Chikako Hashimoto

Japanese Summaries 249
English Summaries 259

Anhang

a) Glossar 271
b) Autorenverzeichnis 275
c) Liste der Brüder in der Japan-Mission der Thuringia 277
d) Bibliografie 281
e) Dokumente 289
f) Orts- und Zeitüberblick 298

Vorwort

P. Hadrian W. Koch ofm

Liebe Leserinnen und Leser,
liebe Schwestern und Brüder in Japan und in Deutschland,
liebe Brüder der Franziskanerprovinz von den japanischen Märtyrern,
liebe Brüder der Thüringischen Franziskanerprovinz von der heiligen Elisabeth,
die ihr in Japan lebt,
liebe Freundinnen und Freunde, liebe Förderinnen und Förderer
unserer missionarischen Evangelisierung,

die Faszination ferner Länder, die Begeisterung für andere Kulturen und der Auftrag Jesu, die Frohe Botschaft vom Gott des Lebens, von Freiheit, Gerechtigkeit und Versöhnung bis an die Grenzen der Erde zu tragen (Mt 28,19f.), waren und sind die Motive, welche die Missionstätigkeit der Kirche als Ganzer und einzelner Ordensgemeinschaften durch die 2000-jährige Kirchengeschichte bestimmt und gefördert haben.

In immer wieder neuen Ansätzen und mit unterschiedlichen, durch das Verständnis der jeweiligen Zeit geprägten Methoden, haben sich Menschen »im Namen Gottes« auf den Weg gemacht, um den Völkern – das waren für sie alle, die die Botschaft Jesu nicht kannten – das Licht des Evangeliums zu bringen.

Dabei gab es Zeiten, in denen der Auftrag Jesu durch politische Interessen mehr verdunkelt als erhellt worden ist. Dies zu leugnen, ist heute nicht mehr möglich. Es zu beschönigen, wäre töricht. Es sich einzugestehen und sich vor Wiederholung zu hüten, bedeutet Befreiung von Vergangenem und Freiheit für Kommendes.

Als Brüder der Thüringischen Franziskanerprovinz von der heiligen Elisabeth mit Sitz in Fulda vor 100 Jahren aufbrachen, um in Japan zu »missionieren«, werden sie sich mit solchen Gedanken kaum beschäftigt haben. Die neu erwachte Begeisterung für die Mission hatte ihre Wurzeln in dem sich anbahnenden Verständnis von einer, heute würde man sagen: globalen Welt und in den nach der Säkularisation im Deutschland des

P. Hilarius Schmelz mit Erstkommunikantinnen (1929)

19. Jahrhunderts wieder erstarkten Ordensgemeinschaften und deren steigenden Nachwuchszahlen zu Beginn des 20. Jahrhunderts.

Politische Motive waren es nicht, die unsere Brüder veranlasst haben, noch ehe sie 1937 nach Brasilien gingen, schon 1907 nach Japan aufzubrechen. Ihre Motivation war wohl eher das, was sich bis in die Mitte des 20. Jahrhunderts unter dem Stichwort »Seelen retten« erhalten hat. Hieraus versteht sich auch, dass die Anzahl der Taufen, von denen ein Missionar in der Heimat berichten konnte, ein messbares Indiz für den Erfolg oder Misserfolg der Mission gewesen ist.

Es ist sicher ein Werk des Heiligen Geistes, dass sich diese Auffassungen gewandelt haben, und das nicht im Sinne einer Kapitulation vor der Realität. Es war das erneuerte Verständnis der Sendung der Kirche in einer Welt, die im letzten Jahrhundert von zwei großen Kriegen heimgesucht worden war und die zudem in zwei ideologische und militärische Blöcke geteilt war, die sich argwöhnisch und feindselig gegenüberstanden.

Menschliches Zusammenleben – so haben wir in Europa schmerzlich lernen müssen – ist nur in der Akzeptierung der Menschenrechte, in gegenseitigem Respekt, in Toleranz und Wohlwollen möglich. Zur Anerkennung der Menschenrechte gehört auch die Akzeptanz des Rechtes auf Meinungs- und Religionsfreiheit. Zum gegenseitigen Respekt gehört zutiefst die Ehrfurcht vor der Überzeugung des anderen; die Ehrfurcht vor dem, was einem anderen zuinnerst wichtig ist, vor dem, was sein Welt-, sein Menschen- und sein Gottesbild ausmacht. Zur Toleranz gehört die Fähigkeit, Fremdes und Unbekanntes nicht nur zu dulden, sondern sich auch darüber freuen zu können, weil es den eigenen Blick und den eigenen Horizont weitet. Und Wohlwollen ist alles andere als die Haltung gönnerhafter Freundlichkeit; Wohlwollen ist jener Vorschuss an Vertrauen, der Beziehung zwischen Fremden und zu Fremdem überhaupt erst möglich macht.

In der franziskanischen Tradition dessen, was Mission bedeutet – und die wir zugegebenermaßen auch erst wieder entdecken mussten –, sind diese Elemente schon seit beinahe 800 Jahren angelegt. Heute könnten wir sie vielleicht so zusammenfassen: Zusammenleben, Dialog, Mission (Nichtbestätigte Regel von 1221, Kap. 16). Franziskus empfiehlt darin seinen Brüdern, die zu den Sarazenen (Muslimen) gehen wollten, dass sie mit ihnen weder Zank noch Streit beginnen und um Gottes willen jeder menschlichen Kreatur untertan sein sollten. Sie sollten bekennen, dass sie Christen sind. Und wenn sie sehen würden, dass es dem Herrn gefällt, dann sollten sie das Wort Gottes verkünden.

Das Zusammenleben der Menschen in einer multikulturellen und multireligiösen Welt stellt uns heute vor neue Herausforderungen. Eine erkennbare christliche Identität – Gleiches gilt entsprechend für alle Kulturen und Religionen – muss ja nicht als Störung begriffen werden, sondern ist geradezu die Voraussetzung dafür, um mit Profil und dennoch dialogisch von Gott zu reden (P. Hermann Schalück, Generalminister des Franziskanerordens von 1991 bis 1997).

Begegnung zwischen Franziskus und dem Sultan al-Malik al-Kamil während des fünften Kreuzzuges (1219) in Ägypten. Dieser Besuch hat Franziskus nachhaltig geprägt. Er erlebte, dass die Muslime keine »grausamen Bestien« waren, wie Kreuzritter und Kirche verbreitet hatten. Franziskus wollte die »Ungläubigen« nicht mit Gewalt zum Christentum bekehren. Er konnte sie akzeptieren und glaubte, dass Gott einen Erlösungsplan hat, der alle Menschen umfasst.

Auf »Mission« kann, ja darf die Kirche Jesu Christi nicht verzichten. Es gehört zu ihrem Wesen, dass sie nicht für sich selbst da ist und sich nicht um sich selbst drehen darf. Der Auftrag Jesu Christi an sie ist eindeutig: Ihr seid das Salz der Erde, das Licht der Welt, die Stadt auf dem Berg (Mt 5,13–16). Dieser Auftrag ist allen gegeben, die in der Taufe Christus Jesus angenommen haben. Ihre Art und Weise, Mensch zu sein, soll andere dazu ermutigen, den »Geschmack am Leben« nicht zu verlieren oder ihn wieder zu finden. Unser Auftrag ist es in einer oft sehr grellen Welt, die viele Menschen blendet, Licht zu sein. Wie wir alle wissen, verändert die Beleuchtung auch die Dinge. Im Lichte Christi, der sich selbst als Licht vorgestellt hat (Joh 8,12), verändert sich die Beleuchtung der Dinge; das gilt für Gerechtigkeit, Freiheit, Frieden und Versöhnung genauso wie für die Armen, die Kranken und die Sünder; das gilt auch für den Umgang mit der Schöpfung Gottes, die uns heute als bedrohte Natur um Hilfe anfleht, und es gilt für eine Zukunft, die uns weniger Grenzüberschreitungen als vielmehr Grenzziehungen abverlangt, wenn wir als Menschen menschenwürdig leben wollen.

Stadt auf dem Berg zu sein und es auch sein zu wollen, ist die Bereitschaft, auch für jene sichtbar und hörbar als Orientierung da zu sein, die eher »von ferne« auf uns schauen, die sich uns nicht so einfach und vorbehaltlos nähern, die sich aber dennoch an uns orientieren. Auch mit ihnen sind wir als Menschen gemeinsam auf dem Weg.

Unsere Sendung als Christen in der Welt von heute ist in einem neuen Sinne politisch. Es ist unsere Aufgabe, in der Option für die Armen eindeutig Partei zu ergreifen für die größte Minderheit in dieser Welt. In unserer Sendung geht es ebenfalls darum, das Charisma des Heilens wieder zu entdecken für die vielen, die an Leib und Seele verwundet worden sind oder sich selbst verwundet haben.

Nach dem von ihren Kritikern vorhergesagten Ende der Religion werden wir Zeuge einer geradezu entgegengesetzten Entwicklung. Am Beginn des 21. Jahrhunderts spielt die Religion in der Politik eine nicht zu übersehende Rolle. Umso wichtiger ist es, dass aus dem zu befürchtenden »Clash of Civilizations« die Begegnung der Kulturen und Religionen wird, um die sich die Kirche des Zweiten Vatikanischen Konzils bemüht hat und bemüht.

Überall in der Welt muss es uns am Herzen liegen, den interreligiösen Dialog zu suchen und zu pflegen, um dem Geist Gottes und seinen vielfältigen Offenbarungen auf die Spur zu kommen. Was in dieser multikulturellen und multireligiösen Welt vordergründig wie ein »Markt der Möglichkeiten« aussehen mag, kann – mit anderen Augen betrachtet – auch ein Hinweis sein auf den von uns noch gar nicht genügend wahrge-

Eines der Hauptprobleme, beispielsweise in Brasilien, sind die schrecklichen Lebensbedingungen von Hunderttausenden von Straßenkindern. In zahlreichen Projekten und Gemeinden versuchen die Franziskaner ihnen zu einem menschenwürdigen Leben zu verhelfen.

nommenen Reichtum der Wege Gottes zum Menschen und auf die Vielfalt der Wege, die Menschen zu Gott gefunden haben. Selbst das bei uns verdächtig klingende Wort »Angebot« muss man nicht zuerst unter dem Aspekt der »Ware« betrachten. Man kann unter »Angebot« auch eine sensiblere, eine bescheidenere, eine evangeliumsgemäßere, eine franziskanische Methode der Verkündigung von Gottes Guter Nachricht verstehen. Ihr geht es nicht um rechthaberische Überredungskunst, sondern um das Zeugnis des menschgewordenen Gottes, der seine Sonne aufgehen lässt über Guten und Bösen (vgl. Mt 5,45) und der in Jesus Christus für uns zum Weg, zur Wahrheit und zum Leben geworden ist (Joh 14,6).

Franziskus, der »Bruder aller Menschen«, ist weit über die Grenzen des Christentums hinaus, ja sogar bei solchen, die sich selbst als nicht gläubig bezeichnen, eine überzeugende Gestalt, wenn es um Menschlichkeit, um Gerechtigkeit, Frieden und Bewahrung der Schöpfung geht; er ist es auch, wenn er von der Demut Gottes spricht, die sich in Krippe, Kreuz und Altar (Eucharistie) verbirgt und offenbart.

Sich über solche Themen mit anderen auszutauschen, sich zu verständigen und sich gemeinsam verpflichtet zu wissen, nach der Wahrheit zu suchen, ist eine Aufgabe, für die sich jede Mühe lohnt.

Es versteht sich von selbst, dass sich diese Aufgabe der Kirche in Japan genauso stellt, wie sie sich der Kirche in Deutschland stellt, für einen japanischen Christen genauso wie für einen deutschen, in Europa genauso wie in Asien, Amerika, Afrika oder Ozeanien.

Das Ganze unseres Glaubens haben wir Christen nur gemeinsam. Das Ganze der Offenbarung Gottes haben wir Christen nur mit allen Menschen gemeinsam.

100 Jahre des missionarischen Dienstes in der 450-jährigen Geschichte der japanischen Kirche ein klein wenig mitgestaltet zu haben, lässt uns als Thüringische Franziskanerprovinz heute besonders dankbar sein. Die Gründung einer eigenständigen Japanischen Ordensprovinz vor 30 Jahren (1977) hat uns ebenfalls mit Freude erfüllt. Heute gedenken wir dankbar der Brüder, die ihr Leben, ihren Glauben, ihre Fantasie und ihre Talente – ohne zu rechnen und zu zählen – den Menschen in diesem Land, vor allem auf Hokkaido, geschenkt haben. Nicht wenige davon haben sich auch um die christliche Kultur dieses Landes verdient gemacht, wie es in dieser Dokumentation nachzulesen ist.

Um den Toten ein ehrendes Andenken zu bewahren und um den Lebenden ein Zeichen der Solidarität und der Verbundenheit in der gemeinsamen Berufung als Franziskaner zu geben, haben wir uns zu der vorliegenden Dokumentation entschlossen. Wir überreichen sie allen, die sich unseren Schwestern und Brüdern in Japan und uns verbunden wissen und für deren Opferbereitschaft wir an dieser Stelle recht herzlich danken.

Bedanken möchte ich mich auch ganz herzlich bei den Autorinnen und Autoren, die sich unserem Wunsch nicht verschlossen haben, der Geschichte auf die Spur zu kommen und sie für die Nachwelt zu sichern. Mein Dank gilt zudem den Mitgliedern des eigens hierfür zusammengestellten Redaktionsteams, die gemeinsam das Konzept erstellt, Autorinnen und Autoren angesprochen und die Texte für die Drucklegung bearbeitet haben.

Ein Jubiläum lebt von seiner Geschichte und deren Anfängen, von den Menschen, die Herausragendes geleistet haben, und von denen, die im Alltag in zuverlässiger Treue und Selbstverständlichkeit verkündigt, gelehrt, gebetet, getröstet und geheilt haben und so Salz der Erde, Licht der Welt und Stadt auf dem Berg gewesen sind – und es bis auf den heutigen Tag sind.

Gott segne die Kirche Japans. Der heilige Franziskus, die japanischen Märtyrer und die heilige Elisabeth von Thüringen, deren 800. Geburtstag wir in diesem Jahr begehen, mögen die Christinnen und Christen sowie die Franziskaner in Japan mit ihrer Fürsprache begleiten.

Fulda, am Fest der Verklärung Christi 2007

P. Hadrian W. Koch ofm
Provinzial

Preface (Japanese)

　日本とドイツの愛する読者・兄弟姉妹のみなさま、日本の殉教者を戴くフランシスコ会日本管区の愛する兄弟のみなさま、聖エリーザベトを戴くフランシスコ会テューリンゲン（フルダ）管区より派遣された日本在住の愛する兄弟のみなさま、わたしたちの福音宣教を助けてくださる愛する友のみなさま、

　遠い国に魅了され、異文化に感激し、生きる神・自由・正義・融和のよきおとずれを地の果てまで伝えるようにというイエスの要請（マタイ28：19以下）が動機となり、2000年の教会史を通して、すべての、またそれぞれの修道会としての教会の宣教活動が生じ、促進されましたし、また現在もそうです。

　繰り返し新たなやり方とその時代の理解に特徴付けられたさまざまな方法によって、人間は「神の名」において、人々　ーそれはイエスの福音を知らない人々すべてを意味しましたー　に福音の光をもたらそうと世界に出かけていきました。

　その際イエスの要請が照らされるというよりは、政治的関心によって曇らされた時代もありました。この事実を否定することは今日ではもはや不可能です。またそれを美化することは愚かしいと言えるでしょう。それを告白し、2度とそのような間違いを犯さないようにすること、それは、過去からの解放と未来への自由を意味します。フルダにある聖エリーザベトを戴くフランシスコ会テューリンゲン管区の兄弟が100年前に日本に「宣教」に出かけたとき、このような考えを抱くことはほとんどなかったでしょう。宣教に新たに目覚めたのは、ー今日そう言ってもいいと思いますがー　広範囲におよぶ世界について理解しはじめたことと、19世紀ドイツにおいて教会財産が没収されましたが、その後ふたたび修道会が強化され、20世紀初頭にいたるまで後継者が増えていったことに理由があると思います。

　わたしたちの兄弟が、1939年にブラジル宣教に赴く以前の1907年にすでに日本に出かけるようになったのは、政治的動機からではありません。彼らを宣教に赴かせたのはそれよりも、20世紀半ばまで「魂を救う」というスローガンのもとにあらわれていたものが動機でした。ここから宣教師が故郷に報告した受洗者の数が、宣教が成功したか失敗したかの結果をあらわす指標だったことも理解できます。

　この見解が変化したのは確かに聖霊の働きであり、それは現実を前にしての降伏を意味するものではありません。これは、20世紀に2つの世界大戦に見舞われ、さらにイデオロギー上も軍事上も2つに分かれていがみ合い、敵対する2つのブロックに分かれた世界に

おいて、教会の使命が新たに考え直された結果です。

　人間の共同体は　－そうわたしたちはヨーロッパにおいて痛みを感じつつ学ばなければならなかったのですが－　人権を容認し、お互いに尊敬し、寛容と好意をもってはじめて可能になるのです。これらの要素のうち人権の容認とは、言論と宗教の自由の権利をも認めることを意味します。お互いに尊敬しあうとは、他者の信念に深く敬意を払うことであり、他者が心の奥底から重要だと思っていることや、その世界観、人間観、神についてのイメージをなしているものに敬意をはらうことです。寛容とは、なじみがないことや見知らぬことをただ忍耐するだけではなく、自らの視野や自らの理解力がそれによって広がるので、よろこぶことができる能力も入ります。好意とは、恩着せがましい友情の態度とはまったく異なったものです。好意とは、見知らぬ同士、また見知らぬ者との関係をはじめて可能にする信頼への前提条件です。

　これらの要素は、フランシスコ会のおよそ800年来の伝統の中に育まれているものですが、宣教が何を意味するかをそれぞれの時代にそこからまた新たな発見しなければなりません。今日わたしたちはそれを次のようにまとめてもいいかもしれません。共生、対話、宣教「勅書によって裁可されていない会則（1221年）16章」フランシスコはその中で、サラセン人（イスラム教徒）のもとに赴く兄弟に、彼らと口論したり、争いをはじめたりしてはいけない、神ゆえにどのような被造物にも仕えるべきだと勧めています。彼らは自分たちがキリスト教徒であると告白すべきであり、もしそれが主に嘉（よみ）されたとみるならば、そうしたら彼らは神の言葉を告げ知らせてよいとしています。さまざまな文化やさまざまな宗教をもつ世界において、今日の私たちにとっても新たな挑戦であるといってよいでしょう。明確なキリスト教的アイデンティティは、－同じことはすべての文化と宗教に当てはまりますが－　妨害と理解される必要はなく、明確な個性をもつものの、それにもかかわらず対話的に神について語るためのまさに前提条件です。（ヘルマン・シャルック、1991年から1997年までフランシスコ会の総長）

　「宣教」をイエス・キリストの教会は放棄することができませんし、またしてはいけません。キリスト教会の本質は、教会はそれ自身のために存在するのではなく、またそれ自身にのみかかわっていてもいけないということにあります。イエス・キリストが教会にした要請ははっきりしたものです。あなたがたは地の塩である。あなたがたは世の光である。山の上にある町である。（マタイ5：13-16）洗礼においてイエス・キリストを受けたすべての者はこの要請に応えなければなりません。人間であるということは、人生を嫌悪しな

いように、または「人生を好きになるように」と他人を勇気づけることを意味します。わたしたちの任務は、多くの人々の目をくらませるぎらぎらした世界にあって、真の光であることにあります。わたしたちみなが知っているように、明かりは物事をも変えます。みずからを光であるとなさった（ヨハネ 6：12）キリストの光の中で、明かりは変わります。それは正義・自由・平和・和解であり、同様に貧者・病人・罪人にもあてはまります。また今日危機に瀕する自然としてわたしたちに援助を乞う神の被造物との関係にも当てはまりますし、わたしたちに、自分たちの領域を広げようとせず、与えられたもののなかにとどまるようにと要求する未来にも当てはまります。

　山の上の町であることと、またそうあろうとすることは、「遠くから」わたしたちを見ているものの、わたしたちに簡単に、また無条件には近づけないが、それでも自分の位置を確かめようとする人々にとって、わたしたちを指標として見たり、聞いたりできるようにすることです。また彼らとわたしたちは人間として一緒の道にあります。

　今日わたしたちがキリスト教徒として世界にいる使命は、ある意味においては政治的です。わたしたちの任務は一義的に貧者、つまりこの世において弾圧されているひじょうに多くの者に加担することです。ですからわたしたちが行う修道者派遣において、体と魂が傷けられた、または自ら傷ついてしまった多くの者のために治癒のカリスマをふたたび発見することが重要です。

　批評家たちは宗教の終わりを予言しましたが、わたしたちはまさにその正反対の発展の証人となります。21 世紀の初頭、宗教は政治において見過ごすことのできない役割を果たしています。それゆえいっそう重要になるのは、恐れられている「文明の衝突」ではなく、それを乗り越え文化と宗教の出会いとなることです。この文化と宗教の出会いを勝ち得ようと第二ヴァチカン公会議を開いた教会は努力しましたし、今も努力しています。世界のいたるところでわたしたちは、宗教間の対話を模索し、促進し、神の霊とその多様な啓示があらわれている足跡を探さなければいけないのだ、ということを肝に銘じなければなりません。この多文化、多宗教世界において、「可能性の市場」のように皮相的に見えるかもしれないものは、別の目で見れば、わたしたちによってまだ十分に認識されていない神の人間への道がもつ富や、人間が神を見つける道の多様性を示唆しているのかもしれません。わたしたちにはいかがわしく聞こえる言葉「提供」はまず「商品」との関連で見られがちですが、その必要はありません。この「提供」のもとで、繊細で、謙虚で、福音にかなった、フランシスコ会の神のよきおとずれを告げ知らせるフランシスコ会的な方法を理解で

きるのです。それには正義を振りかざす折伏ではなく、悪人にも善人にも太陽を昇らせ（参照、マタイ5：45）、イエス・キリストにおいてわたしたちの道、真理、生命となられた方、（ヨハネ14：6）人となられた神を証しすることが重要なのです。

　「すべての人間の兄弟」であるフランシスコはキリスト教の枠を超え、みずからを信仰がないと自称している人々のもとでも、もし人間性とか正義・平和・創造の保持などが問題となる場合には、説得力のある人物像となります。フランシスコが、馬小屋や、十字架や祭壇（聖体）の中に隠れつつ、また同時にあらわれる神の謙虚さについて語るとき、彼がそのものになります。このようなテーマに関して他者と意見を交わし、お互いに理解しあい、一緒になにが義務となっているかを知り、真理を探すこと、これはどのような努力をしても無駄にならない任務です。

　このような教会の任務は日本においても、ドイツの教会におけると同じようにあり、日本のキリスト教徒にもドイツのキリスト教徒にも同様に、またヨーロッパもアジア、アメリカ、アフリカ、オセアニアにも同様だということは明らかです。わたしたちキリスト教徒は全人類とともにのみ、神の啓示の全てを有しているのです。

450年の日本の教会史において、わたしたちがともにその100年間の宣教を担ってきたこと、そのことをフランシスコ会テューリンゲン管区として今日特に感謝したいと思います。またわたしたちは、30年前（1977）に日本管区が設立されたことをとてもうれしく思います。今日わたしたちは感謝のうちに、その人生・信仰・想像力・才能を　ー計算したり、値踏みしたりすることなしにー　とりわけ北海道に贈った兄弟に感謝しつつ、彼らを思い起こします。そのうちの少なからざる人々はこの国のキリスト教文化に貢献したことは、この記録資料に読み取れます。

　死者を尊敬しつつ思い起こし、生きている者に、フランシスコ会士として共通の召命をいただいたという連帯感を抱きつつ、わたしたちはこの記録資料を作ろうと決めました。わたしたちはこれを日本のわたしたちの兄弟姉妹と、わたしたちに関心を寄せてくださっているすべての人々に、またわたしたちがこの場を借りて、その献身に心から感謝しているすべての人々にお渡しいたします。

　また歴史をたどり、それを後世に伝えたいというわたしたちの願いを拒否せずに協力してくださった著者の方々に心から感謝いたします。さらに一緒に構想を練り、著者たちに原稿を依頼し、印刷できるように原稿を整え、ここで一緒に働いてくれた編集チームの人々

にも感謝を述べたいと思います。

　記念祭は、その歴史、歴史の始まり、傑出したことを成し遂げた人々、そして日々確信を持って忠実に、自明のうちに福音を告げ、教え導き、祈り、慰め、癒した人々、そうです、かつて地の塩、世の光、山の上の町であり、また今日の日までそうである人々の御蔭によるのです。神が日本の教会を祝福なさいますように。聖フランシスコ、日本の殉教者たち、今年わたしたちがその生誕800年を迎えるテューリンゲンの聖エリーザベトが日本のキリスト教徒とフランシスコ会士をそのとりなしによって見守ってくださいますように。

フルダにて、2007年キリスト変容の祝日に

フランシスコ会テューリンゲン管区長　ハドリアン・W・コッホ神父

Translation: Veronika Chikako Hashimoto and Ayako Miyamoto

Preface (English)

Dear Readers,
dear Brothers and Sisters in Japan and in Germany,
dear Brothers of the Fransciscan Province of the Japanese Martyrs,
dear Brothers of the Thuringian Franciscan Province of St Elisabeth, who live in Japan,
dear Friends and dear Supporters of our Gospel Mission,

the fascination of distant countries, the enthusiasm for foreign cultures and Jesus' instruction to bring the Good News of the God of life, of freedom, justice and reconciliation, to the borders of the earth (Mt 28,19f.), have been and still are motives which determine and promote the missionary activity of the Church as a whole as well as of the individual religious orders throughout the 2000 years of Church history.

Time and again, by new approaches and different methods, shaped by each time's understanding, people took up their way »in the name of God« to bring the Gospel's light to the people – which for them meant all people who have yet to know Jesus' message.

There have been times, though, when Jesus' message was obscured by political interests, rather than illuminated. Today, denying this is not possible anymore. Glossing it over would be foolish. Admitting this and taking care not to repeat it, means liberation from the past and liberty for the times to come.

When brothers of the Thuringian Franciscan Province of St Elisabeth, with its Provincialate in Fulda, set out, 100 years ago, to evangelize in Japan, they would hardly have thought about such things. The newly woken enthusiasm for missionary work was rooted in the early understanding of a, as we would put it, global world, and, after the secularization in 19th century Germany, in the restrengthened religious orders and their increasing numbers of young members at the dawn of the 20th century.

It was not political motives that caused our brothers to set out for Japan, even before they went to Brazil in 1937. Rather, their motivation had been what until the middle of the 20th century remained under the heading of »saving souls«. From this, it can also be understood that the number of baptisms which a missionary could report at home, has been a measureable indication of the mission's success or failure.

It surely is the Holy Ghost's work that these views have changed, and not in the sense of a capitulation to reality. This has been the renewed understanding of the Church's mission in a world afflicted, in the last century, by two great wars and also parted by two ideologic and military blocs who faced each other with suspicion and hostility.

Human co-existence (living together as humans) – as we in Europe had painfully to learn – is only possible in the acceptance of human rights, in mutual respect, tolerance and goodwill. And the recognition of human rights includes freedom of speech and freedom of worship as well. Mutual respect absolutely includes respect for the convictions of the other, for whatever might be his or her view of the world, of men and of God. Tolerance includes the ability not only to endure what is different and unknown; but to enjoy it because it widens one's own horizon. And goodwill is all but patronizing friendliness, it is that advance of trust which makes the relationship between strangers and towards the foreign possible in the first place.

In the Franciscan tradition of what mission means – and which we, admittedly, have to rediscover too – these elements have already been in place since almost 800 years. Today we might summarize them as such: living together, dialogue, mission (Earlier Rule of 1221, Chap. 16). Here Francis recommends to his brothers, who want to go to the Saracens (muslims), not to begin quarrels nor fights and for heaven's sake be subject to every human creature. They should confess to be Christians. And if they would see that it pleases the Lord they should preach the Word of God.

The co-existence of people in a multicultural and multireligous world presents new challenges to us. A recognizable Christian identity – correspondingly, the same is true for every culture and religion – does not need to be understood as disturbance but is actually a prerequisite for speaking of God in a clear-cut and nontheless dialogic way (Fr. Hermann Schalück, Minister General of the Franciscan Order from 1991 to 1997).

The Church of Jesus Christ cannot, and must not, do without mission. It is part of its character not to exist on its own behalf and not to turn in on itself. Jesus' message to the Church is unambiguous: You are the salt of the earth, the light of the world, the town on the hill (Mt 5,13–16). This instruction is given to all who by their baptism accepted Jesus Christ. Their way of being human should encourage others not to lose their »taste for life«, or to find it again. In an often dazzling world which is blinding many, it is our responsibility to be the light. As we all know, illumination also changes things. In the light of Christ, who introduced himself as the Light (Joh 8,12), the illumination of things changes; this is true for justice, liberty, peace and reconciliation as well as for the poor, the ill, and the sinners; it is also true for our manners of dealing with God's creation, which today, as endangered nature, is pleading to us; and it is true for a future which requires drawing borders rather than crossing them, if we want to live humanely, as human beings.

Being and wanting to be the town on the hill means readiness for being recognized as visible and audible orientation, also for those who look upon us »from far«, who do not just come closer unconditionally, but still look to us. With them, we are also on our common way as humans.

Our Christian mission in the world of today is political in a new sense. In the light of the option for the poor, it is our task to unambiguously advocate for the greatest minority of this world. Our mission is also about rediscovering the charism of healing for the many who have been wounded in body and soul, or have hurt themselves.

After the end of religions, predicted by our critics, we witness an almost opposite development. At the beginning of the 21st century religion plays an immense role in politics. It is all the more important to turn the feared »Clash of Civilizations« into an encounter of cultures and religions, which the Second Vatican Council has strongly fostered.

All over the world we must be concerned to look and care for interreligious dialogue, to get on the track of God and his varied revelation. What in this multicultural and multireligious world superficially might be seen as a »market of possibilities«, could – from a different point of view – also be a hint of the richness of God's ways towards man, still insufficiently noticed by us, and the variety of ways which human beings have turned towards God. Even the word »supply«, which sounds so suspicious to us, need not be considered as a »trading good« in the first place. »Supply« can also mean a more sensible, a more modest, Franciscan way of preaching God's Good Advice more in accordance with the Gospel. This would not be about a know-it-all art of persuasion, but about the testimony of the incarnated God, who lets His sun rise above good and evil (cf. Mt 5,45) and who in Jesus Christ became the Way, the Truth and the Life for us (Joh 14,6).

Francis, the »brother of all«, is, when it comes to humanity, justice, peace and care of creation, a convincing person far beyond the borders of Christianity, and even for those who would not call themselves faithful; he is as much convincing, when he talks of the humility of God which conceals and reveals itself in the manger, on the cross and on the altar (Eucharist).

To interchange with others about such subjects, to come to an understanding and to know one another to be mutually obliged to the quest of truth, is a task worth every effort.

It goes without saying that this task is given in Japan as well as in Germany, for a Japanese Christian as well as for a German, in Europe as well as in Asia, America, Africa or Oceania.

We Christians have the whole of our belief only if we share it. We Christians have the whole of God's revelation only if we share it with all people.

Today, having joined in shaping the 100 years of missionary service within the 450 years of history of the Japanese Church, let us – as Thuringian Franciscan Province – be especially grateful. The founding of an independent Japanese Province 30 years ago (1977) has filled us with joy, too. Today, we think gratefully of those brothers who have dedicated their lives, their faith, their creativity and their talents – without calculating and counting – to the people in this country, first of all on Hokkaido. Not a few of them have also rendered a great contribution to this nation's Christian culture, as can be refered to in this documentation.

By honouring the memory of the dead brothers, and in order to give to the living a token of solidarity and closeness in the joint vocation as Franciscans, we decided on the documentation in hand. We present it to all people who consider themselves as being close to us and our brothers and sisters in Japan, and whose willingness to sacrifice we in this place acknowledge with gratefulness.

I also want to thank very much the authors who responded to our desire to get on track with history and secure it for posterity. I extend my gratefulness also to the team of editors, put together just for this occasion, who worked out the concept, invited authors and prepared the articles for publication.

A jubilee lives on its history and its beginnings, on the people who made outstanding achievements, and on those, who in everyday life preached, teached, prayed, consoled and healed in natural and reliable faith and loyalty, and thus have been – and are until this very day – the salt of the earth, the light of the world and the town on the hill.

God bless the Church of Japan. May St Francis, the Japanese Martyrs, and St Elisabeth of Thuringia – whose 800th birthday we celebrate this year –, with their intercession accompany the Christians and the Franciscans in Japan.

Fulda, on the Feast of the Transfiguration of Christ 2007

Fr. Hadrian W. Koch ofm
Provincial Minister

Translation: Daniela Seel

Kapitel I

Historischer Überblick

Kleine Geschichte der Franziskanermission in Japan

P. Prof. Andreas Tsutomu Fukuda ofm

Ankunft des Christentums und die Zeit der Verfolgung

Die christliche Missionsarbeit begann 1549 mit der Ankunft des Jesuiten Franziskus Xaverius in Japan. Dank der rastlosen Arbeit der Jesuiten gab es in Japan nach nicht einmal 50 Jahren schon 200.000 und nach weiteren zehn Jahren bereits ungefähr 300.000 Christen. Im Jahre 1593 kam Petrus Baptista als Sonderbotschafter des Vizekönigs der Philippinen und gleichzeitig als Missionar der philippinischen St. Gregorio-Franziskanerprovinz nach Japan, um einen Friedens- und Freundschaftsvertrag mit dem Shogunat des Toyotomi Hideyoshi auszuhandeln. Doch schon 1597, also nach vier Jahren, wurde vom Shogun Hideyoshi das Christenverfolgungsedikt erneuert; P. Petrus Baptista und weitere fünf Franziskaner, zwölf Katecheten und Mitarbeiter, drei Jugendliche von 12 bis 15 Jahren, dazu drei den Jesuiten angehörende Japaner wurden gefesselt nach Nagasaki überführt und dort hingerichtet. Im Jahre 1627 wurden diese 26 Märtyrer von Nagasaki – Petrus Baptista und Gefährten –, selig- und 1862 heiliggesprochen.

Der erste Shogun der nächsten Dynastie nach Hideyoshi zeigte zunächst eine große Offenheit gegenüber der franziskanischen Missionsarbeit, doch unter dem Einfluss der Intrigen der Daimyo (regionaler Lehensfürsten) und auch antikatholischer holländischer und englischer Kaufleute begann er die Christen erneut zu unterdrücken. Im Jahre 1613 wurde das Verfolgungsedikt erneuert und im folgenden Jahr ausgeführt. So wurden die christlichen und franziskanischen Einrichtungen im ganzen Land zerstört, und die missionarische Arbeit der Franziskaner fand ein Ende. Jahre später löste das Shogunat alle Verbindungen mit anderen Ländern und schloss sich gegen jeden fremden Einfluss ab. Damit schien das Christentum in Japan bis zu den Wurzeln ausgelöscht zu sein.

Auf dem Weg zum Martyrium

Im Jahr 1593 vermachte Shogun Hideyoshi dem Franziskaner P. Petrus Baptista Blasquez ein größeres Landstück in Kyoto. Die Minderbrüder errichteten dort die Kirche »Maria von den Engeln« sowie einen Franziskanerkonvent. Die Gebäudegruppe wurde flankiert von zwei öffentlichen Krankenhäusern, St. Josef und Sankt Anna, welche ebenso auf Initiative der ersten Franziskaner errichtet wurden. Die Einheimischen nannten die Kirche »Nambandera« (»Tempel der südländischen Barbaren«) und den gesamten Bezirk »Daiusucho«, in Abwandlung des lateinischen Wortes »deus« (»Gott«).

Als 1596 ein spanisches Schiff in japanischen Gewässern strandete, drohte der Kapitän, die spanische Armee zu rufen, um die Ladung vor einer eventuellen Plünderung durch Japaner zu sichern. Da der Shogun fürchtete, die Aktivitäten der christlichen Missionare könnten eine spanische Eroberung vorbereiten, ließ er Petrus Baptista zusammen mit fünf Mitbrüdern sowie drei Jesuiten aus Osaka und weiteren Laienhelfern, die sich in den Hospitälern nützlich gemacht hatten, verhaften. Am 3. Januar 1597 traten diese Zeugen für Christus ihren langen Marsch von etwa 1.000 Kilometern nach Nagasaki an, um dort gekreuzigt zu werden.
Am 5. Februar desselben Jahres starben die 26 Märtyrer von Nagasaki auf einem, Nishisaka genannten, Hügel.

Heute erinnert das »Franciscan House« an die ursprüngliche franziskanische Niederlassung in Kyoto und die ersten japanischen Märtyrer, die dort drei Jahre lang gelebt hatten. Das Haus beherbergt ein ökumenisches Zentrum für christliche Geschichte und versteht sich als Treffpunkt für Menschen verschiedener Konfessionen und Religionen.

Darstellung des Martyriums von 1597 in Nagasaki

P. Lukas Horstink vor dem »Franciscan House« in Kyoto

Gedenkstätte für die christlichen Märtyrer in Nagasaki

Aufleben des Christentums im 19. Jahrhundert

Im Jahre 1853 nahm das noch feudale Japan unter dem Druck amerikanischer Kriegsschiffe die Verbindung mit anderen Ländern wieder auf. Den christlichen Ausländern wurde in Nagasaki der Bau einer Kirche erlaubt. Am 17. März 1865 näherten sich einige Japaner P. Petitjean, Missionar des Pariser Seminars, und offenbarten sich ihm: »Wir haben das gleiche Herz wie du.« Die Nachricht ging als Sensation durch die ganze

Die Missionare und die Katholiken der Pfarrei »Sapporo-Nord I, Japan«, anlässlich des Besuches des Apostolischen Delegaten aus Rom im Jahr 1912, vor dem Portal ihrer aus Holz erbauten Kirche. Die Schwestern rechts sind französische Franziskanerinnen-Missionarinnen Mariens.

katholische Welt: Zehntausende von Christen hatten in der Verfolgung über 250 Jahre hin ihren Glauben bewahrt. Unter dem Druck europäischer Mächte wurde 1873 das Edikt aufgehoben und den Christen eine gewisse Freiheit zugestanden.

Wiederaufnahme franziskanischer Missionsarbeit im 20. Jahrhundert

Die ersten Franziskanermissionare kamen zunächst als geistliche Betreuer französischer Schwestern, der Franziskanerinnen-Missionarinnen Mariens, auf die japanische Nordinsel Hokkaido.

Kloster und Stadtrand von Sapporo. Da es bei diesen Schneemassen – über den ganzen Winter verteilt ca. zwölf Meter Schnee – nicht möglich, ist die Straßen und Gehwege frei zu halten, wird der Schnee einfach niedergestampft, wie auf dem Bild oben zu sehen ist.

Vom Ordensgeneral ausgesandt, landeten P. Maurice Bertin aus der Pariser Provinz[1] und P. Wenzeslaus Kinold aus der Thüringischen Franziskanerprovinz im Januar 1907 in Japan. Zu ihnen stießen im Juni zwei weitere Brüder aus Kanada[2] hinzu. Der Ordensälteste, P. Kinold, wurde zum Oberen der kleinen Gruppe bestimmt.

Am 14. September 1908 wurde im Norden der aufstrebenden kleinen Stadt Sapporo das erste Franziskanerkloster Japans errichtet, ein kleines Häuschen, um das im Laufe der Jahre eine ansehnliche, bis heute von den Brüdern betreute Pfarrei entstand. Als die Zahl der Brüder weiter zunahm, wurden ihnen vom Bischof mehr und mehr Gemeinden übertragen. *(Eine ausführlichere Darstellung dieser ersten Jahre findet sich im folgenden Beitrag; Anm. d. Red.)*

Im Jahre 1911 wurde ganz Hokkaido als Missionsgebiet der Thuringia überantwortet und später (1929) zum Apostolischen Vikariat erhoben. P. Kinold wurde zum Administrator ernannt und einige Jahre später zum Bischof geweiht. Bei Ausbruch des Ersten Weltkrieges waren auf Hokkaido 14 Brüder tätig, Brüder aus Österreich, Frankreich, Irland, Kanada und Deutschland, hier vor allem aus der Thuringia. Nach dem Anschluss des Missionsgebietes an die Thuringia übernahmen die Kanadier bald eine eigenständige Aufgabe in Südjapan.

Schon vor dem Ausbruch des Zweiten Weltkrieges (im Pazifik erst 1941) führten zunehmender Nationalismus und Fremdenfeindlichkeit 1940 zu einem neuen Religionsgesetz, aufgrund dessen der Vatikan alle verantwortlichen Positionen an japanische Diözesanpriester übertrug. Ausländische Bischöfe hatten abzudanken, ihre Diözesen wurden einheimischen Priestern anvertraut. Bald wurden alle kanadischen Missionare in Süd- und Mitteljapan interniert, die deutschen Brüder auf Hokkaido konnten allerdings – unter den Augen der Geheimpolizei – begrenzt weiterarbeiten.

Aufschwung nach dem Ende des Zweiten Weltkrieges

Mit dem Kriegsende 1945 fielen alle antichristlichen Gesetze, Japan löste sich von 400 Jahren Geschichte und konnte zum ersten Mal Religionsfreiheit erleben. In den ersten Nachkriegsjahren war die Armut bitter und das Leben schwer, doch größer noch war die seelische Leere. Den Menschen war der Sinn ihres Lebens verloren gegangen. So kamen viele auf der Suche nach Wahrheit zur Kirche.

---

1 P. Maurice Bertin, geboren in Frankreich, wirkte offensichtlich in der von der Pariser Provinz gegründeten Niederlassung in Montreal (Kanada), bevor er von dort nach Japan ausreiste. Aus diesem Grunde wird P. Maurice häufig irrtümlich als Kanadier aus der »Montrealer Provinz« bezeichnet.

2 Diese beiden Brüder waren kanadischer Herkunft, gehörten jedoch (wie auch P. Maurice) zur Pariser Provinz. Die Kanadische Provinz mit Sitz in Montreal wurde erst 1927 als eigenständige Entität errichtet.

Zur gleichen Zeit, in den Jahren 1948 und 1949, kamen im benachbarten China die Kommunisten an die Macht, die bald Hunderte von ausländischen Missionaren aus dem Land wiesen. Doch diese tragische Situation wurde unter Gottes Führung zum Segen für die umliegenden Länder: Der damalige Generaldelegat Alfons Schnusenberg schickte viele der ausgewiesenen Chinamissionare in die aufblühende Japanische Mission, dazu noch eine große Zahl junger Brüder aus verschiedenen Provinzen. Sie zogen zu den seit langem arbeitenden Missionaren in den Norden nach Hokkaido oder aber in die Nähe der Brüder in Saitama und Nagano. Nach kurzer Zeit schon bemühten sie sich allerdings in Absprache mit ihren Heimatprovinzen und den Mitarbeiter suchenden Bischöfen um eigenständige Missionsgebiete.

Als Ergebnis dieser Entwicklung gab es im Japan der fünfziger Jahre Brüder aus zehn Provinzen in zwölf Missionsgebieten. Dank der finanziellen Hilfe und der Entsendung junger Brüder aus den jeweiligen Mutterprovinzen betreuten die Franziskaner schon nach kurzer Zeit gut 100 Pfarreien oder Missionsstationen, die Zahl der Christen nahm enorm zu.

Unter Leitung des Generaldelegaten P. Schnusenberg arbeiteten die Franziskaner auf den drei großen japanischen Inseln. Auf Hokkaido gab es nun drei Missionsgebiete: Sapporo, die Inselmitte und das nordwestliche Gebiet von Asahikawa unterstanden der Thuringia, das südöstliche Gebiet von Kushiro der italienischen Provinz von Venedig, das nordöstliche Gebiet von Kitami der holländischen Provinz.

Auf Honshu (Mitteljapan) waren es neun Missionsgebiete: im Süden des Distrikts von Niigata das Nagaoka-Missionsgebiet (Provinz Bologna), der Distrikt von Toyama als Toyama-Missionsgebiet (Römische Provinz), im Norden des Distrikts von Nagano die Nagano-Mission (belgische Provinz St. Josef), im östlichen Nagano-Distrikt die Karuizawa-Mission (Provinz Kolumbien), im südlichen Nagano die Ina-Mission (spanische Provinz Kantabrien), der gesamte staatliche Distrikt von Gumma als Gumma-Mission (US-amerikanische Provinz Holy Name), der Distrikt von Tochigi als Tochigi-Mission (Kanadische Provinz) und im Distrikt von Saitama die Kumagaya-Mission (Provinz Tours). Dazu hatten verschiedene Provinzen bedeutende Pfarreien im Raum Tokyo, die Kanadische Provinz Dennenchofu, Urawa und das 350 Kilometer südlicher gelegene Nagoya, die Römische Provinz Sangenchaya und die Thüringische Provinz die Pfarrei Itabashi. Dazu übernahmen im Raum von Osaka Brüder aus der Saxonia, der Heimat des Delegaten, drei Pfarreien. Zwei weitere große Pfarreien weit im Süden Japans waren Fukuoka (von den deutschen Brüdern betreut) und Nagasaki (von den kanadischen Brüdern betreut).

Darüber hinaus hatte P. Schnusenberg allen Brüdern in Japan drei gemeinsame Einrichtungen geschenkt: die im Tokyoter Stadtteil Seta gelegene philosophisch-theologische Hochschule, die auch anderen Orden offenstand, im selben Gebäude das Franziskanische Bibelinstitut und im Zentrum Tokyos, in Roppongi, die von allen Neumissionaren besuchte japanische Sprachschule St. Josef.

1957 wurde der Generaldelegat, der die vielen selbstständigen Entitäten der Franziskaner nicht aufgrund von Vollmachten, sondern allein kraft seiner Persönlichkeit zusammengehalten hatte, in die Generalkurie nach Rom berufen und zum Sekretär für missionarische Verkündigung des gesamten Ordens ernannt. Zu dieser Zeit lebten in Japan weit über 200 japanische und ausländische Brüder, und es gab viele neue junge Berufungen. Es war eine Zeit des Aufbruchs, eine Zeit voller Hoffnung.

Der Weg zur Errichtung der Japanischen Provinz

Dieser neue Aufbruch war in der ganzen japanischen Kirche zu spüren und schenkte uns viele neue Ordenskandidaten. Die Existenz zahlreicher unterschiedlicher Missionsgebiete, in die sie nach der Ausbildung aufgenommen wurden und hineinwuchsen, barg jedoch Probleme, die mit der Zeit immer drängender wurden.

Es gab keine geeigneten Einrichtungen in Japan, welche die einheimischen jungen Kandidaten hätten aufnehmen und zu einer japanisch geprägten Gemeinschaft von jungen Brüdern hätten formen können. Die jungen Leute lernten die Franziskaner in ihren Missionsgebieten kennen und wurden über ihre Oberen in die jeweiligen ausländischen Mutterprovinzen aufgenommen. Nach der gemeinsamen Ausbildung in Tokyo kehrten sie wieder in »ihre« Missionsgebiete zurück. Das Gefühl, zur kanadischen Montreal-Provinz oder zur deutschen Thuringia zu gehören, war selbst in den Jahren der gemeinsamen Ausbildung überraschend stark. Die Brüder wurden von Arbeitsweise und Brauchtum der verschiedenen Gebiete geprägt, lebten für »ihre Mission«, hatten bei der Größe des Landes jedoch nur sporadischen Kontakt zu Brüdern in anderen Gebieten, kannten nicht deren Probleme und zeigten auch wenig Interesse für eine gemeinsame Zukunft des Ordens in ganz Japan. Sie hatten ihre geistige Heimat gefunden. Doch bei aller brüderlichen Zusammenarbeit in den einzelnen Entitäten – das Fehlen einer alle neuen Brüder aufnehmenden Gemeinschaft wurde zum Hindernis für eine Verwurzelung des Ordens in Japan.

Die ersten Franziskanermissionare, die japanischen Boden betraten, und auch alle nachfolgenden Brüder hatten intuitiv erfasst, was den Menschen in Japan nottat. Äußerlich in einer buddhistischen Atmosphäre aufgewachsen, fehlte den Menschen eine innere Freiheit und Gelöstheit, die Freude und Hoffnung, die durch die Begegnung mit Christus geschenkt wird. Die Brüdermissionare widmeten unter zunächst armseligsten Verhältnissen ihre ganze Kraft der Ausbreitung des Christentums, unterrichteten die Menschen, die auf der Suche waren, führten sie zu Taufe und tieferem Verständnis des Glaubens – in der Hoffnung, durch eine große Anzahl von Neuchristen die japanische Gesellschaft von innen heraus zu erneuern.

So wurde zum Ziel ihrer Arbeit nicht das franziskanische Leben, sondern die Formung von zunächst kleinen, weit verstreuten Gemeinden in dem weiten Missionsland.

Der Kindergarten der Gemeinde Nayoro; die Dachmansarden dienten als Lehrerinnenwohnungen (1964)

Diese Gemeinden vermehrten sich und wuchsen in den Städten auch beträchtlich: So hat uns diese Ausrichtung der frühen Missionare, Ausländer wie Japaner, in unserer missionarischen Arbeit bis heute geprägt.

Natürlich hatten die Brüder schon zu Beginn der Mission auch andere Notwendigkeiten erkannt, so die Einrichtung von Schulen, Verlagen, Krankenhäusern und Kindergärten, und auch die Begegnung mit den Armen und den Menschen, die irgendwo am Rande der Gesellschaft leben. Da jedoch der Schwerpunkt der Arbeit in allen Missionsgebieten in der Sorge um die Neuchristen und die Gemeinden lag, wurde diesem missionarischen Eifer das Leben als Ordensgemeinschaft geopfert. Das Leben als »missionarischer Einzelkämpfer« wurde als Selbstverständlichkeit, als Notwendigkeit empfunden; das franziskanische Leben trat damit in den Hintergrund. So entfernten sich die Brüder unbewusst von der Zielsetzung der Kirche und des Ordens, die besagt: »Die wahre missionarische Verkündigung bedingt die Einpflanzung des Ordenslebens in den Missionsgebieten und jungen Kirchen.«

Die zwölf unabhängigen Entitäten des Ordens in Japan standen zwar in Blüte und waren voller Leben, doch wurde mit der Zeit die drängende Notwendigkeit einer im japanischen Boden verwurzelten, alle Brüder umfassenden Einrichtung, verbunden mit einer vertieften Spiritualität des gemeinsamen Lebens, immer deutlicher. War doch diese Verwurzelung der Kirche in den Ländern der missionarischen Verkündigung einer der Schwerpunkte des Zweiten Vatikanums.

So wurde unter vielen Brüdern der Wunsch stärker, die einzelnen Gruppen mehr zusammenzufassen, eine Bewegung, die vom im Jahr 1963 ernannten neuen Generaldelegaten P. Sigfried Schneider sehr unterstützt wurde. Schließlich besuchte der Generalsekretär für missionarische Evangelisation die Brüder in Japan, um die Formation einer neuen Entität zu beschleunigen, musste aber zu seiner größten Überraschung feststellen, dass ein Großteil der Brüder gar nicht hinter der neuen Entwicklung stand oder über den Zeitpunkt der Errichtung oder die Art des Zusammenlebens und -arbeitens verschiedenster Meinung war: Die missionarische Arbeit werde durch die Zentralisierung und die starke Betonung des Ordenslebens sehr erschwert, und darüber hinaus machten die starke Präsenz und der große Einfluss der ausländischen Brüder eine japanisch geprägte und von einheimischen Brüdern getragene Provinz ohnehin kaum möglich. Auch viele Brüder, welche die neue Entwicklung durchaus befürworteten, hielten den Zeitpunkt ihrer Errichtung für verfrüht.

Generaldelegat P. Sigfried Schneider, ernannt 1963, förderte die Idee, die verschiedenen franziskanischen Missionen in Japan zu einer neuen Provinz zusammenzufassen. Die Zeit war dafür aber noch nicht reif.

Errichtung der Japanischen Föderation

P. Callistus Sweeney wurde mit dem ausdrücklichen Auftrag zum Generaldelegaten ernannt, die Diskussion über die Gründung einer eigenen japanischen Provinz einer Lösung zuzuführen. 1971 wurde er erster Präsident einer »Föderation« der japanischen Missionsgebiete.

Um die sehr zurückhaltenden und dem Problem ausweichenden Brüder in Japan neu anzuregen, ernannte der Ordensgeneral Konstantin Koser einen der Missionare, P. Callistus Sweeney von der New Yorker Holy Name-Provinz, zum Delegaten mit dem besonderen Auftrag, die Gespräche hierüber einer Lösung zuzuführen. Im Ergebnis einigte man sich schließlich darauf, alle 265 Brüder in einer »Föderation« zusammenzufassen – ein Novum im Orden. Mit Zustimmung der zwölf zuständigen Heimatprovinzen und dem Placet des Ordensgenerals wurde im folgenden Jahr unter der Leitung ihres ersten Präsidenten Callistus Sweeney die Japanische Föderation mit eigenen Statuten errichtet. Dabei blieben der Status der zwölf Missionsgebiete und ihre Abhängigkeit von den Mutterprovinzen erhalten, doch wurde die Föderation nicht als Endziel, sondern als Weg angesehen, um die Gesamtheit der Brüder geistlich zu erneuern, eine Plattform für brüderliche Begegnungen und gebietsübergreifende Missionsarbeit zu schaffen sowie das franziskanische Leben stärker zu betonen, woraus schließlich mit Zustimmung aller Brüder die

P. Franziskus Sato Keiichi löste 1974 P. Callistus Sweeney als Präsident der Japanischen Föderation ab. 1977 wurde er zum ersten Provinzial der neu errichteten Provinz von den japanischen Märtyrern ernannt und 1985 zum Bischof von Niigata geweiht.

Gründung einer gemeinsamen Provinz erwachsen sollte.

Drei Jahre später wurde der erste Japaner, P. Franziskus Sato Keiichi, zum Präsidenten gewählt, der dann die Gründung der Provinz von den japanischen Märtyrern erreichte.

Gründung der Provinz

Zwölf Jahre nach dem Ende des Zweiten Vatikanums, am 16. Dezember 1977, war es endlich so weit. Die Provinz von den japanischen Märtyrern wurde Wirklichkeit, und P. Franziskus Sato Keiichi, der bisherige Präsident der Föderation, ihr erster von der Generalkurie ernannter Provinzial. Mag der Weg zur Föderation schon nicht leicht gewesen sein, der Weg bis zur Gründung der Provinz erwies sich als noch weit schwieriger. Die Loslösung von den Mutterprovinzen war für viele ausländische und ebenso japanische Brüder mit manchen sachlichen, aber noch weit mehr emotionalen Problemen verbunden. Als schließlich die Brüder gebeten wurden, sich über ihre zukünftige Zugehörigkeit zur neuen Provinz zu äußern, war die positive Resonanz so gering, dass nur mit Mühe die notwendige Zahl von 100 Brüdern erreicht wurde. Während die kleineren und personell schwächeren Missionsgebiete sich bald der neuen Entität anschlossen, verblieben die größeren Missionsgebiete der Provinzen New York, Kanada und Thuringia, die weitere Entwicklung abwartend, außerhalb der neuen Provinz. Dennoch trugen eben diese Gruppen auch weiterhin den größten Teil der finanziellen Last und die Verantwortung für die Ausbildung der jungen Brüder in Japan.

Den gleichen und ähnlich grundlegenden Problemen, mit denen wir uns befassen mussten, begegnete aber die gesamte Kirche in Japan auf ihrem Weg, in den japanischen Boden hineinzuwachsen, wurde sie doch von vielen dem Ausland verbundenen Orden getragen. In den nächsten 20 Jahren suchten die Oberen und ihre Definitorien, die von ihren Herkunftsländern und ihrer

P. Pius Honda folgte 1983 P. Sato im Amt des Provinzials der Japanischen Provinz nach. In seiner Amtszeit trat 1985 auch das thuringianische Missionsgebiet der Provinz bei.

P. Andreas Fukuda leitete von 1989 bis 1995 als Provinzoberer die Japanische Provinz

Mentalität geprägten Brüder mehr und mehr zu einer Provinz zusammenwachsen zu lassen. Nach sechs Jahren traten auch die oben genannten drei großen Kustodien der Provinz bei, und unbeschadet der persönlichen Zugehörigkeit zur japanischen oder ihrer jeweiligen Mutterprovinz, befassten sich die Brüder mit den Zielen der Provinz und waren auch innerhalb gewisser Grenzen bereit, neue Aufgaben zu übernehmen. Die Provinz übernahm viele Abmachungen der vorherigen Föderation, und so blieb noch längere Zeit der Geldbeutel in eigener Verwahrung. Doch hat sich vor allem in den letzten Jahren das Bewusstsein einer gemeinsamen Verantwortung sehr stark gewandelt.

Die Finanzen aller Brüder werden nun von der Provinz zentral verwaltet, und die missionarische Arbeit in den weit auseinanderliegenden Gebieten wird weitgehend von der Provinzleitung getragen.

Provinzial P. Franziskus Sato wurde 1983 von P. Pius Honda abgelöst und zwei Jahre später zum Bischof von Niigata ernannt. Im Jahr 1989 wurde P. Andreas Fukuda Provinzoberer, 1995 P. Joachim Maegawa, und der 2001 gewählte

P. Joachim Maegawa war von 1995 bis 2001 der vierte Provinzial der Japanischen Provinz

P. Michael Yuzawa wird als fünfter Provinzial die Brüder auch in das nächste Jahrhundert ihrer missionarischen Präsenz in Japan führen.

In den langen Jahren der Entwicklung hat der Franziskanerorden in vielfältiger Weise zueinandergefunden. Augenfällig ist, dass alle leitenden Funktionen nun japanische Brüder innehaben; auch zahlenmäßig hat sich das Verhältnis von ausländischen und einheimischen Brüdern gewandelt: Zu Beginn des Jahres 2000 zählte die Provinz 49 ausländische und 95 japanische Brüder, insgesamt also 144 Brüder, davon zwölf in auswärtigen Missionen (Sri Lanka, Brasilien, Kenia, Malawi, Pakistan, Korea, Südafrika und Heiliges Land).

P. Michael Yuzawa wurde 2001 zum fünften Provinzial der Japanischen Provinz gewählt

Von den Anfängen 1907 bis zum Eintritt in die Japanische Provinz 1985

Aus den Chroniken der Thüringischen Japan-Mission

Zusammengestellt und bearbeitet von P. Dr. Paulus Hägele ofm

Charme des Anfangs

Geschichtliche Ereignisse offenbaren sich nicht immer als Ergebnis systematischen Planens, sondern oft als eine Verquickung glücklicher oder weniger glücklicher Umstände. Scheinbar zufällige Begegnungen spielen eine entscheidende Rolle und beeinflussen das Geschehen. Jedenfalls in ihren Anfängen trifft dies auch für die 100 Jahre Japan-Mission der Thüringischen Franziskanerprovinz zu.[1]

Um 1900 zählte Japan rund 60.000 Katholiken, ausschließlich betreut von einer zu kleinen Schar der Missionare des Pariser Missionsseminars. Besonders die nördliche Insel Hokkaido litt darunter. So machte sich Bischof Berlioz von Hakodate während seiner Romreise 1905 auf die Suche nach Missionaren für Hokkaido. Durch eine zufällige Begegnung konnte er Kontakte zu den Franziskanerinnen-Missionarinnen Mariens knüpfen und ihre Generaloberin in Rom zur Gründung einer Niederlassung in seinem Bistum bewegen. Zu klären aber blieb die Frage, wer die Schwestern pastoral begleiten sollte. Was lag näher, als bei den Franziskanern anzufragen? Bischof Berlioz suchte dazu deren Generalminister P. Dionysius Schuler auf und erhielt die Zusage, drei Patres nach Japan zu entsenden.

Über die künftige Tätigkeit der Missionare allerdings gab es unterschiedliche Vorstellungen. Neben der seelsorglichen Begleitung der Schwestern sollten die Brüder nach dem

---

[1] Dieser Beitrag orientiert sich für die ersten 50 Jahre an der Veröffentlichung von P. Gerhard Huber und P. Virgil Nagel: Geschichte der Franziskanermission in Hokkaido (1907–1957), in: Thuringia Franciscana NF 12 (1957), S. 59–159 (künftig: Huber/Nagel: Geschichte).

Die Anfänge

Kloster Frauenberg um 1907

Missionar vom Pariser Seminar mit einigen Christen vor dem Portal seiner Kirche in Sendai auf der Hauptinsel Japans (vor 1920)

P. Eusebius Breitung mit Erstkommunikanten (vor 1929)

Das erste Franziskanerkloster mit Kirche – ganz aus Holz gebaut – in Sapporo-Nord I (1919) auf der Insel Hokkaido (Außen- und Innenansicht)

Hokkaido: Fremde Kultur und rauhe Natur
(Fotos aus den Anfängen)

Ainu-Ehepaar aus dem Volk der Ureinwohner Hokkaidos

Kanushi, Priester einer Shintosekte (vor 1920)

Ein Missionar schaufelt Schnee vom Dach. Eine Arbeit, die im Winter öfter nötig ist. Deshalb werden die Häuser auf Hokkaido nur mit Blechplatten gedeckt, was das Entfernen des Schnees erleichtert.

»Zwei reiche japanische Herren«*

»Die Kleidung der Japaner ist bei Männern, Frauen und Kindern fast gleich: ein langes Kleid, genannt Kimono, das vom Gürtel zusammengehalten wird. Der leichte Mantel Haori und der faltige Rock Hakama.«*

* Zitiert aus den Alben von Japan-Missionaren

Franziskanerinnen-Missionarinnen Mariens in Sapporo

Wunsch des Bischofs Unterricht in fremden Sprachen erteilen. Der Generalminister forderte daneben auch eine Missionstätigkeit im eigentlichen Sinne mit dem Ziel eines eigenen Missionsgebietes. Dies konnte Bischof Berlioz nur vage versprechen. Der Grund lag im Alleinvertretungsanspruch der Pariser Missionare, die bislang das Feld beherrschten. Der Umweg über den Sprachenunterricht in Deutsch, Französisch und Englisch sollte eine internationale Präsenz des Ordens garantieren und dadurch eine Annäherung bringen.

Für diese Funktion erhielten P. Maurice Bertin von der Pariser Franziskanerprovinz und P. Wenzeslaus Kinold aus der Thuringia im Sommer 1906 die Obödienz für Sapporo. Ein noch zu bestimmender englischsprachiger Bruder sollte später folgen. Die Mission blieb vorläufig dem Generalminister unterstellt. P. Wenzeslaus Kinold, der sich zuvor für die Mission in Deutsch-Ostafrika gemeldet und dafür schon das Studium der Suaheli-Sprache begonnen hatte, wurde als Ordensältester provisorisch zum Superior bestimmt. Am 19. Januar 1907 trafen die beiden Minderbrüder in Sapporo ein und fanden Unterkunft im einzigen Gastzimmer der französischen Mission.

Die beengten Wohnverhältnisse machten die Suche nach einer eigenen Wohnung notwendig. Mitte April konnte ein kleines Haus gefunden werden, das aber einer dringenden Renovierung bedurfte. Die Brüder konnten und wollten nicht zu viel investieren, weil sie dies nur als eine vorübergehende Bleibe ansahen. Mit P. Petrus Gauthier, der den englischen Sprachunterricht übernehmen sollte, und Br. Gabriel Godbout trafen zwei weitere Brüder aus Montreal in Kanada[2] ein und komplettierten die neue franziskanische Mission in Japan.

In die Seelsorge konnten sich die Franziskaner-Missionare noch nicht einbringen, da sie die japanische Sprache noch nicht beherrschten und kein Arbeitsfeld zugewiesen

---

2   Die Niederlassung in Montreal gehörte damals zur Pariser Franziskanerprovinz. Erst 1927 wurde eine eigenständige kanadische Provinz errichtet.

bekamen. Der Sprachunterricht in Englisch, Deutsch und Französisch erfuhr aber regen Zuspruch. Das Entgelt dafür gab ihnen die Möglichkeit, notdürftig ihren Lebensunterhalt zu bestreiten. Die unregelmäßigen Hilfen aus den Heimatprovinzen Paris und Fulda reichten dafür nicht aus. Bettelbriefe um Unterstützung an alle möglichen Institutionen brachten keinen Erfolg, da niemand die Missionare kannte und der Anschluss der Mission an eine Provinz fehlte.

Die Absprachen mit dem Generalminister konnten erst umgesetzt und die eigentliche Missionstätigkeit begonnen werden, nachdem Bischof Berlioz im September 1907 nach zweijährigem Aufenthalt in Europa nach Japan zurückgekehrt war. Das erste konkrete Ergebnis war die Entscheidung für ein neues und größeres Haus im Norden Sapporos und die Betreuung der wenigen Christen in diesem Bezirk *(siehe auch voriges Kapitel, Anm. d. Red.)*.

Kurze Zeit danach bestätigte die Generalkurie P. Wenzeslaus Kinold offiziell als Superior der Mission. Mit der Ankunft der Franziskanerinnen-Missionarinnen Mariens kam die zu Anfang in Aussicht gestellte seelsorgliche Aufgabe hinzu. Bald vergrößerte sich die Mission um zwei weitere Patres und drei Brüder aus Frankreich, Tirol und Bayern, außerdem Br. Valentin Sauer aus der Thuringia.

Ihnen bot sich ab 1909 das erwünschte Arbeitsfeld, als Bischof Berlioz den Franziskanern in Kameda und in Muroran[3] zwei Missionsstationen übertrug. Er ließ sich dabei von dem Gedanken leiten, seine Pariser Missionare behutsam darauf vorzubereiten, den Franziskanern in absehbarer Zeit ganz Hokkaido zu übergeben.

Im Oktober 1910 erreichten weitere acht Missionare Japan, unter ihnen die vier Thuringianer P. Alexius Hipp, P. Eusebius Breitung, P. Hilarius Schmelz und Br. Rochus Becker.

Anschluss der Mission an die Thuringia 1911

Ideal und Wirklichkeit klaffen oft auseinander. Als internationale Mission konzipiert und auf den Weg gebracht, holte die Realität die inzwischen auf 16 Missionare aus sechs verschiedenen Provinzen angewachsene Gemeinschaft ein. Nicht nur die Sprachen, sondern auch die unterschiedlichen Gebräuche führten zu Unstimmigkeiten. Hinzu kam die prekäre materielle Lage. Die Propaganda-Kongregation sowie die Generalleitung des Ordens vermochten nicht wirksam zu helfen. Zwar unterstützten die Provinziäle der Thuringia ihre Brüder in Japan auf vielfältige Weise. Aber dies waren lediglich »Goodwill«-Aktionen ohne jegliche Verpflichtung.

---

3   Br. Valentin Sauer wurde 1910 dorthin versetzt und schildert anschaulich die armseligen Wohnverhältnisse – Huber/Nagel: Geschichte, S. 70f.

P. Paulus Hägele ofm

Missionsstation in Iwamizawa auf Hokkaido (vor 1920). Im ersten Stock befindet sich die Kapelle, im Obergeschoss die Wohnung des Missionars. Das Dach ist mit Blechplatten gedeckt und wegen Schneerutsch mit einem Holzgitter versehen.

Schon im Herbst 1907 und nochmals im Sommer 1908 hatte der Missionsobere P. Wenzeslaus die Ordensleitung ersucht, die neue Mission einer Provinz anzuschließen, wobei die Thuringia hier in erster Linie infrage komme. Der Generalminister lehnte dies mit dem Hinweis auf die internationale Zusammensetzung der Mission ab. Ebenso wurde ein Gesuch im Herbst 1910 aus denselben Gründen negativ beschieden mit der Anmerkung, ein Ordensgeneral aus der Thuringia könne seine eigenen Brüder nicht bevorzugen, zumal auch andere Missionare einen Anschluss an ihre Heimatprovinz wünschten.

Während P. Dionysius Schuler also einem Anschluss ablehnend gegenüberstand, betrieb ihn sein Missionssekretär umso intensiver und forderte P. Wenzeslaus auf, ein neues Gesuch um einen Anschluss an die Thüringische Provinz einzureichen und eine schriftliche Zustimmung des Diözesanbischofs beizufügen.

Dieses Mal hatte das Vorhaben Erfolg. Während einer längeren Abwesenheit von P. General Dionysius Schuler holte die Generalkurie durch den Stellvertreter des Generalministers die Zustimmung der Propaganda ein. Per Dekret vom 17. August 1911 übertrug dann der Generaldelegat P. Valerianus Bendes die Franziskanermission in Japan an die Ordensprovinz von der hl. Elisabeth. Nach seiner Rückkehr begrüßte auch der Generalobere diesen Anschluss. Er schien erleichtert zu sein, dass ihm diese Entscheidung erspart geblieben war.

Große Freude herrschte in der Heimatprovinz über die neue Mutterrolle für die Brüder im Fernen Osten. Mit überschwänglicher Begeisterung rief P. Provinzial Saturnin Göer in einem Rundschreiben dazu auf, die »erste Mission im heidnischen Japan« als »Erstlingsopfer« anzunehmen und alles Erdenkliche dafür zu tun.[4] Zugleich bestellte er Mitbrüder als Missionsprokuratoren in den einzelnen Klöstern, die sich besonders um die Verbreitung des Missionsvereins bemühen sollten.

Nach dem Anschluss der Mission an die Provinz sahen sich die Brüder auch mit fremden Aufgaben in die Pflicht genommen – so etwa die finanzielle Verantwortung für die Franziskanerinnen-Missionarinnen Mariens, die schon drei Jahre im Lande, aber noch immer ohne Arbeit und Auskommen waren. Bischof Berlioz bat die Franziskaner, sich dieses schwierigen Problems anzunehmen. Trotz Bedenken beschlossen sie, ein kleines Spital mit zunächst 25 Betten zu bauen. Wider Erwarten entwickelte sich die Gründung gut und vermochte sich bald selbst zu tragen. Damit war die Grundlage für eines der heute größten katholischen Krankenhäuser in Japan gelegt.

Auch für sich selbst schufen die Brüder neue Arbeitsfelder. So gründeten sie in Kutchan, wo sich viele Siedler aus dem Süden eingefunden hatten, eine neue Station. Hier wirkte über mehrere Jahre P. Hilarius Schmelz. Eine weitere Missionsstation eröffneten sie in Shiraoi am Stillen Ozean, in dem eine größere Gruppe des aussterbenden Volkes der Ainu wohnte. Sie sollten auf Wunsch von Bischof Berlioz vornehmlich Ziel der Missions-

---

4   Ein Auszug aus dem Rundschreiben siehe Huber/Nagel: Geschichte, S. 73f.

Bärenfest der Ainu

Einmal im Jahr feiern die Ainu das »Bärenfest«, wobei ein junger Bär unter besonderen Zeremonien geopfert wird (Aufnahme vor 1920). Die Ainu sind die Ureinwohner Nord-Japans und leben heute hauptsächlich auf der Insel Hokkaido.

Mission auf Sachalin (Fotos aus den Anfängen)

Die südliche Hälfte der nördlich von Hokkaido gelegenen Insel Sachalin gehörte zwischen 1905 und 1945 zu Japan. Am Ende des Zweiten Weltkrieges besetzte die Sowjetunion ganz Sachalin, das seit 1951 zur UdSSR bzw. heute zu Russland gehört.

Firmreise von Bischof Berlioz nach Sachalin (nach 1910), das zu dieser Zeit zum Bistum Hakodate gehörte. Auch Thuringianer wirkten hier auf einzelnen Missionsstationen.

Katholische Familien auf der Insel Sachalin. Es sind Nachkommen der von der zaristischen russischen Regierung nach Sibirien verbannten polnischen politischen Gefangenen, die sich dort ansiedelten.

Der Hafen von Moaka (Sachalin)

Winterfreude auf einer zugefrorenen Meeresbucht

Im Norden von Sachalin leben die Giljaken, ein Nomadenvolk, das alljährlich im Winter mit seinen Rentierherden und Zelten in den milderen Süden der Insel kommt

Verkehrsdampfer zwischen Hokkaido und Sachalin

arbeit sein. Aus diesem Anlass hatte P. Alex Hipp schon ein Jahr zuvor mit dem Studium der Ainu-Sprache begonnen.

1913 kam Hieroshima auf Hokkaido, etwa eine Bahnstunde landeinwärts von Sapporo, als neuer Wirkungsort hinzu. Die Bewohner hatten selbst um einen ständigen Priester in ihrem Dorf gebeten und dafür in Eigenleistung eine Kapelle und ein Wohnhaus für ihn errichtet. P. Dorotheus Schilling zog als erster dorthin. Im selben Jahr wurde in Iwamizawa eine weitere Missionsstation übernommen.

Der Wirkungskreis der Brüder reichte zudem bald über Hokkaido hinaus. Nach dem russisch-japanischen Krieg fiel die südliche Hälfte der Insel Sachalin 1905 an Japan. Kirchlich gehörte die ganze Insel zwar noch zu Russland, der südliche Teil aber musste von Hokkaido aus pastoral betreut werden. Die Zahl einheimischer Katholiken war gering, sehr viel größer die Anzahl der Polen, die als Strafgefangene dorthin deportiert worden waren. In Toyohara, dem Ort mit den meisten Katholiken, siedelte sich P. Agnellus Kowarz an, der als Mitglied der Schlesischen Provinz Polnisch und Russisch sprach. Später nahm er P. Wolfgang Lang dorthin mit.

Für diese neuen Arbeitsfelder war Verstärkung aus der Heimat dringend erwünscht. Sie traf 1911 mit P. David Miebach, 1912 mit P. Dorotheus Schilling und P. Wolfgang Lang sowie 1913 mit P. Timotheus Ruppel ein. Am Ende des Jahres 1913 arbeiteten 18 Franziskaner (zwölf Patres und sechs Brüder) und zehn Schwestern auf acht Stationen mit insgesamt 579 Katholiken.

Im folgenden Jahr machten sich weitere vier Brüder – P. Lukas Berning, P. Ivo Trauscheidt, P. Ägidius Bleuel und P. Evarist Storch – und die ersten drei Schwestern aus Thuine auf den Weg in die Japan-Mission. Als ihr Schiff den Suezkanal erreichte, brach der Erste Weltkrieg aus. Die Engländer beschlagnahmten das deutsche Schiff und durchkreuzten damit für drei der vier Brüder alle Missionspläne. Auf diversen Wegen und Umwegen kehrten sie nach Deutschland zurück. Nur P. Lukas Berning schaffte nach dem Krieg den Sprung nach Japan.

P. Timotheus Ruppel

Die Apostolische Präfektur Sapporo 1914–15 und der Erste Weltkrieg 1914–18

Auch nachdem die Mission 1911 der Thuringia angegliedert worden war, wurde in der Heimat und auch in Japan immer wieder der Wunsch nach einem selbstständigen Missionsgebiet der Franziskaner laut. Darum bat zum Beispiel P. Provinzial Saturnin Göer in einem Brief an Bischof Berlioz. Dieser hätte wohl sein früheres Versprechen eingelöst, der Fuldaer Provinz ganz Hokkaido zu übertragen, wenn seine Pariser Missionare mitgespielt hätten. Sie bestanden aber darauf, ihre alte Wirkungsstätte Hakodate und Umgebung im Süden Hokkaidos auszusparen. Der Oberhirte beugte sich, versprach jedoch, aus dem der Thuringia zugesprochenen Teil die Missionare zurückzuziehen.

Durch den Ausbruch des Krieges ging dies schneller als erwartet. Einige der französischen Patres mussten zum Militärdienst in die Heimat und machten damit die Plätze frei für Brüder aus der Thuringia: P. Dorotheus in Sapporo, P. Wolfgang in Otaru und P. Timotheus in Iwamizawa. So war die Trennung schon vollzogen, als von Rom das Dekret zur Errichtung der Apostolischen Präfektur eintraf. Wenig später folgte für P. Wenzeslaus Kinold das Ernennungsschreiben zum Apostolischen Präfekten. Die Präfektur umfasste die Insel Hokkaido mit Ausnahme der Umgebung von Hakodate, den japanischen Teil von Sachalin[5] sowie die Inselkette der Kurilen[6]. Die Fuldaer Franziskaner betreuten in zehn Missionsstationen 930 Katholiken. Mit Sapporo-Nord 1, Asahikawa und Otaru kamen drei Stationen neu hinzu. Von anderen Einsatzorten nahmen sie Abschied: Kameda blieb bei Hakodate, und Shiraoi wurde aufgegeben, da sich die Ainu-Mission im Laufe der Zeit als »hoffungsloses Unternehmen«[7] erwiesen hatte.

P. Wolfgang Lang

Da P. Wenzeslaus Kinold mit der Ernennung zum Apostolischen Präfekten in die kirchliche Hierarchie wechselte, fehlte der Mission der ordensrechtliche Superior Generalis oder P. Kommissar, wie er gewöhnlich hieß. Daher wählte die Provinzleitung im Rahmen des Provinzkapitels 1915 gemäß den Generalstatuten P. Wolfgang Lang zum Kommissar. Aufgrund dieses Titels galt die Hokkaido-Mission in der Thuringia stets als Provinz-Kommissariat, obwohl ein solches nur durch ein Dekret der Generalkurie errichtet werden kann. Erst im Jahre 1955 äußerte der Generaldelegat der Franziskaner im Fernen Osten, P. Alphons Schnusenberg, Zweifel über den rechtlichen Status mit dem Hinweis, dass in Rom keine Dokumente über die Errichtung zu finden seien. Das Generaldefinitorium sanierte diese unsichere Rechtslage und errichtete per Beschluss vom 9. Februar 1956 formell das Provinz-Kommissariat von Sapporo.[8]

---

5 Im Jahre 1921 wurde der Apostolische Präfekt von der Propaganda in Rom aufgefordert, sich auch um die Seelsorge der Katholiken in Nord-Sachalin zu kümmern, das zu dieser Zeit von japanischen Truppen besetzt war. Dies war nur kurze Zeit bis zum Rückzug des Militärs möglich.
6 Die Mission auf den Kurilen blieb ein unerfüllter Wunsch, da die japanische Regierung keinem Ausländer die Reise dorthin erlaubte.
7 Huber/Nagel: Geschichte, S. 87.
8 Huber/Nagel: Geschichte, S. 157f. Als Gebiet des Kommissariates galt die Insel Hokkaido mit Ausnahme der Franziskanermissionen von Kushiro und Kitami. Die Niederlassungen in Tokyo-Itabashi und Fukuoka wurden als exterritoriale Gründungen anerkannt.

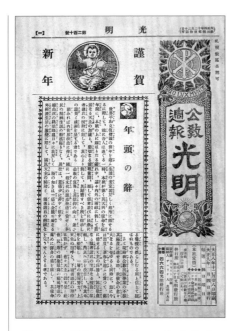

»Komyo« (»Licht«) hieß die erste katholische Zeitschrift Japans

P. David Miebach mit Kindern aus seiner Gemeinde

P. David Miebach bei der Redaktionsarbeit für »Komyo«

Im Laufe der Zeit wuchs die Erkenntnis, dass die Missionare neben der Arbeit vor Ort überregionale Aufgaben angehen und Brüder dafür freistellen mussten. So gründeten sie in der Hoffnung auf künftigen Nachwuchs das Kleine Seminar in Sapporo und mit dem wöchentlich erscheinenden Sonntagsblatt »Komyo« (»Licht«) das erste Wochenblatt dieser Art in Japan. P. David Miebach bestellten sie sowohl zum Leiter des Kleinen Seminars als auch zum Redakteur der Zeitung.

Dieses Sonntagsblatt muss als Kriegskind angesehen werden. Der Eintritt Japans in den Ersten Weltkrieg aufseiten der Alliierten führte zu keiner unmittelbaren Bedrohung der Missionare für Leib und Leben, engte aber ihren Wirkungskreis ein und schnitt vor allem den Kontakt zu den Außenstationen ab. Hier bedurfte es eines Mediums, um den Unterricht für die Katechumenen teilweise zu ersetzen und den Christen eine religiöse Lektüre zu bieten. Mit einer Startauflage von 950 Exemplaren wagten die Missionare dieses Abenteuer trotz knapper Kassen. Von der Heimatprovinz blieb der Nachschub weitgehend aus, es kamen keine weiteren Brüder mehr, und die Finanzquellen versiegten. Im Verlauf des Krieges verboten die Behörden zudem den Briefverkehr mit dem Ausland und erließen handelsrechtliche Beschränkungen für Ausländer.

Trotz allem gelang in diesen schwierigen Jahren der Bau der großen Kirche in Sapporo-Nord 1. Dies jedoch war den Pariser Missionaren zu danken. Sie hatten für den Kirchbau Geld gesammelt und auch schon Steine gekauft. Mitten im Krieg konnte der Bau 1916 vollendet und geweiht werden. Noch heute ist er die größte Kirche im Bistum Sapporo und Bischofskathedrale.

Größere Sorge als die materiellen Nöte bereitete den Missionaren der Umschwung in der geistigen Großwetterlage. Die japanische Regierung förderte patriotische Strömungen und bemühte sich, den Shintoismus als nationale Bewegung gegen alle unjapanischen Einflüsse zu etablieren. So gehörte der Besuch von Shintoschreinen mit der Verehrung der regionalen Götter zum Pflichtprogramm von Schulen und Beamten und brachte Christen in Gewissenskonflikte. Wiederholt intervenierte der Vatikan durch seinen Apostolischen Delegaten bei der Regierung in Tokyo, ohne freilich jemals eine verbindliche Antwort zu erhalten.

Von den schweren Nachkriegsjahren zu den »Goldenen Zwanzigern« 1918–1928

Die Lage für die Missionare änderte sich nach dem Waffenstillstand 1918 nicht sogleich, da alle Bestimmungen gegen die Deutschen noch in Kraft blieben. Es gab sogar Versuche, deutsches Eigentum zu konfiszieren, die aber nach einer energischen Intervention vonseiten des Papstes schnell abgestellt wurden. Ein Jahr später hob die Regierung die Ausnahmeregelungen auch nominell auf.

Die Kirche in Sapporo-Nord I (um 1916)

Die neue Freiheit ermöglichte auch denen die Reise in die Japanische Mission, die durch den Ausbruch des Krieges Warteposition hatten beziehen müssen. Im August 1920 trafen P. Lukas Berning sowie drei Franziskanerinnen von Thuine ein, die nun endlich ihr Haus beziehen konnten, das schon sechs Jahre für sie bereitstand.

Für andere hieß es im selben Jahr 1920, Abschied zu nehmen von Japan – und dies in zweifacher Weise: Im März kehrte P. Dorotheus Schilling, mit einer Sonderaufgabe betraut, in die Heimatprovinz zurück. Am 8. September starb Br. Rochus Becker nach längerem Krankenlager im 52. Lebensjahr in Japan als erster unserer Missionare. Er hatte der Mission als Koch gedient.[9]

Auf P. Dorotheus wartete eine delikate Aufgabe. Die schwierige materielle Lage in Japan und in der Heimat hatte P. Wenzeslaus veranlasst, über den damaligen Provinzial der Thuringia, P. Theophil Witzel, beim Generalkapitel die amerikanischen Provinziäle um die Erlaubnis zum Sammeln von Almosen in den Vereinigten Staaten für die Mission in Japan zu bitten. Nachdem sie dies zugesagt hatten, reiste P. Dorotheus zwei Jahre durch Amerika und sammelte so viel Geld, dass alle Verbindlichkeiten in der Hokkaido-Mission abgetragen, der Unterhalt bestritten und alle Bauvorhaben bis 1926 ausgeführt werden konnten.

Aber nicht nur die wirtschaftlichen Verhältnisse veränderten sich zum Besseren, mit den Patres Hugolin Noll und Didymus Jordan kamen am 17. August 1921 auch neue Nachwuchskräfte aus der Heimat.[10] Dennoch stieg der Personalbestand nicht, sondern verminderte sich zunächst sogar, da der Generalminister im Herbst 1921 dem Apostolischen Präfekten mitteilte, die Propaganda habe den kanadischen Brüdern einen Teil der Diözese Nagasaki zur Missionierung übertragen mit dem Ziel, ein eigenes Missionsgebiet zu errichten. Sobald Ersatz aus der Thuringia eingetroffen sei, sollten die Kanadier in den Süden gehen. Dies betraf auch den Mitbegründer der Hokkaido-Mission P. Maurice Bertin[11], der nach dem Krieg wieder nach Japan zurückgekehrt war.

Anfang der zwanziger Jahre war in der japanischen Kirche eine Aufbruchstimmung zu spüren: Das Interesse für die Religion wuchs, die Zahl der Taufbewerber nahm zu, und auch Priester- und Ordensberufungen waren zu verzeichnen. Ebenso verbesserte sich der rechtliche Status für die Mission, da sie nun vom Staat als juristische Person anerkannt und ihr die Möglichkeit eröffnet wurde, Rechtsgeschäfte auszuführen und Besitz zu erwerben. Bislang hatte dies immer über Zivilpersonen erfolgen müssen.

Ihren Teil zum Aufschwung in der Mission trugen ab 1923 auch die neuen Missionare aus der Thuringia P. Emmanuel Zentgraf, P. Titus Ziegler, Br. Titus Jakobs und

---

9   Nachruf in: Bei St. Franziskus 1 (1921), S. 23.
10   Zur gleichen Zeit trafen drei weitere Schwestern aus Thuine und kurz zuvor vier deutsche Franziskanerinnen-Missionarinnen Mariens ein.
11   Zur Biografie des treuen Mitstreiters und Freundes von P. Wenzeslaus siehe Huber/Nagel: Geschichte, S. 82 und 95f.

Br. Ludger Heim sowie P. Damasus Golla[12] aus der Silesia bei. Zwei Jahre später kamen im Juni mit den Patres Martin Plotnik aus der Silesia sowie im November mit Ubald Schecke und Solanus Denkel aus der Mutterprovinz weitere Missionare hinzu.

1920: Die Missionare der Thuringia in Sapporo. Vorne (v.l.): P. Alexius Hipp, P. Wenzeslaus Kinold, P. Franz Vergott. Hinten (v.l.): Br. Josef Barthelme, Br. Rochus Becker, P. Eusebius Breitung, P. Wolfgang Lang, P. Hilarius Schmelz, P. David Miebach, P. Dorotheus Schilling, P. Timotheus Ruppel, Br. Valentin Sauer.

Einen schmerzlichen Verlust hatte die junge Mission mit dem Tod ihres Pro-Präfekten P. Timotheus Ruppel im Alter von 40 Jahren zu beklagen. Am 4. September 1924 wurde er auf dem Weg zu einem Kranken tödlich vom Blitz getroffen. Er zählte zu den profiliertesten Missionaren und wirkte auf Sachalin, der »Insel der Einsamen«, in Iwamizawa und zuletzt in Sapporo und leitete daneben zwei Jahre die Redaktion des Sonntagsblattes Komyo.[13]

Auch bei den Thuiner Franziskanerinnen ging es spürbar aufwärts. Die Anmeldung japanischer Kandidatinnen ermöglichte die Einrichtung eines eigenen Noviziates. Für

---

12 Er wirkte von 1923 bis 1960 in unserer Mission auf Hokkaido, dann kehrte er nach Deutschland zurück. Er starb am 26. Mai 1977 in Marsberg (Sauerland) mit 82 Jahren.

13 Huber/Nagel: Geschichte, S. 100. Nachruf in: Bei St. Franziskus 4 (1924), S. 133–137.

Von den Anfängen 1907 bis zum Eintritt in die Japanische Provinz 1985

Sechs neu getaufte Christen (vor 1920)

die Schwestern entstand ein neues Haus. Danach konnten sie ihren Plan zum Bau einer höheren Mädchenschule verwirklichen. Nachdem die Gebäude erstellt waren und die staatliche Anerkennung erteilt war, wurde im April 1925 der Unterricht für 150 Schüle-

Mädchenschule der Thuiner Franziskanerinnen in Sapporo (1928)

rinnen aufgenommen. P. Wenzeslaus Kinold, maßgeblich an der Gründung der Fuji-Schule beteiligt, verstand sie als sein Lieblingswerk. Von den Almosen, die P. Dorotheus[14] in Amerika sammelte, durfte auch das Schulwerk profitieren. 1926 entstanden eine Turnhalle sowie eine Bibliothek und neue Klassen- und Sammlungsräume. Ein paar Jahre später kamen ein Internat für 120 Schülerinnen und eine geräumige Kapelle dazu.

Die beträchtlich gestiegene Zahl der Katholiken in Sapporo regte die Missionare an, zum ersten Mal eine Fronleichnamsprozession abzuhalten – zunächst freilich noch innerhalb des Kirchenraumes. Die begeisterte Resonanz ermutigte sie, das Ritual beizubehalten

---

14   Er studierte später Missionswissenschaft in Münster und lehrte nach seiner Promotion am Antonianum und an der Propaganda in Rom. Zur Vielzahl seiner Publikationen siehe die Bibliografie von P. Odulf Schäfer in: Thuringia Franciscana NF 6 (1951), S. 99–107. Er starb am 5. Juni 1950. Nachruf in: Thuringia Franciscana NF 5 (1950), S. 77–80.

Von den Anfängen 1907 bis zum Eintritt in die Japanische Provinz 1985

P. Wenzeslaus Kinold, 1907 erster Superior der franziskanischen Japan-Mission, 1915 Apostolischer Präfekt, 1929–1940 Apostolischer Vikar von Sapporo

Fronleichnamsprozession in Asahikawa (1958)

und nach dem Zweiten Weltkrieg auch durch die Straßen der Stadt zu ziehen. Dies geschah auch in Asahikawa. Ab 1967 trat dort an die Stelle der Prozession die Feier des Katholikentages, der alljährlich zahlreiche Gläubige zusammenführte.[15]

An pastoralen Ideen mangelte es den Patres nicht. Ein zunehmend wichtiges Arbeitsfeld waren die Sonntagsschulen für noch nicht getaufte Kinder, die in fast keiner der Stationen fehlten. Um mit Familien in Kontakt zu kommen, eröffnete P. Emmanuel

---

15 P. Rupert Müller: Chronik der letzten 25 Jahre, 1957–1982, in: Thuringia Franciscana NF 30 (1983), S. 212 (künftig: Müller: Chronik).

Zentgraf gewissermaßen als Pilotprojekt unserer Hokkaido-Mission 1927 in Iwamizawa einen Kindergarten. Da sich diese Einrichtung als außerordentlich segensreich erwies, folgten Gründungen in anderen Missionsstationen.

Ein besonderes Ereignis stellte die erste Generalvisitation durch P. Provinzial Bernardin Jacobi von November 1926 bis Februar 1927 dar. Nach seiner Ankunft hielt er den Missionaren Exerzitien und begann dann seine Visitation, die ihn zuerst nach Sachalin und danach auf die einzelnen Stationen führte. Am Ende stand eine Reihe personeller Veränderungen, deren bedeutendste die Bestellung von P. Lukas Berning zum Kommissar war.

Der Provinzial hatte quasi als Morgengabe der Thuringia mit P. Ladislaus Flesch[16] und P. Nazarius Dietz[17] zwei neue Missionare mitgebracht. Im Herbst 1927 kamen P. Zeno Fleck, Br. Vitalis Ciré[18] und der Kandidat Bernhard Stephan; kurze Zeit später P. Martin Friese. Im Februar 1928 trafen noch P. Gerhard Huber und Br. Daniel Klüber und in ihrer Begleitung Joseph Okubo ein, der nun in seiner Heimat Primiz feiern konnte.

Auch für ihre eigenen Reihen durften die Brüder auf Zuwachs aus der japanischen Kirche hoffen. 1923 war mit Br. Antonius Shiraishi der erste einheimische Christ als Kandidat eingetreten. Am 20. Juni 1928 wurde in Sapporo das kanonische Noviziat für ihn und Kandidat Bernhard Stephan eröffnet, der den Namen Br. Ludwig erhielt.

Mit dieser verstärkten Mannschaft ließen sich in Otomari (Sachalin) und Kushiro (Ost-Hokkaido) neue Stationen gründen. Der Pioniergeist der Missionare manifestierte sich in diesen Jahren auch in zahlreichen Bauten und Einrichtungen. Sie zeitigten freilich auch eine nicht geringe Schuldenlast, sodass für 1929 keine weiteren Investitionen geplant werden konnten.

Sapporo als Apostolisches Vikariat 1929–1935

Noch bevor die amtliche Bestätigung am 2. April 1929 erfolgte, berichtete die Lokalzeitung schon am 18. März die Nachricht aus Rom, dass die Präfektur von Sapporo in den Rang eines Apostolischen Vikariates erhoben und der bisherige Präfekt Wenzeslaus

---

16   Er arbeitete in verschiedenen Pfarreien, bis er krankheitsbedingt 1955 nach Deutschland zurückkehren musste. Am 20. Juni 1978 starb er in Kelkheim. Kurzbiografie in: Thuringia Franciscana NF 46 (1991), S. 280.

17   Sein Aufenthalt in Japan war von kurzer Dauer, da ihn der Schematismus der Provinz von 1929 als Missionsprokurator und Drittordensdirektor in Bornhofen aufführt. Der Schematismus von 1932 nennt ihn als Mitglied des Konventes Wiesbaden. Seine weitere Biografie ist unbekannt.

18   Er kehrte bereits nach wenigen Jahren wieder in die Heimat zurück und starb am 9. Juli 1962 in Fulda. Nachruf in: Thuringia Franciscana NF 17 (1962), S. 186f.

Kinold zum ersten Apostolischen Vikar ernannt und zugleich zum Titularbischof von Panemotico in Kleinasien bestellt worden sei. Die Bischofsweihe fand am 9. Juni in unserer Kirche in Sapporo-Nord 1 statt.[19] Für die Mission bedeutete dieses Ereignis eine große Auszeichnung. Die Festredner würdigten die Arbeit der Thuringia-Missionare und in besonderer Weise den umsichtigen und rastlosen Einsatz von P. Wenzeslaus. Zu den Gratulanten zählte auch Bischof Berlioz, der dem neuen Apostolischen Vikar zum Zeichen der Verbundenheit seinen Bischofsmantel schickte.

Das Vikariat hatte etwa die Größe Süddeutschlands und zählte elf Missionsstationen mit residierenden Patres und sechs Nebenstationen, die regelmäßig besucht wurden. 1930 kamen die vier neuen Stationen in Maoka an der Westküste Sachalins, in Yamahana (einem Stadtteil Sapporos), Tomakomai, das von einer Filiale zur selbstständigen Station avancierte, und Obihiro im Osten Hokkaidos hinzu. Dagegen zeichnete sich die Abtrennung Sachalins von dem ausgedehnten Gebiet des Vikariates ab. Polnische Franziskaner sollten die Seelsorge in Sachalin übernehmen, nachdem sie bei den Fuldaer Brüdern in Hokkaido die japanische Sprache erlernt hatten. Zu diesem Zweck trafen sie im Septem-

P. Robert Klitsch, Br. Optatus Buhr und Br. Silvius Steinmetz studieren in Fulda vor ihrer Abreise japanische Landkarten. Im Februar 1930 trafen sie auf Hokkaido ein.

Br. Titus Jakobs in der Klosterküche von Sapporo

---

19   Die Festlichkeiten sind sehr ausführlich dargestellt bei Huber/Nagel: Geschichte, S. 106ff.

ber 1930 in Sapporo ein. Ein Jahr später erhielten sie Sachalin als eigenständiges Missionsgebiet. Im Februar waren als neue Missionare aus der Mutterprovinz P. Robert Klitsch[20] und die Brüder Optatus Buhr[21] und Silvius Steinmetz angekommen. Kurz darauf kehrte der Klosterkoch von Sapporo, Br. Titus Jakobs, nach sieben Jahren in die Heimat zurück.[22] Im Juli 1932 folgten mit P. Gratian Drößler, P. Virgil Nagel und erstmals mit einem japanischen Thuringianer, P. Petrus-Baptista Takemiya, weitere Nachwuchskräfte.

Die japanisch-polnische Gemeinde auf Sachalin (1929)

Während seiner langen Missionarstätigkeit besuchte Bischof Kinold nur ein einziges Mal die Heimat, im Rahmen seines Ad-limina-Besuchs in Rom vom September 1930 bis Februar 1931. Auch hier schonte er sich nicht, sondern warb um Unterstützung für seine Hokkaido-Mission. Bei seiner Rückkehr brachte er P. Ludolf Kellner und P. Augustin Tischlinger als neue Mitarbeiter nach Hokkaido mit. Ferner hatte er die Zusage der Schulbrüder von Bleyerheide im Gepäck, Brüder nach Japan zu schicken, um eine Jungenschule aufzubauen und zu leiten. Im Oktober 1931 trafen sie ein und wohnten zur

---

20   Er kehrte 1933 wieder nach Deutschland zurück. Die schwierige Sprache und gesundheitliche Probleme ließen ihn in Japan nie heimisch werden. Er starb am 12. November 1964 in Bonlanden. Nachruf in: Thuringia Franciscana NF 20 (1965), S. 75f.
21   43 Jahre arbeitete Br. Optatus Buhr als Koch und Gärtner in Sapporo und danach als Koch in Roppongi. Später betreute er an unserer Sprachschule die Pforte und wirkte als Katechet, wo er über 200 Katechumenen auf die Taufe vorbereitete. 1969 kehrte er aus Altersgründen in die Heimat zurück und starb in Saulgau am 10. Mai 1972.
22   In unserem Totenbuch ist er nicht verzeichnet. Seine weitere Biografie ist unbekannt.

P. Gratian Trösler, P. Petrus-Baptista Takemiya und P. Virgil Nagel im Garten des Fuldaer Klosters vor der Abreise nach Japan (1932). P. Petrus-Baptista war der erste in Japan geborene Thuringianer.

Vorbereitung ihrer Arbeit und zum Sprachstudium in unserem Kloster. Ein Jahr später gesellten sich drei weitere Brüder dazu.

Zu Beginn des Jahres 1933 suchte Bruder Tod die Mission heim. P. Lukas Berning, Kommissar von 1926 bis 1931, hatte sich eine schwere Lungenentzündung zugezogen, von der er sich nicht mehr erholte. Am 27. Januar gab er im Alter von 47 Jahren mit dem Lied auf den Lippen »Ich will dich lieben, meine Stärke« sein Leben in die Hand seines Schöpfers zurück. P. Lukas gehörte zu den eifrigsten und beliebtesten Missionaren.[23]

Die Brüder in Hokkaido verstanden jede ihrer Tätigkeiten als pastoral und missionarisch. Es versetzt immer wieder in Erstaunen, welche Kreativität sie dabei entfalteten. Neben ihrer regulären Arbeit in den Pfarreien entdeckte eine Reihe von Missionaren ihre dichterische Ader und verfasste Schauspiele, die Themen aus der Heilsgeschichte, aus dem Leben der Heiligen und natürlich aus der Zeit der japanischen Christenverfolgung zum Inhalt hatten. Die Aufführungen gerieten in den dreißiger Jahren nach ihrem eigenen Verständnis zur Missionspropaganda. In den oft bis auf den letzten Platz gefüllten Sälen erreichten sie mehr Menschen und vor allem Nichtchristen als in ihren Kirchen und mit traditionellen Seelsorgemethoden. Einige der Stücke gehörten sogar zum Standardprogramm für viele Missionsstationen in Japan. Zu den bekanntesten Darbietungen

Theatergruppe einer Sonntagsschule in Japan (vor 1920)

---

23 Huber/Nagel: Geschichte, S. 117, und Nachruf in: Thuringia Franciscana 13 (1933), S. 134–146.

zählten das Elisabethspiel von P. Gerhard sowie sein Franziskusspiel »Der Herold des großen Königs«, das P. Hugolin vom Deutschen ins Japanische übersetzen ließ. P. Eusebius schrieb ein Agnesspiel »Die Blume von Rom« und wählte für sein Stück »Amakusa Shiro« eine Episode aus der japanischen Christenverfolgung. Biblische Themen griff P. Zeno

P. Hilarius Schmelz unterrichtet im »Kleinen Seminar« für Priesternachwuchs (Sapporo, um 1920)

mit seinem Drama »Sieg des Kreuzes« und vor allem mit seinem Passionsspiel anlässlich der Neunzehnhundertjahrfeier des Kreuzestodes Christi 1933 auf. Für Weihnachtsfeiern standen oft Weihnachtsspiele von P. David und P. Eusebius auf dem Programm.

Öffentlichkeitsarbeit, wie wir es heute nennen, wurde bei den Missionaren großgeschrieben; sie selber sprachen von Werbeversammlungen und führten sie in Städten durch, die noch keine Missionsstation besaßen, um über das Christentum zu informieren. Dazu gehörte meist ein kulturelles Begleitprogramm. Auch in der Jugendarbeit leisteten die Brüder Vorbildliches und präsentierten in Großveranstaltungen ihre Arbeit. Ferner taten sich zum Beispiel die Pfarreien von Sapporo zu Wohltätigkeitsveranstaltungen zusammen, um mit dem Erlös ihre Sozialwerke zu finanzieren.

Nach einer Übersicht aus dem Jahr 1934 arbeiteten im Apostolischen Vikariat mit dem Bischof 31 ausländische und sechs einheimische Franziskaner sowie zwei Weltpriester auf insgesamt 14 Missionsstationen mit zehn Filialen. Die Zahl der Christen betrug 3.105.

Der einheimische Klerus blieb das große Sorgenkind von Bischof Kinold. Schon früh richtete er sein Augenmerk auf junge Männer, die er für geeignet hielt, Priester zu werden. Nach bescheidenen Anfängen in Kameda wurde dazu 1915 das Kleine Seminar in Sapporo eingerichtet, für das 1926 neben der Pfarrkirche in Sapporo-Nord 11 ein neues Gebäude für etwa 20 Seminaristen entstand. Von 1917 bis 1929 leitete das Seminar P. Wolfgang Lang und von 1929 bis 1939 der erste einheimische Weltpriester Joseph Okubo.[24]

Größeres Kopfzerbrechen bereitete die Frage nach dem Großen Seminar, in dem die Priesteramtskandidaten Theologie studieren sollten. Da es in Japan keines gab, blieb nur Europa als Alternative. So kam Joseph Okubo nach Rom und nach Sigmaringen-Gorheim bzw. Fulda, und nach ihm studierte der zweite Weltpriester Andreas Sakakibara in ähnlicher Weise. P. Petrus-Baptista Takemiya, P. Antonius Kawamura und P. Bernardin Asai traten in Salmünster in den Orden ein.

P. Bernardin Asai mit P. Lukas Bertram (1954)

Während Petrus den gesamten gewohnten thuringianischen Studiengang absolvierte und 1932 nach seiner Priesterweihe nach Japan zurückkehrte, studierten die beiden anderen nur Theologie in Deutschland, da sie Philosophie schon in Sapporo gehört hatten, und wurden 1934 zu Priestern geweiht.

1932 wurde ein Zentralseminar für ganz Japan in Tokyo eingerichtet, aus dem in der Folgezeit Bischof Kinold neun seiner einheimischen Priester weihen konnte. Fünf Seminaristen studierten im Ausland und empfingen dort die Priesterweihe. In der Heranbildung des einheimischen Weltklerus durfte sich Bischof Kinold im Vergleich mit den übrigen Regionen Japans über einen guten Erfolg freuen.

Bei seiner kanonischen Visitation vom 27. April bis 26. Juni 1935 brachte P. Provinzial Benedikt Gölz die einheimischen Patres Antonius und Bernardin sowie P. Raimund Tschorz aus der Silesia mit. Er sprach sich sehr lobend über die gute Arbeit der Sapporo-Mission aus.[25] Über die Zukunft der Mission äußerte er wegen der kirchenfeindlichen Politik der Nationalsozialisten und ihrer harten Devisenbestimmungen große Besorgnis. Für P. Benedikt Gölz hatte diese Japanreise übrigens zur Folge, dass ihm die NS-Regierung die Rückkehr nach Deutschland verweigerte.

---

24 Die Franziskaner-Seminarien in Japan. Kurzer geschichtlicher Überblick, in: Thuringia Franciscana NF 20 (1965), S. 17–20.
25 Der Provinzial schrieb später in seinen Reisebericht: »Die ruhige und kluge Führung der Mission durch Bischof Wenzeslaus Kinold und die unverdrossene treue Arbeit seiner Missionare haben ein anfänglich kleines Werk zu Wachstum und Gestalt gebracht.« Vgl. Huber/Nagel: Geschichte, S. 128.

Besuch von P. Provinzial Benedikt Gölz: Gruppenbild vor der Kirche in Sapporo (1935)

Tatsächlich sollte die Mission 20 Jahre lang ohne finanzielle Hilfe aus der Heimat bleiben. Auch die Chancen auf Nachwuchskräfte tendierten gegen Null. Im März 1937 traf allerdings noch P. Lukas Bertram ein, und buchstäblich vor Toresschluss schaffte P. Januarius Menrad im Dezember 1939 über Sibirien die Reise in die Mission.

Die schwierigen Vorkriegs- und Kriegsjahre 1936–1945

Nach dem Ausbruch des Krieges in der Mandschurei 1931 zeigte sich im offiziellen Japan besonders im Militär die Tendenz zu einem verstärkten Nationalismus. Dies trat nach dem Militärputsch im Februar 1936 offen zutage. Der Putsch brach zwar bald zusammen, doch die Politiker sprachen freimütig aus, wohin die Reise gehen sollte: zur »Neubelebung des japanischen Geistes«[26] und der Ausschaltung fremder Einflüsse. Das hieß im Klartext: Aufwertung des Shintoismus und Kampf gegen das Christentum.[27]

---

26   Huber/Nagel: Geschichte, S. 115.
27   Die Lage für die deutschen Missionare verschlechterte sich auch durch den Nichtangriffspakt zwischen Deutschland und Russland, der als Verrat verstanden wurde, weil die Japaner kurz zuvor mit den Deutschen einen Antikominternpakt geschlossen hatten.

Das neue Religionsgesetz vom 1. April 1940 brachte die totale Kontrolle des Staates über die Kirche und die Ausgrenzung der Ausländer.[28] Nicht nur die kirchliche Hierarchie, sondern auch die ausländischen Missionare sollten nach und nach durch Einheimische ersetzt werden. Neue Missionare konnten infolge der strengen Prüfung de facto nicht mehr ins Land kommen. Das neue Gesetz bestimmte nicht nur die Struktur, sondern auch die Inhalte der Religion. Der Katechismus und die Gebetbücher mussten umgearbeitet und angepasst werden. So bedurfte etwa der Kaiser keines Gebetes um göttlichen Beistand, da er ja selbst Göttlichkeit beanspruchte, und das Gebet um den Frieden galt als verkappter Pazifismus. Ein guter Christ und zugleich ein treuer Japaner zu sein, vertrage sich nicht. Solche Sprüche erinnerten fatal an nationalsozialistisches Ideengut, das hier trotz antideutscher Haltung gelehrige Nachahmung fand.

Diese Maßnahmen wirkten sich verheerend auf die praktische missionarische Arbeit aus. Hausbesuche mussten unterbleiben, Christen hatten Angst, mit den ausländischen Missionaren in Kontakt zu treten oder diesen aufrechtzuerhalten. Die Brüder fühlten sich zur Untätigkeit verurteilt. Ein Spruch machte unter ihnen die Runde: »Am Morgen shimpu (Priester) und nachher rimpu (Tagelöhner)« – morgens zelebrierten sie die Messe und tagsüber bebauten sie ihren Garten, um überleben zu können.

Während die Missionare auf den Stationen in ihren Ämtern blieben, reichte Bischof Kinold den neuen Bestimmungen gemäß im Oktober 1940 seinen Rücktritt ein. Sein Nachfolger wurde Laurentius Toda. Im selben Monat konnte P. Wenzeslaus sein goldenes Ordensjubiläum feiern. Verständlich, dass die Feier nur bescheiden ausfiel.

In dieser bedrückenden Situation erinnerten sich die Missionare an die Bitten japanischer Auswanderer nach Brasilien, die ohne Betreuung auskommen mussten, weil niemand ihre Sprache verstand und sie selbst noch nicht des Portugiesischen mächtig waren. Darum wechselten 1939 bzw. 1941 die Brüder Virgil Nagel, Gratian Drößler[29], Justinian Hinz, Silvius Steinmetz[30] und Oswald Braun[31] nach Brasilien.

Neben diesem Aderlass hatte die Mission im gleichen Zeitraum weitere Verluste zu beklagen. Im Jahr 1939 starben die beiden ersten einheimischen Weltpriester unserer Mission: Joseph Okubo im Alter von nur 42 und Andreas Sakakibara im Alter von nur

---

28 Dieser Beitrag muss sich auf wenige wichtige Bestimmungen beschränken – ausführlich bei Huber/Nagel: Geschichte, S. 133ff.

29 Er arbeitete unter den japanischen Einwanderern bis zu seinem Tod am 22. Mai 1970. Nachruf in: Thuringia Franciscana NF 29 (1974), S. 225–228.

30 Der Mission in Japan hatte er 1930 bis 1941 unter anderem als Schneider gedient. In Brasilien arbeitete er bis zu seinem Tod am 30. Juni 1963 als Chauffeur und Mechaniker – Nachruf in: Thuringia Franciscana NF 19 (1964), S. 256–257.

31 Er engagierte sich in Mato Grosso segensreich für die Armen und Kranken, errichtete in Chapada ein Krankenhaus, legte das Apothekerexamen ab und wurde später zum Diakon geweiht. 1977 kehrte er in die Heimat zurück und starb in Fulda am 8. Januar 1978.

36 Jahren. Im Februar 1943 folgte ihnen P. Antonius Kawamura, der neun Jahre zuvor in Fulda die Priesterweihe erhalten hatte. Nach seiner Rückkehr hatte er P. Petrus-Baptista Takemiya in der Leitung der höheren Jungenschule in Sapporo abgelöst. Während des Militärdienstes zog er sich Typhus zu, der zu seinem Tode mit nur 37 Jahren führte.

Am 25. Juli 1944 starb P. Franz Vergott im 69. Lebensjahr. Drei Jahrzehnte lang hatte der Spätberufene aus der Tiroler Provinz die Stationen Kutchan, Otaru, Sapporo-Nord 11 und Hieroshima betreut. Eine schwere Diabetes zwang ihn zur Rückkehr in das Kloster in Sapporo. Die Erinnerung an P. Franz bleibt durch viele seiner Ölgemälde in Kirchen und Kapellen und durch seine mit Sorgfalt geführten Chroniken der einzelnen Stationen erhalten.

P. Alexius Hipp

Mit Engagement, aber leider wenig Erfolg hatte sich P. Alexius Hipp lange der Ainu-Mission gewidmet, die ihm den Namen »Ainu-Häuptling« einbrachte, was durch seinen starken Haarwuchs und wallenden Bart unterstrichen wurde. Danach tat er gute Dienste in vielen Stationen und litt als naturalisierter Japaner in den Kriegsjahren unter der Isolierung. Eine übergangene Erkältung führte zu akuter Lungenentzündung und Tuberkulose; schließlich im Alter von 62 Jahren zu seinem Tod am 10. März 1945.

Ainu-Gruppe beim Essen (Anfang des 20. Jahrhunderts)

Blick in die Druckerei der Franziskanerinnen-Missionarinnen Mariens (Sapporo, um 1938)

*Sapporo 1968:
P. Eusebius Breitung in der Verlagsredaktion des katholischen Wochenblattes »Komyo« (»Licht«)*

In diesen schlimmen Jahren gab es gottlob auch Positives zu vermelden. Der Verlag Komyo mauserte sich zum Renommierstück der Missionare aus der Thuringia. Im Jahr 1936 erschien die dritte Auflage des Einheitsgesangbuches für ganz Japan, nachdem es eine grundlegende Überarbeitung erfahren hatte.

Nach dem Konzil erfolgte eine weitere völlige Neubearbeitung mit eigenen Kompositionen, von denen aber nach der Feststellung des Chronisten nur wenige den Weg in die Herzen der Gläubigen gefunden hätten. P. Emmanuel Zentgraf gehörte der Kommission für die Neuausgabe als Mitglied an. Für den Komyo-Verlag wurde das Gesangbuch dennoch zum Bestseller.[32]

---

32 Müller: Chronik, S. 208.

Im April 1936 erfolgte die Drucklegung des neuen Deutsch-Japanischen Wörterbuches mit 25.000 Wörtern auf 976 Seiten. Als Verfasser zeichneten die Franziskaner des Vikariates Sapporo. Den Impuls zu diesem Werk hatte P. Martin Friese gegeben, der sich mit acht Brüdern und einigen Japanern an die Arbeit machte und nach zwei Jahren dieses große Werk vollenden konnte. P. Eusebius Breitung hatte die Redaktion und die Überwachung des Druckes übernommen, der eineinhalb Jahre in Anspruch nahm, da sieben Korrekturdurchgänge erforderlich wurden.

Mit seinem japanischen Missale machte sich P. Titus Ziegler einen Namen. Im Laufe des Jahres 1936 kam die zweite Auflage dieses Missale Romanum in einer Auflage von 3.500 Exemplaren heraus, nachdem die erste Auflage mit 1.500 Exemplaren rasch vergriffen war.

Zu Beginn des Jahres 1938 wurde P. Titus an die Jesuiten-Universität in Tokyo berufen, um an der Herausgabe der Katholischen Enzyklopädie (»Katorikku Daijiten«) mitzuarbeiten. Nach dem Tod des Herausgebers P. Kraus SJ avancierte P. Titus vom dritten Band an zum verantwortlichen Herausgeber. Der erste Band im Großformat mit über 800 Seiten erschien 1940, zwei Jahre später der zweite, dann konnte infolge des Krieges kein Druck mehr erfolgen. Im Jahr 1952 erschien schließlich der dritte und 1954 der vierte Band. Das Register hatte er als fünften Band 1960 fast abgeschlossen, als er mit 60 Jahren starb. Diese unglaubliche Fleißarbeit gilt als sein eigentliches Lebenswerk.[33]

Als Jubiläumsgabe zum 50. Geburtstag der Mission im Jahr 1957 konnten die Brüder mit der Erstübersetzung des Alten Testamentes nach der Vulgata ins Japanische und der Herausgabe im Komyo-Verlag in vier Bänden von 1954 bis 1959 eine weitere Gemeinschaftsleistung und Pioniertat präsentieren. Die Japanische Bischofskonferenz hatte im Jahr 1947 dazu den Auftrag erteilt.

Die Nachkriegsjahre bis zum Tod von Bischof Kinold 1952

Der Zusammenbruch 1945 weckte in den Missionaren neue Hoffnungen, zeigte aber auch ihre Grenzen auf. Zum einen fielen auf einen Schlag die berüchtigten Religionsgesetze von 1939/40 und brachten nicht nur die erwünschte Freiheit, sondern sogar die völlige Trennung von Staat und Kirche. Zum anderen herrschte bittere Armut, weil es an allem fehlte. Die amerikanischen Besatzungstruppen halfen kräftig mit, die größte Not

---

33 Der Generalminister P. Augustin Sépinski würdigte in einem Dankschreiben vom 7. September 1953 die großartige Leistung von P. Titus, in: Thuringia Franciscana NF 9 (1954), S. 42–44. Am 23. Dezember 1953 erfolgte ein Anerkennungsschreiben aus dem Vatikan, in dem Papst Pius XII. durch seinen Sekretär J. B. Montini zum vollendeten dritten Band gratulierte und zur Weiterarbeit ermutigte, ebenda, S. 202.

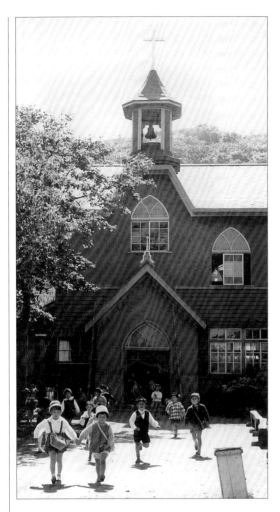

Die Kirche in Wakkanai; im Erdgeschoss der Kindergarten, darüber die Kirchenräume (um 1964)

zu lindern. Trotz aller Entbehrungen nahmen die Brüder ihre Arbeit mit großem Elan und in früherem Umfang wieder auf. Erfolge blieben nicht aus. Das Jahr 1948/49 wurde mit 1.233 Taufen zum erfolgreichsten Jahr der ersten fünf Jahrzehnte. Ein weiteres Highlight stellte das Franziskus-Xaverius-Jubiläum anlässlich der Ankunft des Heiligen vor 400 Jahren in Japan dar.[34]

Besonders machte sich nun der Mangel an Missionaren bemerkbar, da sich während des Krieges die Reihen gelichtet hatten. Im März 1946 kehrten zwar die drei japanischen Weltpriester Asai, Mihara und Tamura aus Rom zurück, wo sie studiert und die Kriegsjahre verbracht hatten, weil sie nicht in ihre Heimat zurückkehren konnten. Doch im Oktober war bereits wieder der Tod eines einheimischen Priesters zu beklagen. Martinus Kodama starb an einer Lungenkrankheit im Alter von nur 33 Jahren.

»Des einen Leid ist des andern Freud« spiegelt sich auch in der Missionsgeschichte wider. Durch die Ausweisung der Missionare aus dem Nachbarland China nach der kommunistischen Revolution erlebte Japan einen unerwarteten Zuwachs. Schon zuvor waren Vorbereitungen für eine Aufteilung des Missionsgebietes getroffen worden. Welt- und Ordenspriester hatten bislang gemeinsam das umfangreiche Gebiet des Apostolischen Vikariates Sapporo betreut. Am 13. September 1949 erfolgte eine Dreiteilung in nicht selbstständige Distrikte unter der Jurisdiktion des Apostolischen Administrators von Sapporo:

---

34 P. Didymus Jordan: Feier des 400-jährigen Jubiläums des hl. Franziskus Xaverius in Sapporo, in: Thuringia Franciscana NF 4 (1949), Heft 2, S. 30–32.

- Zum Distrikt von Sapporo kamen die Stationen von Sapporo-Nord 1 (gegr. 1881), Sapporo-Yamahana (1930), Sapporo-Maruyama (1937), Otaru-Tomioka (1903), Otaru-Suiminoe (1949), Kutchan (1931), Ebetsu (1934), Hieroshima (1913), Tomakomai (1930) und Muroran (1893) als Missionsgebiet des einheimischen Weltklerus. Die Franziskaner behielten nur noch die in Verbindung mit ihrem Kloster 1908 gegründete Pfarrei Sapporo-Nord 11.
- Der Distrikt von Asahikawa umfasste die Stationen von Asahikawa (1904), Nayoro (1940), Wakkanai (1933), Kitami (1933), Rumoi (1936) und Sunagawa (1949) als Missionsgebiet der Thüringischen Franziskaner.
- Für die geplanten Distrikte von Ost-Hokkaido und Iwamizawa lief noch die Suche nach neuen Missionaren. Bis dahin sollten sie von den Franziskanern betreut werden.

Die neue Aufteilung verlangte unseren Missionaren große Opfer ab, denn das hieß, sich von ihren bisherigen Wirkungsstätten zu trennen und einen Neubeginn zu wagen. Zu den personellen Engpässen kam die finanzielle Notlage hinzu, da noch immer keine Mittel aus der Heimat flossen.

In dieser Situation wandte sich der neue Kommissar P. Ludolf Kellner an den Generaldelegaten der Franziskaner im Fernen Osten, P. Alphons Schnusenberg, mit der Bitte um Missionare aus China für die Hokkaido-Mission. Schon bald trafen von dort Brüder aus den Provinzen von Bologna und Venedig ein. Später folgten drei niederländische Franziskaner. Sie alle stellten ihre Kräfte für den Distrikt Ost-Hokkaido zur Verfügung.

Aus der eigenen Provinz kehrten im November 1949 P. Virgil Nagel[35] und ein Jahr später P. Justinian Hinz aus der Japanerseelsorge in Brasilien

Br. Heinrich Metzler mit Wiener Sängerknaben (1964)

P. Provinzial Beda Schmidt (l.) und P. Sigisbert Biedermann (r.) (1964)

---

35   P. Virgil Nagel hat die Situation der Japaner in Brasilien sehr ausführlich in seinem Beitrag dargestellt: Die Japaner und ihre seelsorgliche Betreuung, in: Thuringia Franciscana NF 17 (1962), S. 14–39.

nach Japan zurück. Im Sommer 1950 war aus Deutschland P. Sigisbert Biedermann angekommen, der aber fernab von Hokkaido als Sekretär in die Dienste des Päpstlichen Internuntius Maximilian von Fürstenberg in Tokyo trat. Kurz zuvor hatte Br. Heinrich Metzler[36] Japan erreicht und seine Arbeit in Sapporo aufgenommen.

Trotz bescheidener Mittel errichteten unsere Mitbrüder in Asahikawa ihr neues Zentralhaus mit dem Sitz des Kommissariates und konnten es im Mai 1950 beziehen; im Dezember folgte die Weihe der Kirche. Im Pfarrgebiet von Sunagawa entstand in Furano eine neue Station.

Neben der dünnen Personaldecke und den fehlenden Finanzmitteln beschäftigte die Brüder die Sorge um den einheimischen Ordensnachwuchs. Im Frühjahr 1950 eröffneten sie dazu in Otaru unter der Leitung von P. Gerhard Huber ein Kleines Seminar mit zunächst neun Schülern. Aber es gab keine Möglichkeit zum Weiterstudium in einem Großen Seminar, da nach dem Krieg im Regionalseminar Tokyo keine Ordensaspiranten mehr angenommen wurden. Nach Rücksprache mit dem Bischof von Fukuoka erklärten sich die kanadischen Sulpizianer bereit, die Studenten des Kommissariates Sapporo für das Studium in Latein und Philosophie in ihrem Seminar aufzunehmen. Das konnte aber nur eine vorübergehende Lösung sein.

Unter großen Opfern wurde daher in den Jahren 1950/51 das St. Bonaventurakolleg in Fukuoka-Takamiya für unsere Studenten errichtet. Sie sollten hier neben dem Erlernen der lateinischen Sprache und dem Studium der Philosophie vor dem Eintritt ins Noviziat auch eine Einführung in die franziskanische Spiritualität erhalten. P. Virgil Nagel fungierte als erster Rektor und P. Solanus Denkel als Pfarrer der dazugehörenden Pfarrei. Später entwickelte sich das St. Bonaventurakolleg in Fukuoka zum internationalen Studienhaus für alle Franziskaner in Japan.[37] Die Studenten absolvierten einen zweijährigen Lateinkurs und kamen dann in das Noviziat der kanadischen Franziskaner in Urawa bei Tokyo. Von dort siedelten sie zum Studium der Theologie in die Hochschule nach Setamachi bei Tokyo über.

Nach dem Rücktritt von Bischof Kinold 1940, der nach wie vor als Generalvikar und Schwesternkaplan amtierte, war ihm Bischof Laurentius Toda als Apostolischer Administrator gefolgt. Am 1. Juli 1947 konnte P. Wenzeslaus Kinold sein goldenes Priesterjubiläum, am 7. Juli 1951 seinen 80. Geburtstag und am 10. Oktober 1951 sein diamantenes Ordensjubiläum im kleinen Kreis der Klosterfamilie begehen. Mit der Priesterweihe seines letzten Seminaristen aus der Vorkriegszeit, Franz Xaver Hayashi, am 22. Dezember 1951 vollzog er auch seine letzte bischöfliche Amtshandlung. Danach setzte der Ver-

---

36 Auf seinen Wunsch hin studierte er von September 1980 an am Spätberufenenseminar in Schwaz (Tirol) Theologie und wurde am 25. März 1986 in Tokyo-Seta zum Priester geweiht.
37 Die Franziskaner-Seminarien in Japan, in: Thuringia Franciscana NF 20 (1965), S. 19.

fall seiner Kräfte ein. Am 22. Mai 1952 gab er sein Leben in die Hand seines Schöpfers zurück und harrt auf dem Waldfriedhof von Maruyama der Auferstehung. Über 45 Jahre hatte der gebürtige Westfale P. Wenzeslaus all seine Kraft in den Dienst der Japan-Mission gestellt. Er war nicht ein Mann des Wortes. »Seine Größe bestand in der Klugheit beim Planen, in der Sorgfalt und Geduld beim Ausführen und in der väterlichen Liebenswürdigkeit beim Leiten.«[38] Bei wichtigen Fragen in der Kirche Japans wurde sein Rat gehört. Auch seine Mitbrüder schätzten und achteten ihn. Er freute sich, wenn sie ihn in seinen letzten Lebensjahren besuchten, da er infolge eines Augenleidens kaum noch sehen und lesen konnte. Gerne erzählte er dabei aus dem reichen Schatz seiner Erfahrung. Die Japan-Mission verlor mit ihm ihren unbestrittenen Pionier.[39]

Sapporo als Diözese, die endgültige Aufteilung des Missionsgebietes und das 50-jährige Jubiläum 1952–1957

Die Erhebung des Apostolischen Vikariates von Sapporo zur vollen Diözese hatte Bischof Kinold nicht mehr erleben dürfen. Am 4. März 1953 war das päpstliche Schreiben promulgiert[40] und zuvor Benedikt Tomizawa aus Kyoto zum Bischof von Sapporo ernannt worden. Am Fest des heiligen Joseph fand in der Kathedralkirche zu Sapporo-Nord 1 seine Bischofsweihe statt.[41] Die Diözese zählte bei ihrer Gründung 8.000 Katholiken.

Die erste Aufteilung aus dem Jahr 1949 wies in der Zuordnung der Arbeitsfelder noch Lücken auf. Mittlerweile hatten sich verschiedene Gruppen von Missionaren eingefunden, sodass Bischof Tomizawa eine endgültige Aufteilung vornehmen konnte. Jetzt gehörte auch die Kirche von Hakodate, die Mutterkirche aller Missionsstationen, und damit die ganze Insel Hokkaido zur Diözese Sapporo. Der Distrikt Sapporo verblieb dem Weltklerus. Die Franziskaner der Thuringia behielten den Distrikt Asahikawa und die Pfarrei Sapporo-Nord 11. Den Distrikt Hakodate übergab der Bischof den Pariser Missionaren, die damit quasi in ihr altes Gebiet heimkehrten. Für den neu geschaffenen Distrikt Tomakomai verpflichtete Bischof Tomizawa die Maryknoll-Missionare. Den Distrikt Kushiro übertrug er den Franziskanern der Provinz Venedig, den Distrikt Kitami übernahmen die niederländischen Franziskaner.

Bei seiner Visitation vom 7. Mai bis 15. Juli 1953 konnte sich P. Provinzial Deochar Gredig gleich ein Bild von den Freuden und Leiden machen, die die Neuaufteilung des Missionsgebietes bescherte. Ein außerordentliches Präsent ließ der Provinzial in Gestalt

---

38 Huber/Nagel: Geschichte, S. 145.
39 Todesanzeige, Beileidsschreiben und Bericht über das Begräbnis in: Thuringia Franciscana NF 7 (1952), S. 91–95.
40 Promulgieren = bekannt gegeben.
41 Zu seiner Biografie siehe Huber/Nagel: Geschichte, S. 147f.

seines Begleiters für diese Reise zurück: P. Lothar Poremba. Weitere Brüder aus der Heimatprovinz sollten bald folgen. Bald nach seiner Abreise trafen P. Niklaus Prescher am 23. Juli und am 25. Januar 1954 P. Gereon Goldmann in Tokyo ein. Als vorläufig Letzter stieß P. Dominikus Bauer am 6. Oktober 1956 dazu.

Doch wie überall gleicht auch hier die Missionsarbeit einem Kommen und Gehen. Am 13. August 1954 starb der Altmissionar P. Hilarius Schmelz nach 45-jähriger Arbeit in der Mission. Der 1924 naturalisierte Japaner zählt zu den tüchtigsten und erfolgreichsten

P. Dominikus Bauer

Die Kirche St. Pius in Bibai (1954)

Missionaren. Nach dem plötzlichen Tod von P. Timotheus Ruppel hatte er 23 Jahre unsere bedeutendste Pfarrei in Sapporo-Nord 1 geleitet. Seine verschiedenen caritativen Werke erfuhren bis in die höchsten Kreise hinein Unterstützung und Anerkennung.[42]

Nach der endgültigen Aufteilung des Gebietes blieben von den alten Missionsstationen nur noch sechs erhalten, nämlich Sapporo-Nord 11, Asahikawa, Wakkanai, Kitami, Rumoi und Nayoro. Sunagawa befand sich gerade in der Gründungsphase. Die Brüder

Pfarrei St. Vianny in Furano (1952)

verstanden die neue Lage vielfach als einen Neubeginn, mussten sie doch an verschiedenen Orten ans Bauen gehen: in Asahikawa ihr Kloster, die neue Station Furano (1952), in Nayoro einen Kindergarten (1950), einen Umbau in Rumoi (1950) sowie vier neue Missionsstationen, zwei in Asahikawa, je eine in Bibai und Esashi, mit zwei neuen Kirchen in Asahikawa und Sunagawa und zwei Kindergärten. Hinzu kam in Tokyo eine neue Ordensniederlassung mit einer neuen Pfarrkirche.

Schon lange hatte der Wunsch bestanden, in Tokyo eine Unterkunft zu besitzen. Dies wurde umso dringlicher, als hier nach dem Krieg fast alle Neuankömmlinge die Sprachschule durchliefen. Im Mai 1953 wurde im Stadtteil Itabashi ein neues Haus erworben und beim Besuch von P. Provinzial Deochar Gredig mit dem Erzbischof von Tokyo die Übernahme einer neuen Pfarrei vereinbart. Als erster Pfarrer fungierte

---

42   Huber/Nagel: Geschichte, S. 151, und Nachruf in: Thuringia Franciscana NF 9 (1954), S. 223–226.

Von den Anfängen 1907 bis zum Eintritt in die Japanische Provinz 1985

Pfarrhaus und Kindergarten der Pfarrei »Unbefleckte Empfängnis« in Asahikawa (1954)

P. Lukas Bertram. Ihm folgte P. Gereon Goldmann, der mit Hilfe seiner Heimatdiözese Köln die St. Elisabethkirche erbaute.

War bislang fast ausschließlich von den Brüdern die Rede, so dürfen doch die Schwestern nicht unerwähnt bleiben, die mit und neben ihnen fruchtbare Missionsarbeit verrichteten. Seit 1925 leiteten die Thuiner Schwestern ihre Fuji-Schule mit großem Erfolg und bauten sie nach dem Krieg zu einer Hochschule für Frauen aus. Im Jahr 1953 folgten sie den Franziskanern nach Asahikawa und eröffneten dort eine weitere Schule und gewährten den Minderbrüdern sogar eine Zeit lang Obdach für ihre Pfarrei.

Seit 1953 arbeiten in unserer Mission in Asahikawa die Töchter des Heiligsten Herzens Jesu, eine japanische Genossenschaft, von einer deutschen Ordensfrau unter tatkräftiger Hilfe von Bischof Kinold gegründet, und leiten die Kindergärten in Asahikawa, Furano und Sunagawa.

Im Jahr 1956 kamen auf eigenen Antrieb die Kleinen Schwestern Jesu von Charles de Foucauld nach Wakkanai, in den nördlichsten Zipfel Hokkaidos. Die Landkarte hatte ihren Zielort bestimmt; denn sie suchten einen Platz, der dem Eisernen Vorhang am Nächsten war, um hier zu wirken und für die Bekehrung Russlands zu beten, das, nur durch die Meerenge von Sója getrennt, vor ihren Augen lag.

P. Hugolin Noll ging lange mit dem Gedanken schwanger, eine kontemplative Kommunität, genauer gesagt: ein Klarissenkloster zu gründen, als wichtige Ergänzung und Begleitung der apostolischen Arbeit. Erst nach dem Krieg ließ sich dieses Vorhaben ins Werk setzen. Im Jahre 1949 stellte der Bischof von Osaka in Nishinomiya ein geeignetes Haus zur Verfügung. Fünf Jahre später erfolgte durch Rom die kanonische Errichtung als Klarissenkloster mit feierlichen Gelübden und päpstlicher Klausur. Schon bald meldeten sich zahlreiche Kandidatinnen. Bis zu seinem Tod blieb P. Hugolin geistlicher Begleiter der Klarissen im Klara-Kloster.[43]

Im Januar 1957 konnten die Brüder aus der Thuringia auf 50 Jahre Missionstätigkeit in Japan zurückblicken. Der Personalbestand im Distrikt betrug im Jubiläumsjahr 45 einschließlich der auswärtigen Brüder und Studenten.[44] Aufgrund des schneereichen und kalten Winters beging das Kommissariat diesen Geburtstag nur mit einer kirchlichen Feier. Bischof Tomizawa hielt am 15. Januar das Pontifikalamt und die Predigt, danach folgte das Festmahl im Kloster. Am folgenden Tag gedachten sie in einem feierlichen Requiem aller verstorbenen Mitbrüder der Mission.

---

43 Hugolin Noll: Ein japanisches Klarissenkloster, in: Thuringia Franciscana NF 10 (1955), S. 53–56.
44 Müller: Chronik, S. 185.

Wachablösung der ersten Generationen

Die zweiten 50 Jahre unserer missionarischen Präsenz auf Hokkaido prägten im Wesentlichen zwei Faktoren: die Wachablösung der Gründer und ihrer Nachfolger sowie der Weg zu einer Japanischen Provinz und als letzter Schritt der Eintritt der Kustodie von Asahikawa in diese Provinz.

Eine Wachablösung erfolgte 1957 auch im Amt des Generaldelegaten. P. Alfons Schnusenberg wechselte als Missionssekretär nach Rom und übergab den Stab an P. Apollinaris van Leuwen, ehemals Provinzial der Niederländischen Provinz und damit ein Kenner des Missionsgebietes. P. Alfons hatte sich große Verdienste um den Aufbau der Japan-Mission erworben.

Im Folgenden sollen zunächst diejenigen deutschen Mitbrüder kurz gewürdigt werden, die in den Jahren bis 1985 verstorben sind oder Japan wieder verlassen haben. Die japanischen Brüder der Thuringia konnten bis auf wenige Ausnahmen nicht aufgenommen werden, da dem Autor die entsprechenden Unterlagen nicht zur Verfügung standen.

Als Erster in diesem Zeitraum starb P. Hugolin Noll. In den 36 Jahren seines Wirkens in der Mission hat P. Hugolin trotz nicht gerade robuster Gesundheit viel geleistet: in Sapporo zugleich als Pfarrer und Redakteur des Sonntagsblattes Komyo, später als Verlagsleiter von Komyo und Publizist; in Tokyo als Generalsekretär der Zentralkommission für Katholische Presse und Katholische Aktion und schließlich in Osaka mit der Gründung, dem Aufbau und der Leitung des Klara-Klosters. Am 18. Dezember 1957 erfüllte sich sein Wort: »Ich habe Bruder Tod schon seit langem begrüßt und erwartet.«[45]

Nicht lange nach P. Hugolin ereilte mit P. Titus Ziegler am 28. August 1959 im Alter von 60 Jahren einen der großen Missionare der Tod, der durch sein Werk in ganz Japan größte Bedeutung erlangte.[46]

Am 30. Juni 1958 starb in Salmünster der frühere Kommissar P. Wolfgang Lang im Alter von 76 Jahren. Seit 1912 versah er Dienste auf verschiedenen Stationen, zuletzt als Rektor des Kleinen Seminars. 1929 wurde er in die Heimat zurückgerufen mit dem Auftrag, die japanischen Kleriker zu betreuen, die sich zum Studium der Theologie in Deutschland befanden und für die Unterstützung der Japan-Mission zu werben.[47]

Zu den Männern der ersten Stunde zählte auch Br. Valentin Sauer. Er stellte von 1909 bis 1952 seine Kräfte als Koch, Gärtner und Hausmeister in den Dienst der Mission.

---

45 Virgil Nagel: Pater Hugolin Noll ofm, in: Thuringia Franciscana NF 13 (1958), S. 87–100; hier S. 95. Vgl. auch: Geistliche Tagebuchblätter des P. Hugolin Noll, in: Thuringia Franciscana NF 14 (1959), S. 36–52, mit einer Einführung von P. Virgil Nagel.
46 Seine Würdigung erfolgt in dieser Publikation an anderer Stelle. Siehe auch den Nachruf von P. Gerhard Huber: Erinnerungen an P. Titus Ziegler ofm, in: Thuringia Franciscana NF 14 (1959), S. 195–215.
47 Nachruf in: Thuringia Franciscana NF 13 (1958), S. 261ff.

Der frühere Bergmann aus dem Saarland galt als Mann der Ordnung, des streng geregelten Tagesablaufs und des Gebets, aber auch des Humors. Bis zu seinem Tod am 8. Januar 1959 in Fulda half er noch mit seinen 86 Jahren in der Küche mit.[48]

Br. Ludwig Stephan und Br. Valentin Sauer (1929)

Tod und Auferstehung gehören zusammen. Das durfte P. Augustin Tischlinger erfahren, als er während der Feier der Ostervigil einen Schlaganfall erlitt. Nach einwöchiger Leidenszeit erlöste ihn der Auferstandene am 24. April 1960 und führte ihn zur österlichen Herrlichkeit. Der Österreicher und frühere Kaplan in der Diözese Linz hatte an verschiedenen Orten gearbeitet; in Sapporo-Yamahana hat er die dortige Kirche erbaut.[49]

Fast 50 Jahre verbrachte P. David Miebach in unserer Mission, wirkte nachhaltig auf Sachalin und Wakkanai und leistete als erster Rektor des Kleinen Seminars sowie als erster Redakteur von Komyo Pionierdienste. Nach dem fortschreitenden Verfall seiner geistigen Kräfte kehrte er mit 80 Jahren nach Fulda zurück. Am 23. April 1962 holte Gott ihn heim.[50]

Am 12. Dezember 1963 starb in Tokyo Br. Ludger Heim. Als Gärtner und Bäcker tat er unter anderem in Sapporo und im Klerikatskloster Tokyo-Seta treue Dienste.[51]

Nach 30 Jahren trat P. Justinian Hinz im August 1963 seinen ersten Heimaturlaub an, vor allem, um seine kranken Füße zu heilen – ein Relikt seines Aufenthaltes in Brasilien von 1941 bis 1950. Da alle ärztlichen Bemühungen keine Linderung brachten, musste er notgedrungen auf eine Rückkehr nach Japan verzichten. Bis zu seinem Tod am 6. Juni 1987 gehörte er der Frauenberger Kommunität an.[52]

Auch P. Ubald Schecke war es nicht vergönnt, sein Leben in Japan zu beenden, in dessen Mission er 30 Jahre gewirkt hatte. Auf ihn geht die Gründung der Station Sapporo-

---

48 Nachruf in: Thuringia Franciscana NF 14 (1959), S. 58–68.
49 Nachruf in: Thuringia Franciscana NF 15 (1960), S. 164–182.
50 Nachruf in: Thuringia Franciscana NF 17 (1962), S. 79–93.
51 Nachruf in: Thuringia Franciscana NF 19 (1964), S. 148–153.
52 Nachruf in: Thuringia Franciscana NF 46 (1991), S. 287f.

Yamahana zurück, die er 17 Jahre lang als Pfarrer betreute. Krankheitsbedingt musste er 1955 nach Deutschland zurückkehren. Am 2. August 1964 starb er in Fulda.[53]

Einen herben Verlust erlitt die Mission mit dem plötzlichen Tod von P. Virgil Nagel am 22. November 1965 im Alter von 60 Jahren. 33 Jahre hatte er mit großem Engagement in Japan, unter anderem als Rektor der Lateinschule in Fukuoka, und zehn Jahre in Brasilien gewirkt; 1955 bis 1961 leitete er das Kommissariat mit Umsicht. Für den Ausbau der Mission erwarb er sich auf vielfache Weise und nicht zuletzt als Chronist große Verdienste.[54]

Am 17. Oktober 1969 starb der Senior der Mission P. Eusebius Breitung in Sapporo im gesegneten Alter von 85 Jahren. Fast 60 Jahre lebte und arbeitete er im Dienst der Glaubensverkündigung, insbesondere in den Medien.[55]

47 Jahre lang zählte P. Emmanuel Zentgraf zu den unermüdlichen und verantwortungsbewussten Arbeitern im Weinberg Japans. Von 1946 bis 1949 und von 1961 bis 1967 leitete er die Mission als Oberer. Am 10. Februar 1970 setzte ein Herzversagen seinem Leben ein Ende.[56]

Mehr als ein halbes Jahrhundert stellte P. Didymus Jordan sein Beten und Arbeiten in den Dienst der Japan-Mission, von 1931 bis 1936 als Kommissar. Die Beschwerden des Alters machten der besseren Pflege wegen 1972 eine Rückkehr nach Fulda erforderlich. Nur zwei Monate später starb er infolge eines Sturzes am 14. Dezember 1972.[57]

Im Mai 1973 verließ P. Sigisbert Biedermann Japan und kehrte nach 23 Jahren in die Provinz zurück. Nach seiner Ankunft in Japan

P. Didymus Jordan

---

53 Nachruf in: Thuringia Franciscana NF 20 (1965), S. 43–49.
54 Nachruf in: Thuringia Franciscana NF 21 (1966), S. 71–78. Nach dem Tod von P. Virgil übernahm P. Gerhard das Amt des Chronisten, von ihm ging es auf P. Rupert über.
55 Seine Würdigung erfolgt in dieser Publikation an anderer Stelle. Siehe aber auch Müller: Chronik, S. 225, und besonders P. Gerhard Huber: Ein seltenes Jubiläum in unserer Japanmission, in: Thuringia Franciscana NF 21 (1966), S. 44–53.
56 Seine Würdigung in diesem Buch an anderer Stelle. Ein Nachruf findet sich in: Thuringia Franciscana NF 46 (1991), S. 268.
57 Nachruf in: Thuringia Franciscana NF 28 (1973), S. 53f.

hatte er als Sekretär des Internuntius Fürstenberg in Tokyo fungiert und danach an unserem Studium in Tokyo-Seta Kirchenrecht doziert, bevor er als Rektor der Lateinschule nach Fukuoka ging. In der Heimat unterrichtete er noch einige Jahre an unserem Gymnasium in Großkrotzenburg und siedelte dann als Hausgeistlicher für die Schwestern nach Thuine über, wo er am 19. September 1999 starb.[58]

Am 21. November 1974 starb P. Solanus Denkel in Sapporo. 50 seiner 78 Jahre widmete er der Mission in Japan. Besonders mit dem Aufbau und der Betreuung der Pfarreien in Otaru und im südlichen Fukuoka hat er sich große Verdienste erworben.[59]

Als Kandidat hatte Bernhard Stephan die Reise nach Japan angetreten und nach dem Noviziat als Br. Ludwig 50 Jahre der Mission als Koch, Bäcker, Gärtner, Prokurator und auch als Deutschlehrer gedient. Nach einem rapiden Kräfteverfall ging er am 24. April 1978 in den Frieden Gottes ein. Als Erster wurde er in der Urnenanlage in Kamui beigesetzt.[60]

P. Gerhard Huber

An den Folgen eines Verkehrsunfalls verstarb P. Bernardin Asai am 8. Juli 1978. Sapporo und Asahikawa waren die Stätten seines Wirkens, nachdem er nach Vollendung seiner Studien und der Priesterweihe in Fulda in die Heimat zurückgekehrt war.[61]

P. Gerhard Huber gehörte zu den profiliertesten Japan-Missionaren, durfte die Höhen literarischen Ruhms erleben, musste aber auch die Tiefen eines elfjährigen Krankenlagers durchstehen, bis ihn Gott am 7. September 1978 zu sich nahm. In der schwierigsten Phase der hundertjährigen Geschichte hatte er von 1936 bis 1946 als Oberer mit Umsicht die Geschicke der Mission geleitet.[62]

Mit P. Zeno Fleck rief der Herr des Lebens am 1. Mai 1980 einen Ordensmann zu sich, der kindlich fromm und über-

P. Zeno Fleck

---

58 Nachruf in: Thuringia Franciscana NF 55 (2000), S. 111–114.
59 Nachruf in: Thuringia Franciscana NF 30 (1975), S. 61–63. Siehe auch den Bericht von P. Solanus Denkel vom Bau der Kirche: Die neue Franziskaner-Pfarrkirche in Fukuoka-Takamiya, in: Thuringia Franciscana NF 20 (1965), S. 21–24.
60 Siehe seine autobiografischen Notizen unter dem Titel »50 Jahre in der Japanmission – Lose Erinnerungen«, in: Thuringia Franciscana 33 (1978), S. 244–267.
61 Nachruf in: Thuringia Franciscana 37 (1982), S. 150–155.
62 Seine Würdigung erfolgt in diesem Buch an anderer Stelle. Zu seinem literarischen Werk siehe: Thuringia Franciscana NF 12 (1957), gesamtes Heft 2; 13 (1958), S. 65–71, 138–162, 185–244; 14 (1939), S. 1–35; und 16 (1961), S. 63–84. Vgl. auch die Bibliografie in diesem Buch.

zeugend lebte, was er predigte. Als Jungmissionar begeisterte er nach dem Krieg mit seinen selbst verfassten Theaterstücken.[63]

Wenige Wochen später folgte ihm sein Kursgenosse P. Martin Friese am 29. Mai 1980 in die Ewigkeit. Er war nach zehnjähriger Tätigkeit in Sapporo und Kutchan den japanischen Auswanderern nach Brasilien gefolgt und hatte zu ihrer intensiveren religiösen Betreuung das Säkularinstitut Gemeinschaft der Franziskanischen Katechistinnen-Missionarinnen gegründet.[64]

Zur Erholung und anschließend zu Exerzitien wollte P. Lukas Bertram am 13. September 1980 von seinem Wirkungsort Tokyo-Itabashi nach Asahikawa fliegen. Während des Fluges erlitt er einen tödlichen Herzinfarkt, sodass der Pilot einen Zwischenstopp einlegen musste, um ihn ins Krankenhaus zu bringen. Dort kam jedoch jede Hilfe zu spät. Die Mission verlor mit ihm einen ihrer wachsten und tüchtigsten Mitarbeiter auf vielen Feldern von Nord bis Süd.[65]

Ganz im Norden lag das Arbeitsfeld des kernigen und eigenwilligen thuringianischen Japaners P. Petrus-Baptista Takemiya. 28 Jahre betreute er mit Wakkanai den nördlichsten Posten der Mission, ehe er sich in den letzten fünf Jahren auf die Insel Rishiri begab. Am 4. August 1983 ereilte ihn dort der Tod nach einem Schlaganfall. P. Petrus war als erster Japaner nach der Christenverfolgung in den Franziskanerorden eingetreten.[66]

Mit Br. Daniel Klüber verließ am 11. November 1984 eine Institution unsere Mission in Japan. Zunächst hatte er sich als Faktotum auf Hokkaido verdient und dann in Roppongi und Itabashi nahezu unentbehrlich gemacht. Als Zollfachmann half er kundig über protokollarische Schranken hinweg. Da sich sein Befinden nach einem Schlaganfall nicht besserte und er niemandem zur Last werden wollte, kehrte er nach 56 Jahren auf den Frauenberg zurück. Er starb am 25. Februar 1987.[67]

Nach langem Krankenlager wurde P. Ludolf Kellner am 21. April 1985 in die Ewigkeit gerufen. Die Brüder schätzten an ihm seine Lebensfreude und Gesellgkeit. In den Nachkriegsjahren von 1949 bis 1955 trug er als Kommissar die Verantwortung für die Mission.[68]

Gottlob kam auch wieder Zuwachs aus der Heimatprovinz. Am 8. September 1959 traf P. Rupert Müller ein und begann das Sprachstudium in Roppongi (Tokyo). Dort hatte

---

63   Nachruf in: Thuringia Franciscana NF 46 (1991), S. 283f.
64   Nachruf in: Thuringia Franciscana NF 35 (1980), S. 420–422. Siehe auch seine Beiträge: Japanische Einwanderung nach Brasilien und katholische Religion, in: Thuringia Franciscana NF 14 (1959), S. 161–170; und: 25 Jahre japanische Katechese der Franziskaner in Brasilien, in: Thuringia Franciscana NF 19 (1964), S. 121–124.
65   Nachruf in: Thuringia Franciscana NF 36 (1981), S. 99–101.
66   Predigt zu seinem Requiem in Sapporo von P. Mauritius Suzuki in: Thuringia Franciscana NF 41 (1986), S. 71–74.
67   Nachruf in: Thuringia Franciscana NF 42 (1987), S. 397–401.
68   Eine kurze Würdigung von P. Justin Lang in: Thuringia Franciscana NF 46 (1991), S. 286.

der Generaldelegat P. Alfons Schnusenberg eine Sprachschule für alle ankommenden Missionare und Missionarinnen, auch aus anderen Ordensgemeinschaften und selbst für Laien, gegründet, um sie in einem zweijährigen Kurs in die Landessprache einzuführen. Leider kam es bisweilen vor, dass Brüder vorzeitig die Sprachschule verließen, um bei personellen Engpässen auszuhelfen. P. Rupert musste schon nach eineinhalb Jahren an seinen Einsatzort Rumoi ziehen.

Aus unserer Ordensprovinz kamen am 8. September 1960 P. Theodor Schiebel, am 9. August 1961 P. Urban Sauerbier, am 7. September 1964 P. Hilarius Schmidt und im August 1967 als letzter Missionar P. Manfred Friedrich per Schiff in Tokyo an. Damit hatte die Mutterprovinz nach dem Krieg elf Brüder nach Japan entsandt.

P. Urban Sauerbier

Auch aus der Ortskirche wuchsen Ordensberufungen heran. Die erste Generation hatte mit den Patres Petrus-Baptista, Bernardin und Antonius noch in der Thuringia ihre Ausbildung und die Priesterweihe erhalten. Das Studium der zweiten Generation erfolgte im eigenen Land. Am Fest der heiligen Elisabeth 1959 wurden P. Vinzentius Santo und P. Mauritius Suzuki zu Priestern geweiht. Drei Jahre später, im Oktober 1962, spendete Bischof Tomizawa sieben Diakonen die Priesterweihe, davon fünf aus unserer Mission: P. Martin Yamanoi, P. Antonius Aoki, P. Franziskus Sato, P. Gabriel Takemoto und P. Leo Hoshino.

Am Josephstag 1965 wurden weitere sieben Diakone zu Priestern geweiht, darunter wieder vier aus unserem Missionsdistrikt: P. Alexius Hotta, P. Johannes-Maria Kikuchi, P. Mauritius Ishii und P. Josef Tsuzukibashi. Die ersten beiden gingen zum Studium der Exegese des Alten Testamentes bzw. der Kirchengeschichte nach Rom, während die anderen ihren Pastoralkurs an der Sophia-Universität in Tokyo begannen.

Auch im Jahr 1967 konnte sich die Mission über drei Neupriester freuen: P. Benedikt Yatsu, P. Andreas Fukuda und P. Konrad Fujita. P. Andreas siedelte zum Studium der Dogmatik nach Rom über, um später als Lektor an unserer Theologischen Hochschule in Tokyo-Seta zu dozieren.

Im März 1970 wurden P. Markus Nasu und im März 1973 P. Titus Ogawa zu Priestern geweiht. P. Titus arbeitet heute mit unseren Brüdern in der Kustodie von Mato Grosso (Brasilien). Im Juli 1975 wurden P. Cletus Nakamura und im Juni 1976 weitere fünf Brüder zu Priestern geweiht: Dominikus Savio Yamada, Valentin Yamamoto, Apollonius Sato, Franziskus Shibata und Joachim Kawakami.[69]

---

69 Diese Aufzählung will keinen Anspruch auf Vollständigkeit erheben.   *P. Joachim Kawakami*

Primizfeier der Neupriester P. Benedikt Yatsu, P. Andreas Fukuda und P. Konrad Fujita in Itabashi (1967)

Die Kustodie Asahikawa bis zur Gründung der Japanischen Provinz 1977

Vom 16. April bis 25. Juni 1964 weilte P. Provinzial Beda Schmidt zur kanonischen Visitation in Japan. Nach seiner Rundreise auf den einzelnen Stationen tat er bei der Abschlusskonferenz seine Entscheidungen kund. So sollten die Brüder künftig mehr auf ihre Gesundheit achten und, wo dies notwendig sei, anstehende Fahrten nicht mehr mit dem Motorrad, sondern mit einem anzuschaffenden Pkw unternehmen. Ferner regte er eine Baukommission an, die sich aus dem Delegaten und drei fachkundigen Brüdern zusammensetzen sollte. Damit die Brüder auf Hokkaido bei der bevorstehenden Olympiade vom 10. bis 24. Oktober 1964 im Bilde sein konnten, stiftete der Provinzial einen Fernsehapparat. Der Delegat P. Emmanuel, der 1961 P. Virgil Nagel als Oberer der Mission abgelöst hatte,[70] begleitete den Minister auf seiner Heimreise und nahm anschließend am

---

70 Mit P. Virgil hatte erstmals ein Delegat des Provinzials am Kapitel teilgenommen. Zum ersten Mal taucht nun der Name Delegat auf. Bisher war stets vom Kommissar als Vertreter des Provinzials die Rede.

Der lange Weg zu einer gemeinsamen Japanischen Provinz

P. Generaldelegat Sigfried Schneider besuchte die in Japan tätigen ausländischen und einheimischen Franziskaner, um mit ihnen über die Art und Weise der zukünftigen franziskanischen Präsenz in Japan zu sprechen (1965)

Provinzkapitel teil. Die von einigen Jüngeren erhoffte Wachablösung im Amt des Delegaten erfüllte sich nicht.

Die Brüder in Japan huldigten offensichtlich keinem rasanten Fortschritt, sondern bewegten sich eher auf bewährten Pfaden. So dauerte es eine geraume Zeit, bis die Ergebnisse des Zweiten Vatikanischen Konzils nach Japan gelangten und umgesetzt wurden. Zwar erwähnt die Chronik des Öfteren, dass das Konzil und seine Beschlüsse Themen ihrer Zusammenkünfte gewesen seien, ohne jedoch Einzelheiten preiszugeben, welche Themen sie besonders bewegten. Als primäres nachkonziliares Ereignis wird die erste Konzelebration der Brüder Ende des Jahres 1965 in Asahikawa aufgeführt. Ein Konzelebrationsaltar konnte dort aber erst im Sommer 1967 errichtet werden, nachdem mit P. Lothar Poremba ein neuer Delegat gewählt war.[71]

Das Provinzkapitel 1967 brachte den von vielen erhofften Generationswechsel. Zugleich erhob das Kapitel als höchster Souverän die Mission in Japan zur Kustodie. Zum ersten Kustos wurden P. Lothar Poremba und zu Kustodialräten P. Lukas

V.l.: P. Provinzial Beda Schmidt mit Br. Daniel Klüber, Br. Optatus Buhr und P. Emmanuel Zentgraf (1964)

---

71 Müller: Chronik, S. 210.

und P. Dominikus sowie die einheimischen Patres Mauritius und Franziskus bestimmt. Darin spiegelte sich das Verhältnis von Alt- und Neu-Thuringianern wider.

Dem neuen Delegaten war die Weiterbildung der Brüder ein wichtiges Anliegen. Aus diesem Grunde wurde im Januar 1970 zum ersten Mal in der Geschichte der Mission mit P. Maurus Heinrichs aus Tokyo ein mehrtägiger theologischer Fortbildungskurs durchgeführt. Diese Veranstaltung wurde in den Folgejahren mit hochkarätigen Referenten zur festen Einrichtung und zum Pflichtprogramm der Brüder; auch andere Missionare und Weltpriester nahmen daran teil.

Schon lange liefen Bemühungen, in Asahikawa einen geeigneten Bauplatz zu finden und ein neues Zentrum für unser Missionsgebiet zu schaffen. 1967 war es so weit. Im Stadtteil Kamui entstand das neue Zentralhaus samt Kirche und Exerzitienhaus in solider Bauweise aus Hohlblocksteinen und Eisenbeton. Als einziges unserer Häuser erhielt es eine Zentralheizung und fließendes Wasser für jedes Zimmer.

Grundsteinlegung (1967) und Fertigstellung (1968) des »Catholic Center« in Asahikawa

P. Hilarius Schmidt (l.) mit P. Provinzial Sigfrid Klöckner bei dessen zweiter Visitation 1975

Verständlich, dass zu diesem säkularen Ereignis P. Provinzial Beda anwesend sein und die fällige Visitation damit verbinden wollte. Am 25. August 1968 weihte Bischof Tomizawa in Konzelebration mit allen anwesenden Priestern das neue Zentralhaus in Asahikawa-Kamui ein. Die weltliche Feier folgte im offenen Raum unterhalb der Kirche.

Das »Catholic Center« erfreute sich bald regen Zuspruchs. Künftig trafen sich hier die Missionare zur ihren monatlichen Pastoralkonferenzen. Damit entfielen die langen Anfahrtswege nach Sapporo. Auch andere Gruppen, wie zum Beispiel die niederländischen Mitbrüder oder Bischof Tamizawa, nutzten das schöne Haus für ihre Konferenzen oder Exerzitien.[72]

Bei seinem Besuch 1975 regte P. Provinzial Sigfrid Klöckner an, wie in Fulda so auch in Kamui eine Alten- und Krankenstation zu errichten. Als gehorsame Söhne machten sich der Kustos und seine Brüder 1976 daran, das zweigeschossige Gebäude um ein weiteres Stockwerk zu erhöhen und alles Notwendige und Nützliche, vom Krankenzimmer bis zur Hauskapelle, darin unterzubringen.[73]

Neben dem Exerzitienhaus entstand ein Jahr später eine Urnengrabanlage mit 80 Nischen; bald darauf wurde sie nochmals um die gleiche Anzahl erweitert.

---

72 P. Lothar Poremba: Neues Zentralhaus in Asahikawa/Hokkaido, und P. Andreas Müller: Catholic Center in Asahikawa geweiht, in: Thuringia Franciscana NF 23 (1968), S. 51f. bzw. S. 319–324.
73 Müller: Chronik, S. 237f.

Diskussion um eine eigene Japanische Provinz

P. Lothar Poremba

Seit längerer Zeit wurde die Frage nach einer eigenen Entität erörtert. Generaldelegat P. Apollinaris van der Leuwen hatte sich für die Gründung einer eigenen Japanischen Provinz ausgesprochen. Zum ersten Mal stand dieses Thema bei der Monatskonferenz im Januar 1965 auf der Tagesordnung. Im Mai berieten die zwölf Oberen der einzelnen Franziskanermissionen die Gründung einer japanischen Kustodie. Mit der Ernennung des Amerikaners P. Callistus Sweeney zum Generaldelegaten gewann dieses Unternehmen an Fahrt. In seinem Brief an den Generaldelegaten schrieb der Generalminister im Februar 1970, es müsse ein Weg gefunden werden, um eine Föderation aller Franziskanermissionen zu bilden, die eigene Statuten haben und von einem Präsidenten mit vier Ratsmitgliedern geleitet werden solle. Die Hauptaufgabe der Föderation sei, entsprechend dem Geist des Zweiten Vatikanums und des letzten Generalkapitels, die Errichtung eines Missionsvikariates.[74] Das hieß im Klartext: eine eigene Provinz.

Im Oktober 1971 wurde diese Föderation aller in Japan arbeitenden Franziskaner dann aus der Taufe gehoben. Noch dominierten die Ausländer. P. Callistus Sweeney wurde zum Präsidenten und P. Franziskus Sato aus unserer Mission zum Vizepräsidenten ernannt.[75] Drei Jahre später tauschten der Präsident und der Vizepräsident ihre Ämter, nachdem zuvor die Brüder dafür votiert hatten. P. Kustos Lothar wurde einer der vier Räte. Die Vorgaben des Konzils und des Generalkapitels gingen einher mit einer erfreulich gestiegenen Zahl einheimischer Berufungen und der Bereitschaft zu größerer Verantwortung.[76]

In diese Situation fiel die erste Visitation von P. Provinzial Sigfrid Klöckner in der Kustodie vom 30. April bis 10. Juni 1972. Neben diversen anderen Themen stand das Verhältnis der Kustodie zur Föderation auf der Tagesordnung. Das Protokoll der Schlusskonferenz gibt die Meinung der deutschen und japanischen Brüder vor Ort wieder, dass eine eigene Missionsvikarie kommen müsse und werde, dass es dafür aber noch zu früh und eine Autarkie noch nicht gegeben sei. Die Föderation habe sich zuerst in der Organisation der Ausbildung für die jungen Kleriker und in anderen gemeinsamen Aufgaben zu bewähren. Die Missionare betonten, dass die Gründung von ihnen ausgehen müsse

---

74 Statuten-Vorschlag der franziskanischen Föderation Japans, in: Thuringia Franciscana NF 26 (1971), S. 120–123.
75 Müller: Chronik, S. 227.
76 P. Lothar Poremba: Japans Christen werden erwachsen, in: Thuringia Franciscana NF 24 (1969), S. 193–197.

ohne Druck von außen. Der Provinzial sagte dies zu und versprach auch künftig die Hilfe der Mutterprovinz.[77]

Ein weiteres Highlight der Japanreise stellte am 3. Mai 1972 die Weihe des neuen Hauses samt der neuen Kirche in Sapporo dar – ein Fest für die Brüder wie für die größte Pfarrei der Stadt, das auch einen nüchternen Provinzialminister ins Schwärmen geraten ließ.[78]

Die Überlegungen um die franziskanische Zukunft liefen auf verschiedenen Ebenen weiter. Im April 1973 fand in Kiryu bei Tokyo der erste gemeinsame Kongress aller Franziskaner in Japan statt. Die Missionszentrale in Bonn hatte dies ermöglicht. Besondere Verdienste um diesen Kongress erwarb sich P. Franziskus Sato.

Er nannte für eine japanische Entität folgende Gründe: In Kürze liege die Verantwortung im Wesentlichen auf den Schultern der japanischen Brüder, da vom Ausland keine Missionare mehr einträfen. Die Quelle der einheimischen Berufungen liege nicht in der Beschäftigung mit Franziskus, sondern im gelebten Zeugnis der ausländischen Missionare. Es gebe nur wenig Literatur über franziskanische Spiritualität in japanischer Sprache. P. Arnulf Camps (Nijmegen) plädierte als Hauptreferent für eine baldige Japanische Provinz mit einem besonderen japanischen Beitrag zum franziskanischen Charisma.[79]

Die Beratungen im 1974 geschaffenen intermissionarischen Rat über die Schaffung einer neuen Provinz wurden sehr kontrovers geführt. Einigkeit bestand nur im Zieldatum: Dezember 1977. Als führender Kopf für die neue Entität profilierte sich P. Franziskus Sato.[80]

Das Thema Japanische Provinz stellte auch bei der zweiten Visitation von P. Provinzial Sigfrid Klöckner vom 20. August bis 29. September 1975 einen Hauptakzent dar.[81] Zu dieser Zeit lief noch die Befragung unter allen Brüdern in Japan, ob sie einer neuen Japanischen Provinz beizutreten gedächten. P. Sigfrid formulierte die Bedingungen für

---

77 Bericht über die Visitation der Kustodie Asahikawa, in: Thuringia Franciscana NF 27 (1972), S. 274–283. Nach dem Visitationsbericht von P. Sigfrid besaß die Kustodie mit 33 japanischen Brüdern gegenüber 20 Thuringianern bereits ein einheimisches Übergewicht. – S. 275.
78 Siehe seinen Reisebericht: Was mir auffiel. Überlegungen während und nach der Visitation, in: Thuringia Franciscana NF 27 (1972), S. 285–298.
79 Kongress der Franziskaner in Japan, in: Thuringia Franciscana NF 28 (1973), S. 135–147.
80 Siehe dazu sehr ausführlich: Derzeitiger Stand der Überlegungen zur Gründung einer japanischen OFM-Provinz, in: Thuringia Franciscana NF 30 (1975), S. 231–237.
81 Auf dem Weg nach Japan hatte sich P. Sigfrid mit dem kanadischen und amerikanischen Provinzial in Montreal bzw. New York abgestimmt, da sie mit der Thuringia die größten Gruppen stellten. In Japan suchte er den Präsidenten der Föderation P. Franziskus Sato sowie die Vertreter der Saxonia, aus Kolumbien und der Holy-Name-Provinz auf. Als Überblick siehe P. Dr. Sigfrid Klöckner: Visitation Japan 1975, in: Thuringia Franciscana NF (1975), S. 401–431.

eine eigene Entität: personelle Lebensfähigkeit, wirtschaftliche Unabhängigkeit und Weiterührung des Sendungsauftrages, das heißt, Mission zu betreiben.[82]

Die Missionare der Thuringia hielten es eher mit der Weile als mit der Eile und wollten sich nicht als Zugpferde anspannen lassen.[83] Die Freude in ihren Reihen hielt sich denn auch in Grenzen, als Generalminister P. Konstantin Koser am 16. Dezember 1977 die Japanische Provinz errichtete.[84]

Nach den Worten des Generalministers sollte die neue Provinz als Missions-Provinz bezeichnet werden. Sie sollte alle Rechte und Pflichten wie jede andere Ordensprovinz haben und doch eine Eigenart aufweisen: Die zwölf Missionsdistrikte sollten das Optionsrecht erhalten, sich der neuen Provinz anzuschließen, ohne ihre Bindung an die Heimatprovinz zu lösen.

Acht Missionsdistrikte entschieden sich, dieser neuen Struktur beizutreten; zwei Distrikte sprachen sich dagegen aus: die Kustodie von Asahikawa und die kolumbische

P. Provinzial Sigfrid Klöckner (Mitte) bei einer Begegnung mit japanischen Christen (1975)

---

82 Ebenda, S. 423f.
83 Der damalige Kustos klagte, dass intensiv für die neue Provinz geworben werde und dieses Thema die monatlichen Konferenzen in Beschlag nehme. Seine Bemerkung, die Autorität und Integrationsfähigkeit des Generaldelegaten P. Alfons Schnusenberg habe den Zusammenhalt der zwölf Franziskanermissionen garantiert und erst das Fehlen solcher Vorzüge bei seinen Nachfolgern zur Gründung einer neuen Entität geführt, verkennt den Sachverhalt und den Geist jener Zeit – Müller: Chronik, S. 244.
84 Bei seinem Besuch im Februar 1976 in Asahikawa während seiner Ostasienreise sprach der Generalminister noch davon, dass die römische Kurie warten wolle, eine Japanische Provinz zu gründen – siehe P. Lothar Poremba: Generalminister P. Konstantin Koser im Kommissariat Asahikawa, in: Thuringia Franciscana NF 31 (1976), S. 101 (statt Kommissariat hätte der Autor wohl Kustodie schreiben müssen).

P. Provinzial Sigfrid Klöckner und P. Januarius Menrad am nördlichsten Punkt Japans in Omisaki. Im Hintergrund ist die Küste von Sachalin zu sehen (1975).

Mission in Nagano.⁸⁵ Die Kustodie der Thuringia auf Hokkaido wollte erst abwarten. Sie zählte zu dieser Zeit fast 60 Brüder und glaubte, über genügend personelle Ressourcen zu verfügen, ihre Missionsarbeit als eigene Kustodie fortsetzen zu können. Von den 36 japanischen Brüdern der Thuringia schlossen sich 18 der neuen Provinz an, 18 verblieben bei der Kustodie. Insgesamt hatten 97 Japaner und 40 Ausländer den Antrag auf Mitgliedschaft in der neuen Provinz gestellt. Mit P. Franziskus Sato stellte die Thuringia den ersten japanischen Provinzial.

Zur feierlichen Errichtung der Japanischen Provinz war P. Generalminister Konstantin Koser aus Rom angereist. Die Kustodie war durch den neuen Kustos P. Rupert Müller und seinen Vorgänger P. Lothar Poremba vertreten. P. Rupert nahm die Gelegenheit zu einem Gespräch mit dem Generalminister wahr, in dem dieser dem Vernehmen nach volles Verständnis für die Einstellung der Brüder aus der Thuringia bekundete.⁸⁶

Die Kustodie bis zur Übergabe an die Japanische Provinz 1985

Da unsere Kustodie auf dem Boden der neuen Japanischen Provinz lag, mussten gemäß Art. 302 CCGG vertragliche Regelungen zwischen der Thuringia und der Japonia getroffen werden. Dies stand während der Visitation von P. Provinzial Sigfrid Klöckner vom 25. Juli bis 6. September 1978 ganz oben an.⁸⁷ Der Provinzial hatte dazu auf dem Weg nach Japan einen Vertragsentwurf mit dem Provinzial der Holy Name Province besprochen und ihn als Gesprächsgrundlage mit den Vertretern der Japanischen Provinz vorgelegt. Weitere Beratungen erfolgten im Consilium der Kustodie, im Plenum bei der Schlusskonferenz und abschließend noch einmal mit der Provinzleitung der Japonia.⁸⁸ Der Vertrag wurde schließlich am 29. Juni 1979 in Fulda und am 12. Mai 1979 in Tokyo unterzeichnet und sollte bis zum Kapitel der Thuringia 1982 gelten und sich automatisch verlängern, wenn er nicht ein Jahr vor dem Kapitel gekündigt werde.⁸⁹

---

85 Die Errichtung der neuen Missionsprovinz in Japan, in: Thuringia Franciscana NF 32 (1977), S. 330. Die Saxonia in Osaka und die Holy-Name-Provinz in Gumma trafen noch keine Entscheidung.
86 Br. Ludwig Stephan: Chronik Asahikawa 1967–1977, in: Thuringia Franciscana NF 33 (1978), S. 505f.
87 Müller: Chronik, S. 247. Sonst sei über den Verlauf der Visitation nichts Besonderes zu berichten, meint der Chronist. Die ausführliche Dokumentation – siehe folgende Anmerkung – legt eine differenziertere Beurteilung nahe.
88 Vortrag bei der Schlusskonferenz in Asahikawa am 28. und 29. August 1978, in: Thuringia Franciscana NF 33 (1978), S. 394–408, hier S. 408.
89 Vertrag zwischen der Thüringischen Franziskanerprovinz von der hl. Elisabeth in Fulda und der Provinz von den Japanischen Märtyrern über die Kustodie in Asahikawa, in: Thuringia Franciscana NF 37 (1982), S. 36f.

Am 30. September 1979 konnte das Institut St. Gregorius in Tokyo eingeweiht werden. P. Gereon Goldmann hatte diese Einrichtung für Kirchenmusik und Liturgie ins Leben gerufen und mit Spenden finanziert. Er sah einen Auftrag des Zweiten Vatikanischen Konzils darin, eine Pflegestätte zu errichten, in der »nicht nur die Schätze der überlieferten Kirchenmusik gepflegt, sondern auch die religiöse Musik des betreffenden Volkes eifrig erforscht und möglichst in die heimische Liturgie eingebracht werden«[90] soll. Der Erzbischof von Tokyo zelebrierte den Festgottesdienst und nahm anschließend die Weihezeremonie vor.

P. Gereon Goldmann

Damit krönte P. Gereon sein Lebenswerk, das er als »Lumpensammler von Tokyo« begonnen und in dem er zahlreiche caritative und kirchliche Einrichtungen geschaffen hatte.[91] Sein Name ist unter anderem mit der Gemeinde Itabashi und dem Bau der Kirche aufs Engste verknüpft. Viele Ehrungen wurden ihm dafür zuteil.[92]

Wie bereits erwähnt, war 1976 P. Rupert Müller nach vorausgegangener Befragung der Brüder durch die Provinzleitung zum Kustos berufen worden und löste P. Lothar nach neunjähriger Amtszeit ab. In der Thuringia hatte sich 1979 der Wechsel im Amt des Provinzialministers von P. Sigfrid Klöckner auf P. Silvester Neichel vollzogen. Vom 14. August bis 23. September 1981 flog er zu seiner ersten Visite ins Land der aufgehenden Sonne. Wie die umfangreiche Dokumentation zeigt, hatte P. Silvester seinen Brüdern viel zu sagen.[93]

---

90 P. Gereon Goldmann: St. Gregorius, Institut für Kirchenmusik und Liturgie, am 30. September 1979 in Tokyo eingeweiht, in: Thuringia Franciscana NF 35 (1980), S. 100–109, hier S. 100.

91 P. Gereon Goldmann: 24 Jahre in der Gemeinde Itabashi/Japan, in: Thuringia Franciscana NF 34 (1979), S. 126–133. Er zählt dort seine Werke auf: »mehr als zehn Kirchenbauten, zwei große Seminarien …, Waisenhäuser und Kinderheime, soziale Einrichtungen, ein großes, modernes Krankenhaus und eine ganze Anzahl von Schulen«, S. 132.

92 P. Andreas Müller: »Medaille für Gute Taten« für P. Gereon Goldmann, in: Thuringia Franciscana NF 21 (1966), S. 53–55.

93 Visitation der Kustodie Asahikawa durch Provinzial P. Silvester Neichel 14.08.–23.09.1981, in: Thuringia Franciscana NF 37 (1982), S. 21–42.

Er ermutigte sie besonders, den Schritt nach vorn zu wagen. Damit meinte er konkret, den Beitritt der Kustodie zur Japanischen Provinz anzustreben, denn zum einen sei es nach 75 Jahren an der Zeit und ein Gebot der Stunde, in Japan »ein gemeinsames Zeugnis der franziskanischen Sendung zu geben«[94], zum anderen bliebe nur so die Chance, das Gesicht der Japanischen Provinz mitzugestalten, und schließlich müssten die jungen Brüder wissen, in welcher Provinz sie einmal leben und arbeiten sollten. Auf dieses überzeugende Plädoyer des Ministers hin ließen sich die Brüder auf ein ausführliches Gespräch darüber ein und kamen zum gemeinsamen Ergebnis, zwischen 1985 und 1988 »über den Eintritt der Kustodie in die Japanische Provinz einen positiven Beschluss zu fassen«[95]. Damit waren die Weichen für die Zukunft gestellt, über den Eintritt des einzelnen Bruders aber noch keine Aussagen getroffen.

P. Rupert Müller

Ein weiterer Punkt während der Visitation betraf die Vorbereitung der Feier des 75. Gründungsjubiläums der Hokkaido-Mission. Als Termin wurde der 29. August 1982 in Verbindung mit dem jährlich stattfindenden Katholikentag in Asahikawa festgelegt. Zu diesem Anlass reiste wieder P. Provinzial Silvester Neichel aus der Thuringia in Begleitung von P. Justin Lang[96] an. Der Festgottesdienst wurde in der großen Turnhalle des Gymnasiums der Thuiner Schwestern in Asahikawa mit dem japanischen Provinzial P. Franziskus Sato[97] als Prediger zelebriert. Daran schloss sich der Festakt mit vielstimmigen Lobeshymnen über das segensreiche Wirken der Fuldaer Franziskaner an. Entgegen japanischem Brauch gedachten die Initiatoren auch der verstorbenen 44 Brüder im Dienst der Mission und ließen das Memento für sie mit einem mächtigen Osterjubel, mit dem »Halleluja« von

---

94 Ebenda, S. 34.
95 Ebenda, S. 35.
96 Er verfasste darüber einen Reisebericht: P. Justin Lang: Die Ferne von nahem. Eindrücke einer kurzen Japanreise, in: Thuringia Franciscana NF 38 (1983), S. 267–278.
97 Er leitete die Japanische Provinz von 1977 bis 1983 und wurde 1985 zum Bischof von Niigata (Nordosthonshu) ernannt.

Händel, ausklingen.[98] Im Jubiläumsjahr zählte die Kustodie von Asahikawa 35 Brüder, davon vier aus der Japanischen und einer aus der Sächsischen Provinz.

Mit dieser Jubiläumsfeier wollten sich die Missionare der Thuringia nicht begnügen, sondern planten zum Dank für die 75 Jahre eine Buswallfahrt durch ihre Kustodie mit Aufenthalt an jeder ihrer Wirkungsstätten. P. Theodor Schiebel entwarf die Reiseroute für die zweitägige Fahrt am 21. und 22. Juni 1983 und zeichnete für die Logistik verantwortlich. Während der Fahrt informierte jeder der Brüder über den Stand seiner Pfarrei. Zum Abschluss in Asahikawa besuchten sie, wie es sich für Pilger geziemt, alle Kirchen und beendeten mit der Konzelebration ihre Wallfahrt.[99]

Im November 1983 nahmen mit P. Kustos Rupert und P. Romanus zwei Brüder aus der Kustodie pflichtgemäß als Beobachter am Kapitel der Japanischen Provinz teil. Die Kapitularen wählten dabei P. Pius Honda zum neuen Provinzial, P. Heinrich Schnusenberg zum Provinzvikar und die Patres Andreas Fukuda, Marius Ito, Petrus Takeda und Daniel Tomura zu Definitoren.[100]

Bei der Visitation von P. Silvester Neichel vom 19. Juni bis 23. Juli 1984 stand erwartungsgemäß der Eintritt der Kustodie in die Japanische Provinz auf der Tagesordnung. Der Chronist vermerkt, größere Diskussionen darüber habe es nicht mehr gegeben, da sich die Verhältnisse inzwischen so sehr verändert hätten, dass der Zeitpunkt für einen Anschluss gekommen sei. Damit nahm er wohl auf die Tatsache Bezug, dass die Kustodie keine Überlebenschance besaß, da sie weder vom Ausland noch aus Japan mit der nötigen Zahl an Berufungen rechnen konnte. So fassten die Brüder bei der Schlusskonferenz in Sapporo, wo sie vor 77 Jahren begonnen hatten, den Beschluss, nach dem Provinzkapitel 1985 der Japonia beizutreten.[101]

In einem weiteren Tagesordnungspunkt erörterte die Konferenz die Frage, ob nochmals ein neuer Kustos gewählt werden solle. Die Mehrheit votierte dafür.[102] So kam es, dass die Provinzleitung im Januar 1985 P. Urban Sauerbier zum neuen Kustos bestimmte.[103]

---

98 Müller: Chronik, S. 260ff. Zu der angekündigten Festschrift kam es nicht. Neben der hier viel zitierten Chronik von P. Rupert Müller sind zwei dafür vorgesehene Beiträge in unserer Provinzzeitschrift erschienen: P. Justin Lang: Eine Sendung, die weitergeht. Christliche Mission als Selbstvollzug der Kirche, in: Thuringia Franciscana NF 38 (1983), S. 279–291, und P. Suso Frank: »Gehet hin in alle Welt!« Zur altkirchlichen Missionsgeschichte, in: ebenda, S. 291–302.
99 P. Rupert Müller: Chronik von Asahikawa 25. November 1982 bis 31. Dezember 1983, in: Thuringia Franciscana NF 39 (1984), S. 407–431, hier S. 416.
100 Ebenda, S. 427.
101 P. Rupert Müller: Chronik Asahikawa 1984, in: Thuringia Franciscana NF 40 (1985), S. 139–173, hier S. 156f.
102 Ebenda, S. 156.
103 P. Rupert Müller: Aus der Chronik von Asahikawa 1985, in: Thuringia Franciscana NF 41 (1986), S. 74–97, hier S. 76.

Nach dieser Entscheidung warteten die Mitglieder der Kustodie auf die fälligen Versetzungen. Sie fielen mit 13 an der Zahl so heftig aus, dass der Chronist schrieb, die Kustodie sei »ziemlich umgekrempelt«[104] worden.

Da alle Hochzeitsvorbereitungen für die Ehe mit der jungen Japonia getroffen waren, wollte die Mutter Thuringia ihren japanischen Kindern Gelegenheit geben, sich in ihrer Heimat umzusehen und gebührend von ihr zu verabschieden. Aus diesem Grund hatte P. Silvester alle japanischen Brüder, die früher zur Thuringia gehört hatten, zu einem Deutschlandbesuch eingeladen. Sie nahmen die Offerte gerne an und besuchten im Mai und Juni 1985 in zwei Gruppen ihre alte Mutterprovinz.[105]

Das Fest der Provinzpatronin St. Elisabeth wurde als Termin für die Eingliederung ausersehen. Sie sollte mit einem spirituellen Impuls beginnen und dann in einem Festgottesdienst vollzogen werden. P. Provinzial Silvester und P. Paulus Hägele aus der Thuringia, alle Brüder der Kustodie sowie P. Provinzial Pius Honda mit seinem Definitorium hatten sich in Kamui eingefunden. P. Pius, P. Heinrich und P. Silvester gingen in ihren Vorträgen auf die Leitlinien des letzten Generalkapitels mit seinen Schwerpunkten: kontemplative Dimension, Option für die Armen sowie Aus- und Weiterbildung im missionarischen Geist ein. Die gemeinsam gesungene Vesper beendete die Recollectio. Den Tag beschloss ein gemeinsamer Spielabend – eine nicht unwesentliche thuringianische Errungenschaft.

Der eigentliche Akt der Übergabe der Kustodie an die Japanische Provinz erfolgte in einem Festgottesdienst zu Ehren der heiligen Elisabeth. P. Pius als Hauptzelebrant deutete das Evangelium und würdigte die Heilige in ihrer Liebe zu den Armen und zog Parallelen zu unserer Zeit und unseren Aufgaben. Danach vollzog P. Silvester die Übergabe. In seiner kurzen Ansprache verglich er diesen Tag mit einer Hochzeit und seine eigene Rolle mit der des Brautvaters, der seine Tochter als Braut dem Bräutigam zuführe. Wenn dabei auch die eine oder andere Träne falle, sei dies dennoch ein Tag der Freude. Als Hochzeitsgeschenk überreichte er ein Hinterglasbild der heiligen Elisabeth.[106]

Danach wurde der Beschluss des Provinzkapitels vom 24. August 1985 mit der Entlassung der Kustodie von Asahikawa in die Verantwortung der Japanischen Provinz verlesen:

☐ Die Thuringia entlässt am 19. November 1985 die Kustodie von Asahikawa in die Verantwortung der Japanischen Provinz.

☐ Mit dem Eintritt der Kustodie übernimmt die Japanische Provinz als Rechtsnachfolgerin sämtliche Vertragsverpflichtungen.

---

104 Ebenda, S. 91.
105 Ebenda, S. 86f.
106 Siehe dazu ausführlich: P. Paulus Hägele: Japanische Impressionen. Vom Besuch anlässlich der Übergabe unserer Kustodie an die Japanische Provinz, in: Thuringia Franciscana NF 45 (1990), S. 351–368, hier S. 356f.

Asahikawa am 19. November 1985:
Beitritt der Fuldaer Kustodie zur Japanischen Provinz

Die Brüder der Kustodie von Asahikawa gemeinsam mit den aus der Mutterprovinz angereisten P. Silvester Neichel (5. v. l.), damaliger Provinzial der Thuringia, und P. Paulus Hägele (unten, 3. v. r.) am Tag des Beitritts der Kustodie zur Japanischen Provinz

Hinten (v. l.):
P. Gabriel Takemoto,
P. Apollonius Sato,
P. Romanus Nagao,
P. Josef Tsuzukibashi,
Br. Thomas Sone,
P. Valentin Yamamoto,
Br. Heinrich Metzler,
P. Mauritius Suzuki

Mitte (v. l.):
P. Josef Matsui,
P. Andreas Suzuki,
P. Benedikt Yatsu,
P. Martin Yamanoi,
P. Lothar Poremba,
P. Dominikus Bauer,
P. Gereon Goldmann,
Br. Pius Takei,
P. Niklaus Prescher,
Br. Antonius Yamagishi

Vorne (v. l.):
Br. Johannes Sueyoshi,
P. Manfred Friedrich,
Br. Konrad Sato,
P. Theodor Schiebel,
P. Provinzial Silvester
Neichel,
P. Urban Sauerbier,
P. Rupert Müller,
P. Paulus Hägele,
P. Hilarius Schmidt,
P. Januarius Menrad

Br. Johannes Sueyoshi
und P. Josef Matsui
gehörten nicht zur
Thuringia, arbeiteten
jedoch 1985 auf
Hokkaido (Anm. d. Red.)

- ☐ Der Besitz der Kustodie geht mit allen Rechten und Pflichten in das Eigentum der Japanischen Provinz über.
- ☐ Auch nach dem Übertritt der Kustodie weiß sich die Thuringia der Missionsarbeit in Japan verbunden und unterstützt sie finanziell und personell.
- ☐ Für die deutschen Brüder der Thuringia, die nicht persönlich in die Japanische Provinz eintreten, gilt Artikel 302 § 2 der geltenden Generalkonstitutionen.[107]

In der gemeinsamen Eucharistiefeier brachten die Brüder den Dank vor Gott für die bisher geleistete Arbeit und gedachten auch derer, die den Grundstein gelegt und weitergebaut haben. Dann erbaten sie Gottes Schutz und Segen für die Weiterführung dieses Werkes.

---

[107] Thuringia Franciscana NF 40 (1985), S. 559f.

Die Hokkaido-Mission nach 1985

Versuch einer Chronik

Zusammengestellt von P. Urban Sauerbier ofm

Vorbemerkungen:

Mit der Gründung der Japanischen Franziskanerprovinz 1977 und der Integration der Fuldaer Kustodie auf Hokkaido in diese Provinz am 19. November 1985 trat eine völlig andere Rechtssituation für die »Thuringia-Mission« ein. Auch wenn die Kontakte bewusst weiter gepflegt wurden, endete doch die jurisdiktionelle Zuständigkeit des Provinzials und auch die spirituelle und personale Einsprechmöglichkeit einer deutschen Provinz.

Der zweite Grund für die Problematik, die Entwicklungen der Zeit von 1982 bis 2007 in ähnlich detaillierter Weise wie die der 75 Jahre zuvor wiederzugeben, liegt darin, dass im Zuge der Entwicklung spezifisch japanische Schwerpunkte sowohl im Personalbereich als auch in der Pastoral gesetzt wurden, ja werden mussten – und das »deutsche Gewicht« allein schon durch den Personalbestand geringer wurde. Daraus ergab sich auch, dass keine Chronik mehr verfasst wurde.

So lagen für die Arbeit an diesem Report nur für die ersten sechs Jahre Quellen vor, die das Verfassen einer Chronik im eigentlichen Sinne ermöglichten. Die Darstellungen zu den folgenden Jahren stützen sich hauptsächlich auf persönliche Erinnerungen von P. Urban Sauerbier, der diese Chronik zusammengestellt hat, sowie Reiseberichte deutscher Brüder der Thuringia.

P. Sigfrid Klöckner

1985 – Ein neuer Kustos

Im Januar kommt die Nachricht aus Fulda: Unser neuer Kustos ist Urban Sauerbier. Nach den Ostertagen wechselt er von der 6-jo-Pfarrei in Asahikawa in das Catholic Center.

Dort lebt er nach vielen Jahren wieder in einer kleinen Gemeinschaft mit vier japanischen Brüdern. Die damit verbundenen Versetzungen werden bald im neuen Discretorium besprochen.

Im Catholic Center findet in diesen Tagen auch das große Treffen der Ministranten des Asahikawagebietes statt. 54 Minis aus 15 Pfarreien erleben sich beim Ministrantentag.

Im April beginnt der Umzug der Brüder. P. Rupert wechselt vom Center nach Bibai. Nach neunjähriger Arbeit als Kustos wünschte er sich nun eine kleinere Pfarrei. Von Bibai aus kann er per Autobahn seinen früheren Wirkungsort und bei seiner angeschlagenen Gesundheit auch das Krankenhaus in Sapporo schnell in einer Stunde erreichen. P. Lothar wechselt von Asahikawa 5-jo nach Sunagawa, P. Theodor von Furano nach Wakkanai, P. Niklaus von Esashi nach Furano, P. Januarius von Nayoro nach Shibetsu. P. Manfred in Rumoi übernimmt ein weiteres Mal zusätzlich Haboro. P. Hilarius in Takikawa bleibt am Ort, ebenso P. Dominikus in Suehiro, Asahikawa.

P. Valentin Yamamoto

P. Martin Yamanoi

Bis auf P. Romano Nagao, der sich in der großen Pfarrei in Sapporo nach zwei Jahren gerade erst so richtig eingelebt hat, »wandern« auch alle anderen japanischen Brüder, die PP. Benedikt Yatsu, Valentin Yamamoto, Antonius Aoki, Josef Tsuzukibashi, Andreas Suzuki, Martin Yamanoi und Apollonius Sato.

Bald soll die Verantwortung für die missionarische Arbeit der Fuldaer Kustodie der seit acht Jahren bestehenden Japanischen Provinz übergeben werden. Zuvor wurden die japanischen »Thuringianer« aber noch von der Mutterprovinz eingeladen, sich in der bald ehemaligen »Heimatprovinz« umzuschauen. Großer Jubel in Asahikawa. Die erste Gruppe von sieben Brüdern macht sich vom 19. Mai bis 8. Juni unter der sorgfältigen und strengen Führung von Ex-Kustos P. Rupert auf, die zweite Gruppe vom 10. bis 29. Juni, bestehend aus weiteren sieben Brüdern unter der etwas gelockerten Führung von P. Theodor. Auch die japanischen Nicht-Thuringianer, die mit uns auf Hokkaido arbeiteten, waren mit eingeladen.

Im Juni können wir dann mit Bischof Tomizawa die Einweihung der neuen Kirche von Rumoi feierlich begehen, einschließlich der Missionarswohnung mit Gemeindehaus. Wer die ungezählten großen Nägel der Bahnschwellen von der aufgegebenen Strecke Rumoi–Haboro sucht, kann sie nun in der Kirche von Rumoi wiederfinden.

Im September wird Bruder Heinrich Metzler in Kita-Urawa, in der Pfarrkirche unseres Noviziats, zum Diakon geweiht. Nach der Weihe arbeitet Diakon Heinrich im

Gumma-Gebiet der New Yorker Brüder, zusammen mit einem Japaner und einem Amerikaner in Maebashi.

Der 18. November wird der Tag der großen Wende: Die Kustodie von Asahikawa tritt in die Japanische Provinz über. Im Beisein der Definitoren der neuen Provinz, aller Brüder der Kustodie wie auch P. Paulus aus der Thuringia tauschen die Provinziäle P. Silvester Neichel und P. Pius Honda die Urkunden aus. Die japanischen Brüder treten alle in die neue Provinz ein. Dagegen verbleiben die meisten deutschen Brüder in der Thüringischen Franziskanerprovinz, um den Draht in die Heimat warmzuhalten. Nur die PP. Theodor und Urban steigen mit in das japanische Boot ein. Damit liegt nach 80 Jahren Geschichte vor uns »Thuringianern« ein neuer Weg, den wir mit einem lachenden, aber auch einem weinenden Auge beginnen.

V. l.: P. Hermann Watanabe, P. Antonius Aoki, P. Andreas Suzuki

1986 – Hokkaido ist nun Teil der Japanischen Provinz

Das alljährliche Ministrantentreffen im Januar in Asahikawa ist wieder ein großer Erfolg. Diesmal sind es 74 Minis. Besonders für die Minis der weit entfernt gelegenen Missionsstationen im Hinterland ist es ein überwältigendes Erlebnis.

Im März wird Diakon Heinrich von Maebashi nach Seta, dem Studienhaus in Tokyo, gerufen. Dort wird er – an seinem 60. Geburtstag – durch den Erzbischof von Tokyo zum Priester geweiht. Im April feiert er mit uns seine erste heilige Messe in Asahikawa.[1]

---

1   Siehe zu P. Heinrich auch die persönlichen Zeugnisse im folgenden Kapitel.

Priesterweihe von P. Heinrich Metzler 1986 in Tokyo

Im August feiern wir in der Aula der Fuji-Glyzinie-Schule der Thuiner Schwestern unseren alljährlichen Katholikentag. 600 Christen auf einem Haufen sind für unsere Leute etwas Außergewöhnliches – da kann man sich beinahe schon eine Romreise sparen. Das Thema des Tages lautet »Helfende Hände«.

Im September treffen sich die jungen (und viele »noch junge«) Leute aus den 15 Pfarreien zu einem Mini-Sportfest, einem Softball-Turnier. Das ist eine einfachere Form des in Japan und den USA so beliebten Baseball. Unsere Leute können nicht nur beten, sie können sich auch schlagen, und das ganz sportlich. Selbst die Verlierer haben ihren Spaß.

1987 – Neue Initiativen

Um den Bischof von Sapporo in seinen missionarischen Aufgaben zu unterstützen, beschließen die Brüder von Asahikawa zu Beginn des Jahres, über die gewöhnlichen Abgaben hinaus die Kollekten eines jeden ersten Sonntags ihrem Bischof zur Verfügung zu stellen. Da durfte im Jahr wohl ein Sümmchen von 400 Man Yen, etwa 25.000 Euro, zusammenkommen.

Im April gründet P. Apollonius Sato, unser Spezialist in der Zeichensprache der Gehörlosen, den Nanakamado-Club, in dem man sich in dieser »neuen« Sprache übt und sich um die Gehörlosen von Asahikawa und Sapporo bemüht. Nanakamado sind Bäumchen oder auch Büsche, die man überall in Asahikawa finden kann und die vor allem im Winter mit ihren leuchtend roten Beeren Farbe in die Schneelandschaft bringen.

Im Mai beschließen die Christen von Asahikawa, umgerechnet 40.000 Euro in die Sanierung ihres Friedhofs zu investieren. Für mich wildromantisch, von ehrwürdigem Alter, sah er für Japaner wohl etwas verwahrlost aus. Nun kann er sich wieder sehen lassen. Auch die Christen kümmern sich um ihre ehrwürdigen Vorfahren.

Exerzitienhaus und Kirche der Thuiner Franziskanerinnen in Ishikarishi-Hanakawa bei Sapporo

Im Juni kann sich in Sapporo, der größten Gemeinde von Nordjapan, das dortige bescheidene Harmonium endlich zur Ruhe begeben: P. Gereon hat seinen Geldbeutel für eine neue deutsche Orgel weit geöffnet.

Im September kann die Pfarrei Rumoi zusammen mit unserem Bischof Benedikt Tomizawa, der im Oktober altershalber zurücktreten wird, ihr 50-jähriges Bestehen feiern. P. Manfred sorgt bei der Feier für Überraschungen und tanzt den »Kuroda-Bushi«, einen alten und berühmten Samuraitanz.

Im November setzt P. Antonius Aoki von der 5-jo-Pfarrei ein neues Konzept um: Er mietet in der belebten Stadtmitte einen Raum und eröffnet mit Unterstützung aller fünf Pfarreien sein »Shalom«, ein Café mit Choralmusik und Schriftstand.

1988 – Ein neuer Bischof und einige Abschiede

Im Januar können wir sozusagen ein »Habemus Papam« feiern: Wir haben einen neuen Bischof, Petrus Junushi. Seine Mutter war vor vielen Jahren Köchin für P. Eusebius Breitung in Muroran. Als der kleine Junge damals mit dem Shimpusama aus dem gleichen Napf aß, hat ihm sicher noch niemand eine Mitra prophezeit.

Im April verabschiedet sich P. Manfred für ein Jahr: Er geht auf die Philippinen, um sich in Manila in Kursen etwas aufzufrischen. Um unnötige Versetzungen zu vermeiden, übernimmt P. Urban für diese Zeit von Asahikawa aus zusätzlich die beiden Pfarreien Rumoi und Haboro.

Im Juli kommt eine traurige Nachricht: Unser Bibelwissenschaftler P. Alexius Hotta aus der Rumoi-Pfarrei, ein ehemaliger »Fuldaer« aus Japan, starb unerwartet in Tokyo nach einer »erfolgreich« verlaufenen Operation. Er war gerade erst 58 Jahre alt. Ob ein chirurgischer Fehler vorlag, wurde nicht weiter untersucht.

Wie in jedem Jahr treffen sich im Oktober alle Brüder Hokkaidos aus den ehemaligen holländischen, italienischen und deutschen Missionsgebieten für zwei Tage. Es wird ein fröhliches und sorgloses Treffen am Rande von Sapporo im Seminarhaus der Fuji-Universität. Im November kehrt P. Rupert nach 29 Jahren missionarischer Arbeit in die Heimat zurück. Bei seinem Abschied sagt er: »Ich habe mich mit meinem Herzen und meinem Körper beraten und kehre nun zurück.« In Rastatt, nahe seiner Karlsruher Heimat, sollte er noch 15 Jahre für die Kranken und Gefangenen arbeiten können.

1989 – Feuer in Haboro

Im März verabschieden wir uns in Sapporo vom verstorbenen Altbischof Tomizawa. Er kam aus der Diözese Kyoto und war 25 Jahre unser Bischof.

Im Mai wechselt P. Heinrich von Maebashi in der mitteljapanischen Gumma-Region nach Hokkaido und übernimmt die Pfarrei von Rumoi.

In Nayoro können wir Kirchweih feiern. Der mehr als 30 Jahre alte Holzbau in der kältesten Gegend Japans wurde komplett abgerissen und zur Freude der Christen durch einen mollig warmen Neubau ersetzt.

P. Manfred kehrt im Juli voll neuer Ideen von den Philippinen zurück. Seine neue Wirkungsstätte ist Bibai. Jede Woche findet man ihn aber für einige Tage in Sapporo, wo er sich um die vielen Studenten und Arbeiter vor allem aus den asiatischen Ländern kümmert und um Menschen, die unter den Brücken der Stadt und in anderen Winkeln hausen. Aus dieser Arbeit entsteht auch das »House Friendship« als Treff- und Anlaufpunkt für Ausländer – Katholiken und Nichtkatholiken, Europäer, Asiaten und Latinos, »Legale« und »Illegale«.

Alarmmeldung im September: Haboro brennt! Während man zunächst die Kinder des Kindergartens in Sicherheit bringt, brennt ein großer Teil des Missionsgebäudes nieder. Als P. Urban zwei Stunden später von Asahikawa her eintrifft, findet er nur noch rauchende Trümmer vor. Die Feuerwehrleute stehen vor einem Rätsel: Mitten in den Trümmern steht ein gut einen Meter großes, nicht besonders wertvolles Marienbild. Hinter dem Bild sind die Wände verkohlt, die Glasfenster geschmolzen, doch auf dem unversehrten Bild, unberührt von den Flammen, liegt nur der Staub der vielen Jahre.

Im Oktober folgen 30 Christen aus Asahikawa dem Reisefähnchen von P. Andreas Suzuki nach Korea zum Eucharistischen Kongress. 900.000 Katholiken sind für unsere Leute, die oft in einer ganz kleinen »Herde« aufgewachsen sind, ein unvorstellbares Erlebnis.

P. Manfred Friedrich bei einer Feier im »House Friendship« in Sapporo (um 2000)

1990 – Neue Wege und neue Berufungen

Unser Brasilienmissionar P. Titus Ogawa verbringt auf Hokkaido seinen Heimaturlaub, natürlich wie immer im Winter. Wer ihn sucht, kann ihn bei im heißen Brasilien unbekannten Freuden an den Schneehängen wiederfinden.

Im März organisiert P. Andreas Suzuki wieder eine Wallfahrt nach Europa. Wie weit so eine Fahrt der Frömmigkeit dient, lässt sich kaum sagen, aber für Menschen, die ihr ganzes Leben auf einer Insel verbracht haben, ist jede Reise, und vor allem eine solche Wallfahrt, wie ein Traum.

Nach dem Provinzkapitel im April stehen wieder Versetzungen an: P. Heinrich wechselt von Rumoi nach Esashi, P. Hilarius von Takikawa nach Omachi in Asahikawa, P. Dominikus von Suehiro nach Haboro, P. Urban von Haboro nach Suehiro in Asahikawa.

Von den Brüdern hieß es: »Wir wollen unseren Oberen nicht nur zwei Tage in der Woche in der Nähe haben.« So haben Urban und Dominikus die Arbeitsplätze getauscht. Die beiden trafen sich auf dem Weg irgendwo im Wald, wünschten sich eine gute Zukunft und fuhren dann weiter.

Katholikentag in Asahikawa

Ein junger Bauerssohn aus Shibetsu, Saito Mahito, tritt in den Orden ein. In den letzten Jahren sind derartige Berufungen arg selten geworden. Wir wünschen ihm Erfüllung in seinem neuen Leben.

Im August nimmt Provinzial Andreas Fukuda an unserer Monatskonferenz teil. Er sucht uns die noch junge Provinz näherzubringen und uns den Argwohn zu nehmen, den das scharfe Programm der letzten Provinzleitung unter einigen Brüdern ausgelöst hat. Er ist mit seiner friedlichen und ausgleichenden Art immer gern bei uns gesehen.

Der alljährliche Katholikentag steht dieses Jahr unter dem Thema »Wer ist dein Nächster?«. Die 780 Christen aus den 15 Gemeinden kennen sich oft schon und sind wie eine Großfamilie.

Bei einer Sammlung der Pfarreien im September für die Opfer des Vulkanausbruchs auf den Philippinen kommen umgerechnet beachtliche 16.000 DM zusammen.

Die Gemeinde von Nayoro kann im September zudem ihr 50-jähriges Bestehen feiern.

Im November wird ein junger Bruder aus Rumoi, Johannes Naito, zum Priester geweiht. Für uns alle ein großes und in den letzten Jahren selten gewordenes Fest.

Im Dezember kommt P. Apollonius Sato von den Philippinen zurück, wo er für mehrere Monate die dortige Zeichensprache der Gehörlosen studiert hat. Er arbeitet nun auf Diözesanebene für die Gehörlosen in Sapporo. Einige Zeit später sollte er auf Dauer als Missionar für die Gehörlosen auf die Philippinen wechseln.

Ebenfalls im Dezember konnte P. Antonius Aoki – für eine leider sehr hohe Summe – das an 5-jo angrenzende Grundstück mit einem fünfstöckigen Gebäude erwerben. Für unsere mitten in der Stadt Asahikawa gelegene Mutterpfarrei des ganzen Gebietes ein großer Gewinn, für unseren Geldbeutel jedoch weniger. Das Café-Restaurant »Shalom« findet in dem Haus sofort eine neue Heimat und wird von Christen, aber auch von Angestellten des gegenüberliegenden Finanzamtes gut frequentiert.

1991 – Diskussion über die Zukunft der Seelsorgearbeit

Im Januar fahren zwölf junge und jüngere Leute mit P. Manfred, der wie immer die Fahrt für alle zu einem besonderen Erlebnis macht, auf die Philippinen.

Die Gesamtsumme aus der vor Jahren beschlossenen Kollekte für die Diözese ist auf umgerechnet 50.000 Euro angewachsen. Die Brüder überweisen dem Bischof zu Ostern zu dessen freier Verfügung 35.000 Euro.

Bischof Jinushi folgt im Juni unserer Einladung zur monatlichen Versammlung der Brüder. Wir wollten ihn auf die Zukunft hin ansprechen. Leider ein vergebliches Bemühen. Wir wünschten die Enge eines Distriktes zu sprengen und auf ganz Hokkaido enger mit den Priestern der Diözese zusammenzuarbeiten. So bieten wir ihm unsere große

Pfarrei in Sapporo an und bis auf das Center Kamui alle Pfarreien in Asahikawa. Wir schlagen vor, uns auf das bei vielen Priestern unbeliebte Hinterland zurückzuziehen; alle frei werdenden Brüder könne der Bischof in kleinen Gruppen irgendwo in der Diözese einsetzen.

Der Gegenvorschlag des Bischofs ist: Wir teilen die Diözese in zwei Distrikte, ihr Franziskaner unter Leitung eines Distriktsoberen oder Bischofsvikars im Osten und wir anderen unter meiner Leitung im Westen.

Wir sind sprachlos, obwohl wir etwas in dieser Richtung schon vermutet hatten. Da das aber bedeutet hätte, den Status quo noch zu verhärten, gehen wir nicht darauf ein. Abschließend meint Bischof Jinushi dann, er müsse das Problem noch einmal von Grund auf mit seinen Leuten beraten. In den folgenden zehn Jahren sollte er auf diese Frage nicht mehr eingehen.

1992 – P. Urbans Abschied von Hokkaido

Nach dem Japanischen Provinzkapitel vom Oktober 1992 wurde ein Bruder für das Noviziatshaus und die Pfarrei in Kita-Urawa gesucht. Da der Provinzial von den obödienzgestählten Brüdern über zwei Monate hin nur »wohlbegründete« Absagen erhielt, kam schließlich die Frage an P. Urban Sauerbier, also mich: »Wie wäre es, wenn du …?« Als Definitor kannte ich die Probleme und habe den Kummer miterlebt. Wie konnte ich da ablehnen? Nach fünf Minuten war das Problem gelöst – fünf weiße »Bohnen« und eine Stimmenthaltung.

So begann mein Leben auf einem anderen Stern. »Fern der Heimat« – denn das war mir Hokkaido geworden – leben, war nicht ganz einfach, aber doch sehr bereichernd. Trotz Heimwehs nach der »guten alten Zeit« und meinen deutschen Mitbrüdern möchte ich die folgenden Jahre nicht missen und bin Gott und den Brüdern dankbar.

Für die weitere Chronik muss ich mich nun aber vor allem auf Berichte über die Besuche der Provinziäle und Brüder aus der Thuringia stützen, die im Folgenden zitiert werden.

1993 bis 1996 – Schwierige Anpassungsprozesse

Im Januar 1993 wird durch Asahikawa P. Theodor Schiebel als neuer Oberer vorgeschlagen und vom Definitorium bestätigt. Er bemüht sich in seiner Amtszeit, mehr Verständnis für ein schrittweises Zusammenlegen der Finanzen zu wecken. Seelsorgerisch liegen ihm die »Lebenslänglichen«, also die ganz schweren Jungs, im Gefängnis von Asahikawa sehr am Herzen.

Drei Jahre später, 1996, steht wiederum die Wahl eines Oberen für Asahikawa an. Da selbst nach 80 Jahren Missionsgeschichte wie selbstverständlich nicht nur von den Deutschen, sondern genauso von den Japanern immer ein deutscher Bruder vorgeschlagen worden war – unter deutschen Oberen lässt es sich wohl besser leben ... –, wird von der Provinzleitung diesmal ein seit einigen Jahren auf Hokkaido arbeitender Japaner bestimmt. Er hat neue, aus seiner früheren Umgebung stammende Vorstellungen und Erfahrungen. Zum Beispiel, die Finanzen der Pfarreien von den Gemeindemitgliedern selbst verwalten zu lassen. Und eine weitere »Vision«: die Pfarreien von Asahikawa in 5-jo zusammenzulegen und das Catholic Center in Kamui aufzugeben. Trotz seiner insgesamt zuvorkommenden Art hat er vor allem mit einigen sehr der Geschichte verbundenen Brüdern auf Hokkaido seine Schwierigkeiten. Die Gemeinschaft droht zu zerbröckeln, das Gefühl der Brüder, irgendwo »zu Hause« zu sein, geht zusehends verloren.

P. Theodor Schiebel

Das Kapitel von 1995 führt die Guardianate auf einige Schwerpunkte zusammen, an denen wirklich gemeinsames Leben zu finden ist. So werden die Guardianate von Kitami, Kushiro und Asahikawa unter dem neuen Hokkaido-Guardian P. Antonius Aoki zusammengefasst. Die bisherigen »Gebietsoberen« sind nur noch für den brüderlichen Zusammenhalt zuständig, doch zugleich weiterhin Vertreter des Bischofs für ihre Gebiete. Da daher aber bei unseren Konferenzen fast ausschließlich pastorale Fragen und Programme behandelt werden und nicht franziskanische Themen, bleibt alles wie bisher.

1997 – Besuch des Provinzials der Thurinigia, P. Claudius Groß

Im Frühsommer 1997 hat P. Provinzial Claudius Groß Gelegenheit, die neun Missionare der Fuldaer Ordensprovinz in Japan zu besuchen, deren Einsatzgebiet innerhalb der Japanischen Provinz von Wakkanai auf Hokkaido, der nördlichsten Insel Japans, über Urawa bei Tokyo bis nach Fukuoka auf der Südinsel Kyushu reicht. Bis auf P. Januarius Menrad, damals schon Mitte 80, sind zu dieser Zeit alle Fuldaer Missionare als Pfarrer in meist kleinen, aber weiter verstreuten Pfarrgemeinden tätig.

Auf dieser Reise ergeben sich somit vielfältige Kontakte mit japanischen Franziskanern sowie Franziskanern verschiedener europäischer und amerikanischer Herkunft. Wie P. Provinzial Claudius selbst schrieb, machte ihm dieser Besuch erneut deutlich, wie wichtig der Kontakt innerhalb der Weltkirche bleibt – wie wichtig auch für Japan, ein Land, in dem die Zukunft auch von der Solidarität innerhalb der Kirche abhängt.

P. Urban ist zu dieser Zeit Guardian des Noviziatshauses in Urawa. P. Claudius zeigt sich beeindruckt von der interkongregationalen Novizengruppe: »Zwei Franziskaner, ein Atonement-Franziskaner [ehemals anglikanische, jetzt römisch-katholische Ordensgemeinschaft; das englische Wort *atonement* bedeutet *Sühne*] und ein Schulbruder. P. Urban ist gleichzeitig Pfarrer. Urawa ist eine der 16 Diözesen in Japan, mit ca. 20.000 katholischen Japanern und mehreren Zehntausend ausländischen Katholiken, die jedoch kaum erfasst werden.«

P. Provinzial Claudius Groß

Dieses Thema führt P. Claudius in seinen Berichten und Briefen später noch weiter aus: »Das reiche Industrieland Japan ist für Ausländer ein Anreiz. Philippinen, China, Sri Lanka, Mongolei, Bangladesh, Afrika, Lateinamerika: Jüngere Männer und Frauen, auch Familien mit Kindern suchen Ausbildung oder Arbeit oder werden ins Land gelockt in unterbezahlte Jobs oder gar zur Prostitution. Nicht wenige von diesen sind katholisch. In der Erzdiözese Tokyo sind von den etwa 154.000 Katholiken heute ungefähr 70.000 Ausländer. Das ist nicht nur eine seelsorgerliche, sondern auch eine soziale Herausforderung.«

An anderer Stelle: »Besonders in den Ballungsgebieten gibt es das Problem der Integration bzw. Kooperation von einheimischen und ausländischen Katholiken. Wenn Englischsprachige in der Mehrzahl sind, kann man diese nicht ignorieren; sie bleiben sonst bald weg. Man kann aber auch eine kleinere Zahl von Japanern nicht übergehen; dann ziehen diese sich zurück. In der Kirche von Roppongi werden von den fünf Sonntagsgottesdiensten vier in Englisch gehalten, nur einer in Japanisch. In Sapporo findet alle vier Wochen nachmittags ein Sonntagsgottesdienst in Englisch statt.«

Besondere Beachtung findet vor diesem Hintergrund in seinen Berichten das »House Friendship« in Sapporo, das P. Manfred Friedrich einige Jahre zuvor neben seiner Arbeit als Pfarrer von Bibai (rund 50 Kilometer außerhalb) eröffnet hatte. Dort bietet er Ausländern Kontakt, Hilfe und manchmal auch Schutz, ohne nach Religion oder Konfession zu differenzieren. Dieses Projekt kann nur mit Hilfe aus Deutschland geführt werden. Für P. Provinzial Claudius war es ein besonders intensives Erlebnis, als sich unter anderen Chinesen, Mongolen und Vietnamesen für das »House Friendship« bedankten. Vielleicht werden sie nie Christen, aber sie leben mit einer neuen Ahnung von christlicher Glaubenskraft.

Eine weitere wichtige Station der Reise ist die Wirkungsstätte von P. Gereon Goldmann in Tokyo, namentlich das Pfarrkloster Itabashi und das Kirchenmusikalische Institut Sankt Gregorius in Higashi Kurume. P. Claudius schreibt: »Wir konnten das erstaunliche Institut mit seinen musikalischen Möglichkeiten und Fähigkeiten an einem Sonntag (6. Juli) erleben. Der Chor unter Leitung von Frau Veronika Hashimoto stellte seine hohe Qualität mit einem Choral-Ordinarium und einem mehrstimmigen Proprium unter Beweis.«

Abschließend stellt der Provinzial fest: »Dabei bleibt die Herausforderung in diesem fernöstlichen Land weiterhin aktuell. Die kleinen Pfarrgemeinden besonders in Nord-Japan wollen ihre Werke (Kindergärten, Kirchen) und den Lebensunterhalt der Missionare gerne selber tragen. Doch sind manchmal nur 50 bis 80 Gemeindemitglieder (einschließlich Kinder) dafür zu wenige. Wollen diese Gemeinden angemessene Bedingungen für ihr Leben haben, brauchen sie spürbare Hilfe.«

2000 – Besuchsreise des neuen Provinzials der Thurinigia, P. Helmut Schlegel

Auch der folgende Provinzial der Thuringia, P. Helmut Schlegel, lässt es sich nicht nehmen, neben anderen Missionsgebieten auch die »Fuldaer« Brüder in Japan zu besuchen. Von diesen Reisen in die verschiedenen Gebiete berichtet er jeweils ausführlich und sehr lebendig in Form eines Tagebuchs, in Auszügen auch in »wege mit franziskus« veröffentlicht, der Zeitschrift der Thüringischen Franziskanerprovinz. An dieser Stelle können wir leider nur kurze »Schlaglichter« von seiner Japanreise im November 2000 wiedergeben.

P. Provinzial Helmut Schlegel (l.) und Br. Fidelis Hofmann (r.) bei P. Theodor Schiebel in Bibai

Asahikawa und ein Kapitel Hokkaido-Geschichte

»Aoki, der, wie er uns erzählt, in Sachalin, der russischen Nachbarinsel von Hokkaido, geboren ist und als Baby nach Japan kam, chauffiert uns nach Asahikawa. Hier findet regelmäßig das Regionaltreffen der auf Hokkaido lebenden Franziskaner statt. Die Japanische Provinz ist wegen ihrer großen Ausdehnung in Regionen aufgeteilt. Ganz Hokkaido bildet einen sogenannten Regionalkonvent, und der 66-jährige Aoki ist ihr Oberer. Das Gute daran ist, dass alle Brüder einmal im Monat für zwei Tage zusammenkommen. Auf ihren Stationen leben sie sonst doch sehr einsam, zumal wenn der Winter hart ist und die Wege vereist sind.

P. Provinzial Helmut Schlegel trifft sich mit den Brüdern des sogenannten Regionalkonventes Hokkaido (2000). V. l.: P. Theodor Schiebel, P. Helmut Schlegel, P. Hermann Watanabe, P. Antonius Aoki, N. N. (verdeckt), P. Heinrich Metzler, P. Lucas Bonavigo, N. N., P. Lothar Poremba

Also treffen wir sie alle: Lothar, Dominikus, Manfred, Hilarius, Heinrich, Theodor und Niklaus – die deutsche Crew der Japanischen Provinz. Halt! Einer fehlt: Urban lebt als Provinzvikar im Süden Japans. Ihn werden wir später besuchen.

Außer den uns bekannten deutschen Brüdern treffen wir hier in Asahikawa Franziskaner japanischer und italienischer Herkunft. Herzlich werden wir Gäste aus Deutschland begrüßt. Wir unsererseits überreichen den beiden Oberen kleine Gastgeschenke und erinnern an die bis heute gültige Beziehung zwischen Hokkaido und der Thüringischen Franziskanerprovinz. Wir wollen hier keine Höflichkeitsbesuche machen, sondern die Begegnung mit der hiesigen Ortskirche suchen.

P. Hilarius Schmidt

(…) Am nächsten Morgen, es ist der 16. November, feiern wir hier in Asahikawa – drei Tage im Voraus – das Fest unserer Provinzpatronin Elisabeth von Thüringen. Wir tun es, um an jene Wurzel zu denken, die die Hokkaido-Mission mit der Thüringischen Franziskanerprovinz verbindet. Elisabeth wird ein Symbol der geistigen Beziehung über Zeiten und Räume hinweg: Fast 800 Jahre trennen uns von ihr, und doch bleibt sie auch für uns heute eine großartige Gestalt franziskanischer Prägung. – Die Brüder haben mich gebeten, die Homilie zu halten. Ich tue es gerne, und Hilarius übersetzt fließend.

Während wir am Vormittag mit dem Kleinbus durch Asahikawa fahren, um den kranken P. Niklaus in der Klinik zu besuchen, erzählt uns Manfred in Grundzügen die Geschichte der Hokkaido-Mission. Vor 130 Jahren war die Insel ausschließlich von den Ureinwohnern, den Ainu, bewohnt. Als die Japaner Angst bekamen, die Russen könnten von der nördlich gelegenen Insel Sachalin her Hokkaido besetzen, richteten sie zunächst Polizeiposten ein, die in regelmäßigen Abständen um die Insel herumfuhren, um sie unter Kontrolle zu behalten. Später bauten sie hier militärische Stützpunkte auf. Asahikawa wurde Garnisonsstadt. Ähnlich wie Sapporo ist also auch dieser Ort relativ jung und wurde nach amerikanischem Vorbild konstruiert. Anstelle von Straßennamen gibt es nummerierte Planquadrate. (…)

Die Japanische Franziskanermission hat ähnliche Probleme wie wir in Europa: Sie ist überaltert. Missionare aus dem Ausland kommen kaum mehr. In Japan selbst sind Taufen und Berufungen für kirchliche Dienste seltener geworden. Dass sich die Franziskaner hierzulande dennoch neuen Herausforderungen im In- und Ausland öffnen, erstaunt mich. Der Provinzial sagte mir bei einem Gespräch in Tokyo, es sei für die japanische Kirche wichtig, aus ihrer Isolation auszubrechen. Neben der Pfarrarbeit – die Provinz stellt Seelsorger für 90 Gemeinden! – ist das Engagement für Gerechtigkeit und Frieden eine besondere Aufgabe. Die Franziskaner sehen die Versöhnung Japans mit den Nachbarländern Korea und China als ein wichtiges Thema. Ebenso die soziale Integration der Menschen, die aufgrund der wirtschaftlichen Umwälzungen ins Elend geraten sind.

Zurück nach Asahikawa! Am Rand der Stadt liegt die Klinik, wo wir P. Niklaus Prescher antreffen. Seit 47 Jahren wirkt er als Missionar auf Hokkaido, seit einigen Monaten ist er allerdings pflegebedürftig. Er freut sich riesig über unseren Besuch. Hier im Krankenhaus hat er durch die Vermittlung einer Christin, die von ihm getauft wurde, ärztliche Hilfe und Pflege gefunden. Die Christen aus der Gemeinde Furano, wo Niklaus bis vor einem halben Jahr Pfarrer war, kümmern sich tatkräftig um ihn und zeigen so ihre Dankbarkeit. Ein paar sind auch jetzt da, und als wir uns verabschieden, setzen sie

Kirche in Furano (2002), Reise des Provinzials P. Helmut Schlegel

Niklaus in den Rollstuhl und begleiten uns zum Ausgang. Wir spüren, dass er in guten Händen ist und bestens versorgt wird. (…)

Es ist schon kurz vor zwölf, und wir wollen die Brüder im Asahikawa Catholic Center noch treffen, bevor sie nach der Regionalversammlung wieder nach Hause fahren. Manfred zeigt uns noch die erste Kirche der Stadt, sie geht auf die französische Gründung vor 100 Jahren zurück. P. Rupert Müller, der heute in Rastatt lebt, hat sie in ihrer heutigen Form gebaut.

Rumoi, Haboro und ein wenig nachkonziliare Missionstheologie

Nach dem Mittagessen verabschieden wir uns. Nach einem Mittagsschlaf fahren wir mit Theo nach Nordosten, Rumoi ist unser Ziel. Inzwischen hat das Schneetreiben wieder eingesetzt. Als wir in Rumoi ankommen, finden wir die Kirche und das Zentrum in eine weiße Decke gehüllt. 30.000 Einwohner zählt diese Stadt, auch sie ist relativ jung. (…)

Seit über 50 Jahren gibt es in Rumoi Christen, heute zählt die Gemeinde rund 300 Mitglieder. Im Untergeschoss des am Berg gebauten modernen Gemeindezentrums sind die ›Nippon Scouts‹ zu Hause. Die Idee der Pfadfinder hat auch in diesem Land Anhänger gefunden, eine ausgezeichnete Möglichkeit der Jugendarbeit. Die Pfadfinder in Japan gehören allen Religionen und Konfessionen an. Hundert Jugendlichen bieten die Räume Platz, und sie können hier auch übernachten. Ein Stockwerk höher finden wir den Kindergarten. Täglich treffen sich hier 150 Kinder mit ihren Erzieherinnen und Erziehern. Der Pfarrer der Gemeinde ist zugleich Encho, das heißt Kindergartendirektor. Seit vielen Jahren praktizieren die Missionare diese ›Nebenbeschäftigung‹. Sie bietet zum einen ein gesichertes Einkommen, denn die Kindergärten werden staatlich gefördert, und der

Die Hokkaido-Mission nach 1985

P. Manfred mit japanischen Pfadfindern (1992)

P. Provinzial Helmut Schlegel und Br. Fidelis Hofmann zu Besuch im Kindergarten von Haboro (2000)

Direktor hat ein Gehalt. Zum anderen ist der Kindergarten die wohl beste Chance, mit jungen Eltern Kontakt aufzunehmen. Bei Elternabenden und anderen Gelegenheiten bieten sich Möglichkeiten, über Themen wie ›Werte und Gewissen‹, ›Menschenwürde‹ und natürlich auch über das Wesen des Christentums zu sprechen. Dies geschieht in aller Freiheit, die Eltern müssen weder Christen werden noch sich für christliche Werte entscheiden, wenn sie ihre Kinder in den katholischen Kindergarten bringen. Die Kinder werden auch nicht auf Umwegen missioniert.

Das lässt über die Missionstheologie nachdenken. In Europa wird gefragt, ob und inwieweit es Sinn macht, das Christentum in ein Land zu bringen, das von einer anderen Kultur und von anderen religiösen Werten geprägt ist. Unsere Gespräche in Japan waren von den folgenden Gedanken geprägt: Während wir Christen in früheren Zeiten gewiss zu direktiv und rigoros zu Werke gingen und glaubten, nur ein getaufter Christ verwirkliche das Ziel seines Lebens, tendieren wir heute zu einer Berührungsangst, die den Missionsauftrag des Evangeliums aufweicht. Nach wie vor gilt die theologische Grundaussage des Neuen Testaments, dass das Heil Gottes in Jesus Christus seinen höchsten Ausdruck findet. Wenn es stimmt, dass der christliche Humanismus von allen Spielarten des Humanismus jenes Bild von Freiheit und Menschenwürde entwirft, das den Menschen am meisten zu seinem wahren Selbst finden lässt, weil er eben auf Jesus zielt, dann sind Christen nicht nur berechtigt, sondern verpflichtet, Christus und das christliche Weltbild ›bis an die Grenzen der Welt‹ zu verkündigen. Mission in diesem Sinn ist weder Indoktrination noch Verachtung anderer Lebensentwürfe, Mission ist aber auch nicht nur Dialog der Religionen. Mission ist die Fortsetzung des Weges Jesu, der kam, um ›den Armen das Evangelium zu bringen‹. (…)

Am Nachmittag treffen sich im Gemeindezentrum zu Rumoi Kinder und Jugendliche mit Sakei-san, der Katechetin, und mit drei Müttern. Sie sprechen über Glaubens- und Lebensfragen. Auch wenn die japanische Gesellschaft in ihrer Weltanschauung insgesamt wesentlich liberaler geworden ist, bleibt doch Interesse an Religion und Ethik. Das Christentum hat in Japan besonderes Ansehen wegen seines Wertebewusstseins und seines sozialen Engagements. Außerdem werden christliche Religionsdiener gerne für Trauungen, Beerdigungen, Segnungen und Familienfeiern angesprochen. Auf die Segnung der Kinder, vor allem der Drei-, Fünf- und Siebenjährigen, und auf andere religiöse Rituale legen Japaner großen Wert.«

2001 bis 2006 – Neue Gemeinschaft

Das Kapitel von 2001 sucht den drängenden Anweisungen des Generalats zu entsprechen und fasste alle Brüder in kleineren Gemeinschaften zusammen. So erhält Asahikawa wieder einen eigenen Guardian, und zwar den jüngsten »Fuldaer« Japaner, P. Andreas

Suzuki. Dann gelingt etwas, was man früher nicht für möglich gehalten hat: Alle Brüder, die in Asahikawa arbeiten, wohnen gemeinsam im Center von Kamui und betreuen als Team die Pfarreien von Asahikawa und dazu noch die gut 300 Kilometer entfernten Gemeinden von Esashi und Wakkanai.

Freilich können die Gemeinden bei der geringeren Zahl von Brüdern und den weiten Entfernungen nicht mehr so intensiv betreut werden. Viele Christen denken oft an die alte Zeit zurück, haben aber auch für die neue Situation zunehmend mehr Verständnis.

P. Andreas Suzuki

Das Bemühen, pastorale und missionarische Aufgaben mit einem Leben in brüderlicher Gemeinschaft zu verbinden, lässt für die Zukunft hoffen.

Porträts einiger herausragender Persönlichkeiten

Zusammengestellt und bearbeitet von P. Emmanuel Dürr ofm

Jeder der Brüder, der in den 100 Jahren der Fuldaer Franziskanermission in Japan tätig war, hätte eine ausführliche Erwähnung verdient, denn sie alle haben ein beachtliches Zeugnis missionarischen Wirkens in einer ihnen kulturell und religiös völlig fremden Umgebung abgelegt. Da dies aus Platzgründen in einer solchen Dokumentation nicht zu realisieren ist, haben wir beispielhaft einige der bereits verstorbenen Brüder ausgewählt.

Die nachfolgend vorgestellten Mitbrüder haben eine über die unmittelbare Missionsarbeit hinausgehende Bedeutung. Diese liegt in ihrer wissenschaftlichen und schriftstellerischen Tätigkeit, die Auswirkungen auf die christliche Mission in Japan generell hat. Dies betrifft insbesondere P. Eusebius Breitung, P. Gerhard Huber und P. Titus Ziegler.

Bei Bischof Wenzeslaus Kinold liegt die Begründung auf der Hand: Er war der erste Obere der missionierenden Brüder, der erste kirchliche Amtsträger der Mission und erster Bischof von Sapporo.

P. Emmanuel Zentgraf hat als Kustos (Vertreter des Provinzials) insbesondere auf organisatorischem Gebiet Herausragendes geleistet. P. Gereon Goldmann, schon der nächsten Missionarsgeneration angehörend, hat durch seine aufsehenerregende Weise der Evangelisierung, sein soziales Engagement auch weit über Japan hinaus und die Gründung des kirchenmusikalischen Institutes Sankt Gregorius markante Zeichen gesetzt.

Bischof P. Wenzeslaus Kinold im Gewand des Apostolischen Vikars von Sapporo

Bischof P. Wenzeslaus Kinold ofm

(1871–1952)

Josef Kinold wurde am 7. Juli 1871 in Giershagen in Westfalen geboren. Am 7. Oktober 1890 trat er in Fulda in den Franziskanerorden ein und erhielt den Ordensnamen Wenzeslaus.

Am 10. Oktober 1891 legte er die Einfache und am 16. Oktober 1894 die Feierliche Profess ab. Die philosophischen und theologischen Studien absolvierte er in Fulda, wo er am 1. Juli 1897 zum Priester geweiht wurde. Die nächsten zehn Jahre war er in verschiedenen Klöstern der Provinz tätig und bekleidete die Ämter des Lektors, des Magisters und des Hausoberen.

Im Jahr 1905 reiste Bischof Berlioz von Hakodate in Japan durch Europa, um Mittel für den Aufbau der Mission in Hokkaido zusammenzubringen. Vor allem ging es ihm auch um Ordensschwestern. Als ihm die Franziskanerinnen-Missionarinnen Mariens in Rom eine Zusage gaben, wandte er sich an den Generalminister des Franziskanerordens, P. Dionysius Schuler aus der Thüringischen Provinz, und bat um Patres und Brüder für die Mission.

Zunächst wurden zwei Priester zur geistlichen Betreuung der Schwestern aufgeboten, P. Wenzeslaus Kinold aus der Thüringischen Provinz und P. Maurice Bertin aus der Pariser Provinz. So kam P. Wenzeslaus im Januar 1907 nach Japan.

Den beiden Pionieren schlossen sich bald Priester und Brüder aus anderen Provinzen des Ordens an, besonders aus Kanada. Sie alle unterstanden dem Ordensgeneral in Rom. Im Jahr 1911 wurde dann aber durch Dekret der Propaganda Fide die Insel Hokkaido der Thüringischen Franziskanerprovinz als Missionsgebiet übertragen und P. Wenzeslaus zum ersten Oberen ernannt.

Am 13. April 1915 erfolgte seine Ernennung zum ersten Apostolischen Präfekten. 14 Jahre später, am 3. April 1929, ernannte ihn Papst Pius XI. zum ersten Apostolischen Vikar und gleichzeitig zum Titularbischof von Panemotico. Die Bischofsweihe empfing er am 9. Juni 1929 in Sapporo.

In den 45 Jahren, in denen P. Wenzeslaus Kinold als Priester und Bischof auf Hokkaido wirkte, waren ihm die Erziehung und Ausbildung der christlichen Jugend und die Heranbildung eines einheimischen Klerus vorrangige Anliegen. Schon 1911 konnte er ein Kleines Seminar eröffnen. Im selben Jahr öffnete das Hospital der Franziskanerinnen-Missionarinnen Mariens in Sapporo seine Tore.

Im Jahr 1925 rief er mit den Thuiner Franziskanerinnen die höhere Töchterschule ins Leben, die in der einheimischen Bevölkerung große Resonanz fand. Diese Schule, die mit 120 Schülerinnen begann, sollte später über 3.000 Mädchen unterrichten.

In all diesen Gründungen sind die planerische Sorgfalt und die konsequente Energie zu bewundern, die P. Wenzeslaus auszeichneten. Ein großer, wortgewaltiger Prediger war er nie. Die japanische Sprache bereitete ihm sein Leben lang Schwierigkeiten. Seine Größe lag in der strukturellen Klarsicht und in seiner ruhigen Güte im Umgang mit den Menschen.

Auch in den letzten Jahren seines Lebens, die er in stiller Zurückgezogenheit und nahezu erblindet verbrachte, erwies er sich als geduldiger und weiser Mitbruder.

Er starb am 22. Mai 1952, am Fest Christi Himmelfahrt, und wurde in Sapporo begraben.

P. Eusebius Breitung ofm
(1884–1969)

Hermann-Josef Breitung wurde am 20. Juli 1884 in Großentaft im Altkreis Hünfeld in einer alteingesessenen Bauernfamilie geboren. Nach dem Besuch der Volksschule in seinem Heimatort kam er als dreizehnjähriger Schüler in das Franziskanerkolleg Watersleyde, wo er das Gymnasium absolvierte.

Nach dem Abitur trat er am 16. April 1902 in den Franziskanerorden ein und erhielt bei der Einkleidung den Ordensnamen Eusebius.

Am 21. April 1903 legte er die Einfache Profess ab und absolvierte in Fulda das philosophisch-theologische Studium. Nach der Feierlichen Profess empfing er am 25. Juli 1910 in Fulda die Priesterweihe und kurz darauf das Missionskreuz. Schon am 14. August trat er die Reise nach Japan an, in das Hokkaido-Missionsgebiet der Franziskaner. Am 5. Oktober 1910 landete er in Sapporo. Bis zu seinem Tod kehrte er nicht mehr in die Heimat zurück.

P. Eusebius gehört so mit zu den Gründern unserer Hokkaido-Mission, die kurz nach seiner Ankunft 1911 an die Thüringische Ordensprovinz angeschlossen wurde, und hat die Schwierigkeiten und die bedrückende Armut des Anfangs mitgetragen.

Nach dem Sprachstudium kam er im Februar 1912 in die Industrie- und Hafenstadt Muroran und baute dort die Christengemeinde auf. Danach war er für jeweils kürzere Zeit auf verschiedenen Missionsstationen tätig. 1928 wurde er nach Sapporo berufen, um im Seminar Philosophie und Latein zu lehren und in der Pfarrseelsorge mitzuarbeiten.

Kurz vor seinem 25-jährigen Japan-Jubiläum wurde ihm ein neuer Auftrag zuteil, der sein Lebenswerk werden sollte. Im Juni 1935 übertrug man ihm die Leitung des katholischen Verlages Komyo-sha in Sapporo, der das katholische Wochenblatt »Komyo« (»Licht«) herausgab. Seine Haupttätigkeit lag nun auf literarischem und publizistischem Gebiet.

Bereits 1936 brachte er nach gründlicher Überarbeitung die dritte Auflage des japanischen Einheitsgesangbuches heraus, dazu eine Katechismuserklärung und die zweite Auflage des von P. Titus Ziegler übersetzten Missale Romanum.

Dann folgte noch im selben Jahr die Drucklegung des ersten Deutsch-Japanischen Wörterbuchs, von P. Eusebius redigiert. Bis dahin besaß fast jeder Missionar nur sein eigenes handgeschriebenes Wörterbuch.

Im Jahr 1939 erschien die zweibändige »Katholische Heiligenlegende«, die ihre Entstehung nicht zuletzt der rastlosen Arbeit von P. Eusebius verdankt.

Um die Katholiken auch außerhalb des Kirchenraumes zusammenzuhalten, fanden in Sapporo Musik- und Theaterveranstaltungen statt. P. Eusebius war auch hierfür schöp-

P. Eusebius Breitung

ferisch tätig und verfasste mehrere Theaterstücke. Besonders erfolgreich wurde das Schauspiel »Anakusa Shiro« über das Martyrium japanischer Christen während der Christenverfolgung von 1638.

In den Kriegsjahren war die Arbeit des Verlages unterbrochen, wurde aber nach 1945 wieder aufgenommen. Das größte Werk der Nachkriegszeit ist wohl die erstmalige Übersetzung des Alten Testamentes ins Japanische, die in zehnjähriger mühsamer Arbeit von P. Eusebius und seinem treuen Mitarbeiter Kawanami besorgt wurde. Der Auftrag hierzu war dem Komyo-sha-Verlag 1947 von der Japanischen Bischofskonferenz übertragen worden. Im Jahr 1954 lag das Manuskript druckreif vor. Der erste Band kam noch 1954 heraus, am 12. Februar 1959 fand das Werk mit dem Erscheinen des vierten Bandes seinen Abschluss.

Neben dem Sonntagsblatt »Komyo« erschien ab 1952 zudem wieder die Drittordenszeitschrift »Seika« (»Heiliges Feuer«). Auch das Einheitsgesangbuch und das Missale Romanum erfuhren nach dem Krieg Neuauflagen.

Bei aller publizistischen und wissenschaftlichen Tätigkeit blieb P. Eusebius aber immer zuerst Priester und Missionar. An den Sonn- und Feiertagen war er immer am Altar einer Christengemeinde anzutreffen, er hielt Vorträge und wurde als Leiter des Vinzentius-Vereins in Sapporo zahllosen Notleidenden ein guter Helfer.

Im Jahr 1960 konnte er ein dreifaches Jubiläum feiern: sein goldenes Priesterjubiläum, sein 50-jähriges Japan-Missionsjubiläum und sein 25-jähriges Jubiläum als Direktor des Komyo-sha-Verlages.

Am 10. Januar 1966 wurde dem 82-jährigen P. Eusebius vom damaligen Bundespräsidenten Dr. Heinrich Lübke das Bundesverdienstkreuz Erster Klasse des Verdienstordens der Bundesrepublik Deutschland verliehen, am 19. März 1966 verlieh seine Heimatgemeinde Großentaft ihrem berühmten Sohn das Ehrenbürgerrecht. Der damalige Provinzial P. Beda Schmitt nahm stellvertretend die Urkunde entgegen.

Nach kurzer Krankheit starb P. Eusebius Breitung am 18. Oktober 1969 in Sapporo.

P. Emmanuel Zentgraf ofm
(1892–1970)

Wilhelm Zentgraf wurde am 6. Januar 1892 in Liebhards in der Rhön geboren.

Von 1898 bis 1906 besuchte er die Volksschule in Eckweisbach. Im letzten Schuljahr erhielt er Lateinunterricht bei Kaplan Engels in Hilders. So konnte er im Herbst 1906 in die zweite Klasse des Gymnasiums im Franziskanerkolleg Watersleyde eintreten.

Am 7. April 1911 trat er in den Franziskanerorden ein und machte sein Noviziat im Kloster Ottbergen, wo er am 7. April 1912 die Einfache Profess ablegte. Danach absolvierte er das letzte Jahr der Humaniora in Gorheim/Sigmaringen. Von 1913 bis 1915 studierte er Philosophie in Salmünster und Gorheim.

Am 3. Mai 1915 wurde Emmanuel zum Militärdienst eingezogen. Er kam nach Rastatt ins 40. Regiment. Mitte Mai wurde er an die Front abkommandiert. Schon am 27. Mai 1915 geriet er zwischen Souchez und Ablain in Gefangenschaft. Die Jahre 1915 und 1916 verbrachte er in der Festung Blaye und bei Dammarbeiten an der Gironde in Bas-Medoc, nicht weit von der Gironde-Mündung. 1917 kam er ins Gefangenenlager in Tours und arbeitete in einem Landkommando in der Nähe von Chinon.

Nach Kriegsende folgte eine harte Zeit in der Nähe von Saint-Quentin bei Aufräumarbeiten im zerstörten Gebiet. Erst Ende Februar 1920 wurde er aus der Kriegsgefangenschaft entlassen und kehrte in die Heimat zurück.

Von 1920 bis 1923 absolvierte Emmanuel das Theologiestudium auf dem Frauenberg in Fulda. Während dieser Zeit legte er 1921 auch die Feierliche Profess ab.

Am 17. März 1923 wurde er im Dom zu Fulda durch Bischof Joseph Damian Schmitt zum Priester geweiht und schon am 23. Juli 1923 in die Mission nach Japan ausgesandt. Der Dampfer »Weser« fuhr am 13. August von Genua ab und kam am 24. September in Kobe an. Am 29. September 1923, morgens acht Uhr, traf P. Emmanuel in Sapporo ein.

Seine erste Bestimmung in Japan war Asahikawa, wo er sich von Dezember 1923 bis September 1924 vor allem dem Studium der japanischen Sprache widmete. Danach wurde er nach Iwamizawa versetzt, wo er bis Ende Januar 1938 die dortige Christengemeinde betreute.

Die folgenden elf Jahre bis zum 20. August 1949 wirkte P. Emmanuel in Sapporo, die letzten drei Jahre (1946 bis 1949) als Oberer des Missionsgebietes.

Nach seiner Amtszeit ging er als Seelsorger nach Rumoi, wo er bis 1961 blieb, als ihn die Mitbrüder erneut zum Missionsoberen wählten. So war er in diesem Amt von 1961 bis 1967 erneut in Sapporo.

Im November 1967 zog er als Hausgeistlicher für die Schwestern nach Tenshiin, wo er mit lebendigem Geist und bis in sein letztes Lebensjahr noch segensreich wirkte.

Die letzte Zeit seines Lebens verbrachte er auf einem schmerzvollen Krankenlager, für den aktiven Mann ein schweres Opfer. P. Emmanuel starb am 10. Februar 1970 in Sapporo.

P. Emmanuel Zentgraf

P. Gerhard Huber ofm
(1896–1978)

P. Gerhard Huber

Aloys Huber wurde am 31. Oktober 1896 in Gelnhausen geboren. Als erster Novize nach dem Ersten Weltkrieg trat er im Jahr 1919 in Salmünster in den Franziskanerorden ein und erhielt den Ordensnamen Gerhard.

Nach dem Noviziat und der Einfachen Profess in Salmünster absolvierte er von 1920 bis 1925 in Gorheim und Fulda seine philosophischen und theologischen Studien. In Fulda legte er am 16. April 1923 die Feierliche Profess ab und wurde am 15. August 1925 durch Bischof Joseph Damian Schmitt zum Priester geweiht. Nach einem zweijährigen Einsatz in der Seelsorge in Oberzeuzheim bei Hadamar wurde P. Gerhard 1927 in die Japan-Mission ausgesandt.

Dort war er an vielen Orten als Missionar und Seelsorger tätig. Er betreute die kleinen Christengemeinden und legte einen Schwerpunkt auf die religiöse Formung der Kinder und der Jugend. Daneben war er aber auch wissenschaftlich tätig. In seinen Werken, die er veröffentlichte, zeichnete er sich als gründlicher Forscher und anschaulicher Darsteller aus.

Seine bekannteste und wohl auch wichtigste Veröffentlichung ist eine Studie über die Ainu, die Ureinwohner von Hokkaido: »Die Ainu. Ein Volk im Untergang«, Fulda 1964.

Bekannt ist auch seine bewegende Darstellung der japanischen Märtyrer von 1597: »Kreuze über Nagasaki«, Werl 1954.

Außerdem verfasste er zahlreiche Studien zur Japan-Mission im Allgemeinen und zur Hokkaido-Mission im Besonderen, die zum großen Teil nur in japanischer Sprache vorliegen. In Deutsch erschienen sind: »Das verlorene Paradies (Maranatha). Ein Spiel von Sündenschuld und Erlösungssehnsucht«, Warendorf 1929; »Asako. Ein japanisches Mädchenschicksal«, Werl 1936; »Der selige P. Ludwig Sotelo, Märtyrer aus dem Franziskanerorden«, Werl 1937; »Weihnachten in Japan«, Fulda 1937; »Fünfzig Jahre in Japan. Die Geschichte der Hokkaido-Mission der Thüringischen Franziskaner«, Fulda 1957. Seine persönlichste Schrift sind wohl die »Erinnerungen eines Japan-Missionars«, Fulda 1959.

Von 1936 bis 1946 war P. Gerhard Oberer der Hokkaido-Mission, in den Kriegsjahren eine schwierige und aufreibende Aufgabe. Von 1949 bis 1959 konnte er sein immenses Wissen über die Geschichte Hokkaidos, besonders über die Ainu, als Dozent an der Universität von Otaru (Hokkaido) an die japanische Wissenschaft weitervermitteln. Diese Lehrtätigkeit hat ihm die Anerkennung weiter Kreise eingebracht.

Die letzten elf Jahre seines Lebens verbrachte P. Gerhard als Hausgeistlicher im Krankenhaus der Franziskanerinnen-Missionarinnen Mariens in Sapporo. Dort starb er am 7. September 1978 an einem Krebsleiden. Er wurde auf dem Friedhof der Mission in Asahikawa beigesetzt.

P. Titus Ziegler ofm
(1899–1959)

Otto Ziegler wurde am 7. August 1899 in Tauberbischofsheim als Sohn des Bildhauers Christoph Ziegler und dessen Frau Margarete geboren. Er wuchs mit seinem Zwillingsbruder Wilhelm und dem drei Jahre älteren Bruder Gustav auf.

Volksschule und Gymnasium besuchte er in Tauberbischofsheim. Nach dem Abitur (1917) mussten die beiden Zwillinge zum Militär, wo sie nach den Erzählungen von P. Titus harte Zeiten durchlebten. Nach dem Ende des Ersten Weltkrieges zogen beide Brüder nach Freiburg, um dort Theologie zu studieren. Doch schon nach kurzer Zeit trennten sich ihre Wege: Wilhelm vollendete in Freiburg und dann in St. Peter seine Studien und wurde Weltpriester in der Erzdiözese Freiburg. Otto hingegen trat am 2. Oktober 1919 bei den Franziskanern in Salmünster ins Noviziat ein und erhielt den Ordensnamen Titus. Zwei Motive bewegten ihn, Franziskaner zu werden, wie er in seinem Bewerbungsschreiben vermerkt: die Gestalt des heiligen Franziskus und der Wunsch, Heidenmissionar zu werden.

Nach der Einfachen Profess am 4. Oktober 1920 siedelte er nach Fulda auf den Frauenberg über, um dort sein Studium zu vollenden. Am 16. April 1923 legte er die Feierliche Profess ab und wurde am 29. Juni 1923 im Kloster Gorheim von Erzbischof Dionysius Schuler zum Priester geweiht. Die Primiz feierte P. Titus gemeinsam mit seinem Zwillingsbruder Wilhelm am 8. Juli in der Stadtpfarrkirche Tauberbischofsheim.

Schon einen Monat später, am 29. Juli 1923, wurde er in der Klosterkirche auf dem Frauenberg in die Japan-Mission ausgesandt. Damit war der erste Schritt auf der missionarischen Laufbahn getan, die Loslösung von der Heimat, für P. Titus ein durchaus schmerzlicher Schritt. »Ich will hingehen und alles verlassen aus Liebe zu Dir, ich will mein Volk vergessen und das Haus meines Vaters und Dir folgen«, schreibt er in sein Tagebuch.

Nach langer Reise kam P. Titus am 29. September 1923 in Sapporo an. Zunächst sollte er sich in Sapporo, der Zentrale der Mission, ausschließlich dem Studium der japanischen Sprache widmen, aber schon nach etwa drei Wochen gab ihm der Apostolische Präfekt, P. Wenzeslaus Kinold, eine kleine Nebenbeschäftigung, indem er ihn zu seinem Sekretär machte.

Am 4. September 1924 wurde der Pro-Präfekt der Mission, P. Timotheus Ruppel, auf dem Weg zu einem Kranken vom Blitz erschlagen. Dieser plötzliche Todesfall machte einige Versetzungen notwendig. So wurde P. Titus den nicht sehr geliebten Sekretärsposten los und kam trotz seiner noch rudimentären Japanischkenntnisse nach Kutchuan, wo er bis Januar 1927 blieb.

Dann weilte er bis Ostern 1928 in Sapporo, um P. Lukas Berning, den Pfarrer der größten Pfarrei der Mission, zu unterstützen, da dieser Oberer der Mission geworden war.

Die nächste Versetzung führte ihn nach Muroran im Süden Hokkaidos. Dort fühlte er sich nach anfänglicher erfolgreicher Tätigkeit durch die sich zuspitzende politische Situation im seelsorglichen Wirken immer mehr eingeschränkt und begann mit der schriftstellerischen Tätigkeit, die sein Missionarsleben fürderhin prägen sollte.

Zunächst erschien 1931 ein Karwochenbüchlein mit den zum ersten Mal ins Japanische übersetzten liturgischen Texten der ganzen Karwoche und des Osterfestes. Das Büchlein hat fünf oder sechs Auflagen erlebt.

P. Titus Ziegler

Das nächste Werk (1935) war ein Missale Romanum in japanischer Übersetzung mit Einleitungen und Erklärungen. Davon wurden in sechs Auflagen (sechste Auflage 1953) 35.000 Exemplare verkauft, bei der geringen Katholikenzahl in Japan ein beachtlicher Erfolg, der P. Titus den Ehrentitel »der Schott des katholischen Japan« einbrachte.

1938 erschien noch ein kleines Büchlein mit den Texten für die Weiheliturgie (Tonsur bis Priesterweihe) mit Erklärungen. 1937 gab P. Titus gemeinsam mit P. Kraus SJ von der Sophia-Universität in Tokyo ein Wörterbuch theologischer und religiöser Ausdrücke in lateinischer und japanischer Sprache heraus: »Terminologia Catholica Japonice reddita«. Dies bahnte die Wege für das eigentliche Lebenswerk von P. Titus.

Im Jahre 1934 hatte Papst Pius XI. den Jesuiten in Tokyo den Auftrag gegeben, eine katholische Enzyklopädie für Japan herauszugeben. P. Kraus, der die Redaktion des geplanten Werkes übernommen hatte, bat 1936 P. Titus um seine Mithilfe, da er selbst nicht genügend Japanisch konnte. So zog P. Titus im Januar 1938 ins Haus der Jesuiten nach Tokyo, um sich dieser Aufgabe zu stellen. Als P. Kraus dann im März 1946 starb, musste er die ganze Redaktionsarbeit allein übernehmen.

Die ersten beiden Bände des auf vier Bände berechneten Werkes sind 1941 und 1942 erschienen. Durch den Krieg und den Tod von P. Kraus bedingt, ergab sich eine erhebliche Verzögerung des Projektes. 1948 konnte eine neue Auflage der beiden ersten Bände erscheinen. 1953 erschien der dritte Band und 1954 der vierte. Der fünfte Band mit den Registern erschien erst 1959, kurz nach dem Tod von P. Titus, der ihn gerade noch fertig stellen konnte.

Trotz seiner gelehrten Stubenarbeit hat P. Titus nie die Verbindung zur praktischen Seelsorge und anderen Aktivitäten verloren. An Sonn- und Feiertagen half er in der Franziskanerpfarrei St. Elisabeth in Itabashi oder in der Pfarrei St. Anselm in Meguro bei den Benediktinern aus.

Im Franziskanerklerikat in Tokyo gab er Vorlesungen in Liturgie und europäischer Geschichte. 1951 lehnte er eine ehrenvolle Berufung auf den Lehrstuhl für Japanisch an der Propaganda Fide in Rom ab. Die Fertigstellung der Enzyklopädie hatte für ihn absolute Priorität.

Am 20. Juli 1959 kam P. Titus nach Sapporo, um das goldene Priesterjubiläum von P. David Miebach mitzufeiern. Nach einer Rundreise durch das Missionsgebiet von Hokkaido kam er am 4. August wieder nach Tokyo, wo er am 7. August im Kreise seiner Mitbrüder den 60. Geburtstag feierte. Am 10. August begab er sich wegen seines Blasenleidens ins Krankenhaus, das er am 23. August wieder verließ. Aber er litt unter starken Atem- und Herzbeschwerden. Wenige Tage später musste er im Krankenhaus der amerikanischen Adventisten, das einen bekannten Herzspezialisten hatte, aufgenommen werden. Dort verstarb er am 28. August 1959.

P. Gereon Goldmann ofm
(1916–2003)

Karl Heinrich Goldmann erblickte am 25. Oktober 1916 in Ziegenhain als Sohn des Tierarztes Karl Goldmann und dessen Ehefrau Margareta das Licht der Welt. In Fulda verbrachte der junge Karl ab 1920 eine glückliche Kindheit. Der berufliche Weg des Vaters führte die Familie nach Köln, wo Karl von 1931 bis 1936 das städtische Schillergymnasium besuchte. Karl schloss sich in dieser Zeit dem Bund Neudeutschland an und leitete bis kurz vor seinem Ordenseintritt eine lokale Gruppe dieses Jugendverbandes. Sein Religionslehrer stellte ihm 1936 ein bemerkenswertes Zeugnis aus: »Charakterlich ragt der Schüler durch die Konsequenz hervor, mit welcher er die Forderungen, die aus seiner Religion erfließen, in die Tat umzusetzen sucht und vor anderen (etwa unreligiösen Lehrern) vertritt. Ich halte dafür, dass es als Gewinn zu buchen ist, wenn Goldmann in den Orden eintritt.«

Am 15. Oktober 1936 wurde Karl Goldmann als Br. Gereon in den Franziskanerorden aufgenommen. Nach Ablegung der Profess am 17. Oktober 1937 studierte Br. Gereon Philosophie in Gorheim und Fulda. Am 31. August 1939 wurde Br. Gereon in Fulda zum Militärdienst eingezogen. Nach dem Ende der Grundausbildung kam er zur Waffen-SS. Auf eigenen Wunsch wurde er nach zwei Jahren in die Wehrmacht versetzt. Bei der Wehrmacht war er als Sanitäter eingesetzt, zuletzt im Range eines Feldwebels.

Während eines Heimaturlaubs legte er am 7. Dezember 1943 im Kloster Weggental seine Feierliche Profess ab. Während dieses Urlaubs wurde er am 8. Dezember auch zum Subdiakon und am 12. Dezember zum Diakon geweiht. Anfang Januar 1944 erwirkte Br. Gereon während einer Privataudienz bei Papst Pius XII. die Erlaubnis, zum Priester geweiht zu werden, obwohl er während des Krieges nur ein Semester Theologie an der Universität Freiburg studiert hatte.

Zur Priesterweihe, die am 30. Januar 1944 in Rom geplant war, sollte es nicht mehr kommen. Während der Kämpfe am Monte Cassino wurde Br. Gereon von alliierten Truppen Ende Januar gefangen genommen. Die Zeit seiner Kriegsgefangenschaft verbrachte er in mehreren Kriegsgefangenenlagern in Nordafrika. Im Laufe des Jahres 1944 kam er in das Lager Rivet. In diesem waren vor allem Priesteramtskandidaten zusammengezogen. In der Kirche Notre Dame de Rivet wurde er am 24. Juni 1944 durch den Erzbischof von Algier zum Priester geweiht. Nach weiteren drei Jahren der Gefangenschaft kehrte P. Gereon 1947 nach Deutschland zurück.

Da er in Fulda noch das Theologiestudium beenden musste, war er in den Jahren 1949/50 zunächst als Kaplan in Fulda-Horas tätig. Von 1950 bis 1953 wirkte er als Präfekt in den Kollegien Hadamar und Watersleyde. Nach einem kurzen Einsatz in der Seelsorge in Rastatt bat er am 26. Oktober die Provinzleitung um die Erlaubnis, in die Japan-Mission gehen zu dürfen.

Bereits im Januar 1954 traf er in Tokyo ein, seinem Wohnort für die nächsten 40 Jahre. Berühmt wurde er in den fünfziger Jahren als »Lumpensammler von Tokyo«. Mit seinen Helfern sammelte er Altkleider, Bleche und Metalle, um die Armen in seiner Pfarrei Tokyo-Itabashi zu unterstützen. P. Gereon war unermüdlich tätig. So gründete er ein Ferienheim für Mütter und Kinder, unterstützte mit den Erlösen seiner Sammeltätigkeit Schüler und Studenten, errichtete in Tokyo Häuser für die Armen und baute ein Gemeindezentrum für seine Pfarrei.

In den sechziger Jahren weitete er seine Tätigkeit auf Indien aus, nachdem er die große Not auf dem Subkontinent gesehen hatte. P. Gereon half vor allem indischen Karmeliten. Dank seiner finanziellen Mithilfe konnten Kirchen, Schulen, theologische Seminare, Waisenhäuser und ein Krankenhaus gebaut werden.

Sein letztes großes Werk, für das er unermüdlich bis wenige Tage vor seinem Tod tätig war, sollte aber das Institut für Kirchenmusik St. Gregorius werden. Wie sehr ihm dieses Institut zur Herzenssache geworden war, ist seinem letzten Rundbrief zu entnehmen, den er Anfang Juli 2003 verfasst hat. Dort schreibt er: »Vor allem ist es das Institut für Kirchenmusik, St. Gregorius, das mir auch weiterhin am Herzen liegt. Dort haben einige hundert Absolventen in Kursen von drei oder fünf Jahren Kirchenmusik studiert. In mehr als hundert Pfarreien sind sie nun für die Kirchenmusik tätig.«

An anderer Stelle schreibt er in diesem Brief: »Sie wissen, dass ich vor 50 Jahren, als ich nach Japan kam, in meiner Tasche genau 80 DM hatte. Nun aber habe ich in all den Jahrzehnten mehr als 50 Millionen DM austeilen dürfen. Immer kam, oft in letzter Minute, die oft nicht kleine Summe, die ich für viele Projekte brauchte. Die Vorsehung hat auf kaum denkbare Weise immer wieder geholfen, dass alles genau finanziert werden konnte. Deshalb mache ich mir auch für diesen Punkt keine Sorge. Wenn Gott will, dass St. Gregorius weiter bestehen soll, wird er die Mittel dafür besorgen.«

P. Gereon hat in seinem Leben Großes vollbracht. Er war sich seiner vielen Fähigkeiten immer bewusst. Aber er ist sich immer treu geblieben, von seinem Ordenseintritt an mehr als 65 Jahre. Der letzte Satz in seinem Bewerbungsschreiben für den Orden vom 5. Januar 1936 lautete: »Falls ich aufgenommen werde, verspreche ich schon jetzt, allen meinen Pflichten getreu nachzukommen.« P. Gereon Goldmann hat den guten Kampf gekämpft; er hat die Treue zu seiner Berufung gewahrt. Sein irdisches Leben endete am 26. Juli 2003 in der Kranken- und Pflegestation des Klosters Frauenberg, Fulda.

Porträts einiger herausragender Persönlichkeiten

P. Gereon Goldmann

Kapitel II

Persönliche Zeugnisse

*Feier des Goldenen Ordensjubiläums
von P. Zeno Fleck ofm (um 1970)*

Hinten (v. l.):
P. Manfred Friedrich,
P. Marianus Ishii,
P. Antonius Aoki,
P. Theodor Schiebel,
P. Urban Sauerbier,
P. Januarius Menrad,
P. Rupert Müller

Zweite/dritte Reihe
von hinten (v. l.):
Br. Konrad Sato,
Br. Josef Kodama,
P. Joseph Tsuzukibashi,
P. Petrus-Baptista
Takemiya,
P. Dominikus Bauer,
P. Bernardin Asai,
P. Ludolf Kellner,
P. Niklaus Prescher,
P. Benedikt Yatsu,
P. Martin Yamanoi,
P. Hilarius Schmidt,
P. Heinrich Metzler,
P. Konrad Fujita

Zweite Reihe von
vorne (v. l.):
P. Mauritius Suzuki,
P. Didymus Jordan,
P. Zeno Fleck,
P. Solanus Denkel,
P. Lothar Poremba,
P. Franziskus Sato

Vorne (v. l.):
Br. Pius Takei,
Br. Thomas Sone,
Br. Antonius Yamagishi,
Br. Paulus Morishige

Zeugnisse von Brüdern in Hokkaido

Zusammengestellt von P. Dr. Sigfrid Klöckner ofm

Sie zögerten alle. Voller Begeisterung war niemand, als ich um ein persönliches Wort für diese Gedenkschrift bat. Sie möchten nicht von sich reden, das Wissen, in Sendung und Gehorsam vor Ort einen Dienst zu leisten, genüge ihnen. Letztlich kamen doch einige Zeugnisse zusammen, die etwas Einblick gewähren in die gegenwärtige Deutung des eigenen Lebens und Wirkens. Die Briefe und Berichte atmen alle große Unmittelbarkeit – und ich meine zu spüren, wie die Brüder nicht große theoretische Interpretationen des Lebens bewegen, sondern der Glaube und das gelebte Zeugnis.

Vielleicht hat dies auch mit der Unmittelbarkeit des Lebens von Christen unter Nichtchristen zu tun. Bei näherem Hinsehen wird hierbei noch etwas anderes sichtbar, eine Widerspiegelung dessen, was Paulus in seiner Verkündigung betont: »Als ich zu euch kam, Brüder, kam ich nicht, um glänzende Reden oder gelehrte Weisheit vorzutragen, sondern um euch das Zeugnis Gottes zu verkünden …« (1 Kor 2,1). Gerade in Japan mit der überbordenden massenmedialen Beeinflussung und in einer Zeit multiformer Information wird nur solches Bekennen ein Weg zum Menschen sein. Außerdem gewinne ich den Eindruck, dass die deutschen Missionare dem Weg folgen, den Franziskus seinen Brüdern empfohlen hat, wie es den Zeugnissen nach von Anfang an das Kennzeichen der Hokkaido-Mission war: »… sie sollen milde, friedfertig und bescheiden, sanftmütig und demütig sein und anständig reden mit allen, wie es sich gehört« (BReg 3).

Nun will ich aber die Brüder selbst zu Wort kommen lassen und mich darauf beschränken, die ausgewählten Abschnitte aus ihren Briefen und Berichten thematisch zusammenzustellen.

Warum und wie kam ich nach Hokkaido?

»Es war die Zeit vor meiner feierlichen Profess, als ich in Hadamar stationiert war. Damals schrieb P. Ludolf Kellner von Japan einen Brief an P. Provinzial nach Fulda mit der Bitte um

Missionare für unsere Hokkaido-Mission. Patres und Brüder, jeder sei herzlich willkommen. Von diesem Ruf nahm ich Kenntnis und erwog im Herzen, dem Ruf zu folgen. Bald darauf trug ich meine Bitte dem P. Provinzial vor. Er war meiner Bitte zugetan, sagte aber, erst müsse ich die feierliche Profess ablegen. Danach würde er meinen Wunsch erfüllen können.

Meine Feierliche Profess legte ich am 24. April 1952 in Fulda am Frauenberg ab. Im gleichen Jahr durfte ich mit Br. Ludwig Stephan, der von Japan in Heimaturlaub war, im Juni meine lange Reise mit dem Schiff von Marseille, Südfrankreich, antreten. Die Stationen bis Yokohama waren Suezkanal, Djibouti, Colombo, Singapore, Saigon, Manila und Hongkong. Nach einem Monat kam unser Schiff im Hafen Yokohama an.

Das war am 5. Juli 1952. Mit einer Blaskapelle wurden wir empfangen. Br. Daniel Klüber stand am Pier, um uns in Empfang zu nehmen. Hier setzte ich meine Füße zum ersten Mal auf den Boden des ostasiatischen Inselreiches Japan. Damit begann für mich ein neuer Lebensabschnitt. Eine neue Kultur, Sprache und Religion kamen auf mich zu. Etwas Fremdartiges, nicht immer Fassbares, nahm mein Denken und meine Sinne gefangen. Am Morgen, als ich aufstand, strahlte die Sonne in ihrem roten Lichterglanz durch mein Fenster. Spätestens jetzt wusste ich, dass ich im Land der aufgehenden Sonne war.«

P. Heinrich Metzler

»*Als junger Theologiestudent in Fulda auf dem Frauenberg fiel mir eines Tages zufällig ein verstaubtes Buch in die Hand: ›Mehr Freude‹, geschrieben vom bekannten Bischof Keppler (1909). Ich begann zu lesen und war begeistert! Wie einfach der christliche Glauben und so lebendig machend! ›Freude ist Ozon für das leibliche und geistliche Leben. Aus Freude werden große Taten geboren! Ohne Freude kann der Mensch und auch der Christ nicht leben (…) Die Freude ist die Mutter aller Tugenden, die Quelle aller Freude ist Christus, Gott selbst ist die Freude.‹*

Diese Botschaft sollte jeder Mensch wissen und kennen, und so kam ich schließlich nach Japan und arbeite nun 53 Jahre hier. Tagtäglich mache ich die Erfahrung: Auch der so fleißige und intelligente Japaner braucht diese Botschaft. Und die Freude am Glauben ist heute notwendiger denn je.«

P. Lothar Poremba

Unterschiedliche Voraussetzungen

Dass für die Akkulturation eines Bruders in einem fremdem Land nicht immer gleiche Voraussetzungen geschaffen wurden, wird aus einer weiteren Bemerkung von P. Heinrich sichtbar, der ja nicht als Priester nach Japan entsandt worden war.

»*Die japanische Sprache habe ich damals durch Eigeninitiative, so weit das möglich war, erlernt. Damals hielt man für Brüder, die ihren Dienst im Kloster taten, eine Sprach-*

schule in Tokyo nicht für notwendig. Wenn es mir auch nicht leichtfiel, hatte ich mich mit dem Unabwendbaren abgefunden. Im Vertrauen auf Gott und durch stetes Lernen konnte ich mir Schritt für Schritt die Sprache aneignen und in die Denkweise und Kultur der Japaner hineinwachsen.«

V.l.: P. Lothar Poremba, Bischof Benedikt Tomizawa und P. Provinzial Beda Schmidt (1964)

Doch P. Heinrich wollte mehr. Rund 30 Jahre nach seiner Ankunft in Japan reifte ein Entschluss in ihm:

»*Langsam, aber stetig wuchs in meinem Inneren der Wunsch und das Verlangen, auch im priesterlichen Dienst in unserer Hokkaido-Mission mithelfen zu dürfen. In Gebet und Meditation reifte allmählich in mir der Entschluss, die Sache dem Oberen, P. Rupert Müller, vorzutragen. Er übergab dann meine Angelegenheit weiter an den damaligen Provinzial, P. Silvester Neichel. Bevor ich zum Gespräch mit P. Provinzial in die Heimat fuhr, hatte ich mich bei unserem Bischof von Sapporo, Benedikt Tomizawa, verabschiedet. Mit den folgenden Worten gab er mir eine Ermutigung mit auf den Weg. ›Heinrich, für Sie ist es besser, Priester zu werden.‹*

In Fulda erwartete P. Provinzial mich auf dem Frauenberg. Am Schluss des Gespräches sagte er mir: ›Ich werde deine Sache an das Definitorium weitergeben.‹ Als P. Provinzial zurück auf den Frauenberg kam, teilte er mir den Entschluss des Definitoriums mit den folgenden Worten mit: ›*Deinem Studium in Schwaz hat das Definitorium mit Mehrheit zugestimmt. Das ist das Weihnachtsgeschenk unserer Provinz für dich.*‹ *Damit war ich meinem Ziel ein großes Stück näher gekommen. (…)*

Am 22. Februar 1985 nahm ich Abschied vom lieb gewonnenen Schwaz und seiner Tiroler Landschaft. Danach bin ich bald wieder nach Japan zurückgekehrt. In Maebashi, in der Nähe von Tokyo, bekam ich meine erste Stelle. Dort habe ich mich auf die Diakonatsweihe vorbereitet, die ich am 15. September 1985 in Kita Urawa empfing. Am 25. März 1986, an meinem 60. Geburtstag, wurde ich in Tokyo durch Handauflegung vom Erzbischof Petro Seiichi Shirayanagi zum Priester geweiht. In Maebashi war ich als Kaplan bis 1989. Es waren für mich die ersten priesterlichen Dienste, eine gesegnete Zeit. An Ostern 1989 durfte ich mich mit sechs Taufen von Maebashi verabschieden.«

P. Heinrich Metzler

Die Botschaft der Freude

Damit komme ich zu einer Reihe von Zeugnissen der Brüder, die den inneren Kern der Mission tangieren. Beispielhaft dafür ist, wenn etwa P. Lothar seine Mission, seine persönliche Mission, bekennt und offenbart. Weil ihm von Beginn seiner missionarischen Berufung an die »Freude an Gott« am Herzen lag, berichtet er von drei Erlebnissen der Freude:

Freude durch Versöhnung

»*Lange Jahre arbeitete ich im Katholischen Zentrum von Asahikawa. Da ich doch ab und zu sehr müde wurde, besuchte ich einen Blinden, der ganz in der Nähe wohnte und sich als Masseur betätigte. Eines Tages, als ich ihn wieder besuchte und er mich tüchtig massierte, erzählte er, wie er blind wurde.*

Als Kind konnte er leidlich sehen. Dann wurde er krank. Sein Vater hatte aber kein Geld, um die Arztrechnung zu bezahlen. Der Vater war ein Säufer, vom frühen Morgen bis zum späten Abend trank er, konnte und wollte daher auch nicht arbeiten, die Mutter wurde fast jeden Tag verprügelt. Daher hatte sie weder Zeit noch Geld, das Kind zum Augenarzt mitzunehmen. Als der Bub schließlich ganz blind wurde, da war es zu spät. ›*Ich hasse meinen Vater. Durch seine Schuld muss ich bis zum Tod als Blinder leben!*‹

Ich verstand ihn gut. Dann fügte ich hinzu: ›*Sie sind wirklich zu bedauern, aber durch den Hass werden Sie auch im Herzen blind. Das macht Ihre Krankheit noch schlimmer. Verzeihen Sie doch Ihrem Vater, der jetzt vor Gott sicherlich alles bereut …*‹

Etwa einen Monat später besuchte ich ihn wieder. Als er mich an der Stimme erkannte, da strahlte sein Gesicht auf. ›*Herr Pater, ich habe meinem Vater verziehen, jetzt bete ich jeden Tag für ihn. Im Herzen habe ich einen wunderbaren Frieden, ich freue mich so sehr …*‹

Ein Jahr später verstarb der Blinde plötzlich. Sicherlich hat er bei Gott den ewigen Frieden gefunden.«

Freude, ein Geschenk von Kindern

»*Der hiesigen Missionsstation von Sunagawa – einer Stadt von etwa 20.000 Einwohnern – ist ein Kindergarten angegliedert. Etwa 180 Kinder besuchen diesen Kindergarten. Davon ist nur ein Kind katholisch. Der buddhistische Bonze (Priester) schickt aber auch sein Kind zu uns, und zuvor auch der shintoistische Kannushi (Priester). Wir beten alle*

P. Lothar Poremba

zusammen das christliche Morgengebet, alle Kinder können das ›Vaterunser‹ und ›Ave Maria‹ auswendig, zum Geburtstag segne ich jedes Kind mit Mutter. Jede Woche erzähle ich den Kindern etwas aus der Heiligen Schrift (angefangen von Adam und Eva bis zur Himmelfahrt Christi).

Vor einigen Wochen hatten wir das Spiel ›3 Tage japanische Post‹. Die Kinder werden angeleitet, Briefe und Postkarten zu schreiben, Briefträger zu spielen und so weiter. Begeistert machen alle Kinder mit. An diesem ›Post-Tag‹ kommt ein vierjähriges Mädchen auf mich zugelaufen und übergibt mir ein Briefchen: ›Für Sie, Herr Pater!‹ Neugierig nehme ich den Brief und lese: ›Vielen, vielen Dank! Aber ganz besonders für alles, was du uns vom lieben Gott erzählt hast. Wie gut und schön muss doch der liebe Gott sein …‹ Wie freute ich mich da! Dass die Botschaft Christi so tief in das Herz des Kindes gekommen war!«

Freude des Glaubens

»Jede Woche am Dienstag kommt eine Gruppe von Frauen zum Unterricht: Christen, Nichtchristen, Frauen, die ihr Glaubenswissen vertiefen und erneuern wollen. Neulich nach dem Unterricht erzählte eine 72-jährige Dame über ihren Glaubensweg: ›Als Kind wurde ich getauft und ging auch gern zur Kirche. Später wurde ich verheiratet. Mein Mann war Schreiner und der Arbeit wegen viel unterwegs. Die Schwiegermutter führte das Haus. Eine Woche nach der Hochzeit verbot sie mir, zur Kirche zu gehen, alle Andachtsgegenstände wurden mir abgenommen, Bücher, die mit der Glaubenslehre etwas zu tun hatten, verbrannt. Ich selbst wurde ein richtiges Arbeitspferd, vom frühen Morgen bis zum späten Abend wie eine Sklavin behandelt. Aber ich hatte ein kleines Büchlein über Christus gerettet, in dem ich jeden Tag las, manchmal nur einen einzigen Satz. Aus diesem Büchlein schöpfte ich 52 Jahre lang viel Kraft, Trost und Licht.‹ Sie zeigte mir dieses Buch, ganz zerlesen, abgegriffen. Ich schlug es auf, es war die ›Nachfolge Christi‹ von Thomas von Kempten. Ferner war der Tauftag eingetragen und der Name des Gebers: P. Januarius, der lange Jahre hier gearbeitet hat. ›Ich bin einfach glücklich und danke Gott, dass ich den Weg zu Christus zurück gefunden habe!‹«

P. Lothar Poremba

Missionarischer Alltag

Schon der ganz normale Pastoraldienst verlangt oft größte Einsatzbereitschaft:

»Zur Pfarrei Haboro gehörten noch zwei kleine Inseln und einige Außenstationen. Nach der Sonntagsmesse fuhr ich mit dem Auto nach Teshio, 60 Kilometer nördlich von Haboro. Dort kamen etwa drei bis zwölf Christen zur heiligen Messe. Im Sommer war die Fahrt am Meer entlang recht angenehm, im Winter dagegen vor allem bei Schneesturm auch gefährlich. Meine Haushälterin hat mich immer treu begleitet und ist zum Teil auch gefahren. In dieser Zeit hatte ich zweimal für je drei Monate Aushilfe in Wakkanai, 130 Kilometer nördlich von Haboro, als der Mitbruder dort Heimaturlaub hatte. So lernte ich auch diese Pfarrei und die Außenstation auf der Insel Rishiri etwas kennen.

1996 bis 2003 war ich Missionar in Shibetsu, einer kleinen Stadt 60 Kilometer nördlich von Asahikawa. Seit einigen Jahren wurde diese Kirche von Nayoro aus mitversorgt. Daher

P. Dominikus Bauer

P. Petrus-Baptista Takemiya

freuten sich die Christen, wieder einen eigenen Priester zu haben. Einmal in der Woche kamen wir jeweils in einem anderen Haus zusammen, beteten den Rosenkranz, lasen in der Heiligen Schrift und sprachen darüber. Auch in anderen Missionsstationen ist das üblich. Das stärkte die Glaubensgemeinschaft der wenigen Christen. In der nichtchristlichen Umgebung ist das besonders wichtig. Auch von hier aus war ich zweimal für je drei Monate zur Aushilfe, diesmal in Esashi am Ochotskischen Meer.«

P. Dominikus Bauer

Auch P. Heinrich berichtet vom Alltag in Wakkanai:

»Wakkanai ist die nördlichste Missionsstation von Hokkaido und damit von Japan. Die etwa 30 Kilometer entfernte Insel Rishiri mit einem Vulkan ist von Wakkanai aus mit einer Fähre täglich mehrmals zu erreichen, ebenso die entferntere Insel Rebun nahe bei Rishiri. Bei klarem Wetter kann man im Norden die russische Halbinsel Sachalin sehen. Das alles sind für Touristen Attraktionen, um mit Zug, Bus oder Flugzeug nach Wakkanai zu kommen. Die Kirche und der Kindergarten, aus Beton gebaut, sind noch nicht alt. Mit Wakkanai, Rishiri und Rebun ist der Name unseres japanischen Mitbruders Petrus-Baptista eng verbunden. Dort hat er lange und segensreich gewirkt. Sein Familienname ist Takemiya. Er starb auf der Insel Rishiri am 4. August 1983. Auch in Wakkanai habe ich mich bemüht, die Saat des Evangeliums in die Herzen der Menschen zu legen. Sechs Jahre durfte ich hier meinen missionarischen und priesterlichen Dienst vollziehen. Während dieser Zeit gab es auch einige Taufen. Von den ›Kleinen Schwestern Jesu‹ sind drei in Wakkanai ansässig. Sie geben unter den Leuten durch ihr Leben Zeugnis von der Liebe Gottes. In Dankbarkeit denke ich gern zurück an Wakkanai, das mir lieb geworden war.«

P. Heinrich Metzler

Bis ins hohe Alter folgen die Brüder ihrer Berufung. So schreibt Dominikus von einem Dienst, den er noch als 83-Jähriger tut:

»Im März 2006 wurde ich als Direktor im Kindergarten von Asahikawa entpflichtet, weil der Weg von 50 Kilometern ein- bis zweimal in der Woche für mich zu weit war. Aus dem Gefängnis in Asahikawa wurde ich allerdings noch nicht entlassen. Seit zehn Jahren gehe ich jeden Monat einmal dorthin. Etwa 350 schwere Jungs sitzen dort eine Strafzeit von mindestens acht Jahren ab. In Japan besteht noch die Todesstrafe, die aber nur dann vollzogen wird, wenn der zuständige Minister seine Zustimmung gibt. Manche warten jahrelang in der Ungewissheit. In Asahikawa allerdings sind keine Gefangenen mit Todesurteil.

Ich lese mit den Gefangenen die Heilige Schrift und gebe Erklärungen dazu. Meist zeige ich vorher ein entsprechendes Video. Da der Unterrichtsraum zu klein ist, kommen jeweils nur 15 Leute. Manchmal wechseln sie, weil auch andere sich dafür anmelden. Unter ihnen ist kein einziger Christ, aber alle hören aufmerksam zu, sei es wegen der Abwechslung im Gefängnisalltag oder aber auch aus wirklichem Interesse an der christlichen Religion.

Zwei von ihnen wollen getauft werden. Daher gebe ich beiden zusätzlich noch Taufunterricht. Einer von ihnen hat lebenslänglich (nach 25 Jahren kann er entlassen werden), und der andere muss noch acht Jahre sitzen, sieben Jahre hat er bereits abgesessen. Nach einer weiteren Vorbereitung werde ich beiden die Sakramente Taufe, Firmung und Kommunion spenden. Auch die Zeit im Gefängnis kann eine Gnade sein und zum Glauben führen.«

P. Dominikus Bauer

Krankheiten bleiben nicht aus, alle Missionare auf Hokkaido und auch P. Urban in Osaka wissen um die Hinfälligkeit von Bruder Leib; ob es P. Lothar mit Bandscheibenschaden und Herzschwächen, P. Theo mit einem sehr belastenden rheumatischen Infekt, P. Heinrich mit den Lasten auch des Alters, P. Urban mit Nierenerkrankungen oder P. Hilarius mit einem inzwischen operativ behandelten Tumor im Kopf ist – alle haben Tribut zu zahlen. Für manch anderes »Dazwischenkommen« der Krankheit möge Folgendes stehen:

»Im Sommer 2002 bekam ich beim Mittagessen einen Schlaganfall. Meine Haushälterin fuhr mich ins städtische Krankenhaus. Der Zuständige gab mir sofort ein Bett im Krankenzimmer, und sogleich bekam ich Infusionen. Das hat mich vor weiteren Schäden bewahrt. Danach wurde ich zweimal im Rot-Kreuz-Krankenhaus in Asahikawa operiert, weil die Halsschlagadern links und rechts zu 90 bzw. 70 Prozent verengt waren. So bin ich wieder einigermaßen gesund und danke Gott dafür. 2003 wurde ich nach Asahikawa in unser Zentralhaus versetzt. Ich wurde Pfarrer von Kamui und Suehiro und zum dritten Mal Direktor des Kindergartens in Omachi. In Asahikawa hatte ich wieder mehr Kontakt mit den deutschen und japanischen Mitbrüdern. Wir haben vieles gemeinsam beraten und ausgeführt.

Nach dem Provinzkapitel wurde ich an Ostern 2005 nach Takikawa versetzt. Auch hier sind die Christen froh, nach einer Vakanzzeit wieder einen eigenen Pfarrer zu haben, und ich kann im Alter von 83 Jahren etwas besinnlicher leben, beten und arbeiten, obwohl ich auf einer Außenstation noch die Vorabendmesse halte und für zwei Monate sonntags noch zur Aushilfe nach Furano fahre, etwa 60 Kilometer von hier entfernt.«

P. Dominikus Bauer

Eine Friedenswallfahrt

Vieles scheint durch im folgenden, etwas längeren Zitat aus einem Brief von P. Manfred – Hoffnungen auf eine bessere Welt in der Liebe Gottes, die Schwierigkeiten, christliches Denken in einer unchristlichen Welt Fuß fassen zu lassen und vor allem das Vertrauen in Gottes Beistand.

»Ja, er ist im Kommen. Ich meine den Frühling. Ihr könntet aber auch an Pfingsten denken und an das Kommen des Heiligen Geistes. Jedenfalls bete ich mit euch und für euch um die Gaben des Geistes und die Hoffnung, die uns selbst und die Welt neu schaffen kann.

In Jesus ist eine Neuschöpfung der Welt und der Menschen geschehen, die uns durch den Beistand des Heiligen Geistes ›einleuchten‹ … sollte, wenn wir darum in der rechten Weise beten.

Kurz vor Ostern machte ich mit unseren Pfadfindern und einigen ausländischen Studenten einen Versuch in diese Richtung. Wir nannten ihn einfach ›Friedenswallfahrt nach Hiroshima und Nagasaki‹. Um es gleich zu sagen, es begann mit einem kleinen Schock für mich selbst. Kurz vor der Abfahrt meldeten sich einige Pfadfinder im Namen ihrer Eltern von der Fahrt ab. Es sei zu gefährlich, wenn ein Siebzigjähriger in einer Tag- und Nachtfahrt für 20 Stunden den Bus fahre und die armen Kinder für sooo lange Zeit im engen Bus eingepfercht seien. Eigentlich hatten die Eltern ja nicht so Unrecht. Oder vielleicht wussten sie nicht, dass gerade das Aushalten von Ungewohntem oder, sagen wir, eini-

Friedenspark von Hiroshima an der Gedenkstätte des Atombombenabwurfs

ge Strapazen zu einer Wallfahrt gehören. Und sie konnten auch nicht ahnen, dass sich in letzter Minute ein Vater mit einem Führerschein für den Bus zum Mitfahren und zur Mithilfe anmeldete …

Der »Allzweckbus«, mit dem P. Manfred Friedrich u. a. Friedenswallfahrten unternimmt

Nach einem Tag auf dem Schiff und einigen Stunden Busfahrt kommen wir kurz nach Mitternacht in Hiroshima an. Dunkelheit und Stille umhüllen die Schatten des Todes, die auf jedem Schritt zu spüren sind. Die erste Atombombe auf Menschen in Hiroshima, möge die Bombe auf Nagasaki die letzte sein ... In diesem Anliegen feiern wir die heilige Messe unter der Friedensflamme. Das Gedenken an die 200.000 Opfer bringt uns in der heiligen Messe aber auch zum Bekenntnis der Auferstehung, zum Sieg über Tod und Gewalt und zur Hoffnung auf eine Welt in Frieden ... Illusion? (...)

Gegen Morgen geht unsere Fahrt weiter nach Yamaguchi, wo einst ein buddhistischer Tempel in die erste katholische Kirche Japans umgewandelt wurde. Der heilige Franz Xaver hatte hier im 16. Jahrhundert mit seiner Missionsarbeit begonnen. Ob er mit Erfolg gepredigt hat, weiß man nicht so genau. Er war ein Kuriosum in seinem Auftreten, und dazu habe er noch christliche und buddhistische Begriffe in einer Weise vermischt, dass manche gar glaubten, er verkünde eine neue buddhistische Sekte. Alles änderte sich, als ihm jemand bei seiner Predigt am Dorfbrunnen ins Gesicht spuckte und der Heilige ohne jedes Aufhebens, sogar mit mehr Freude, seine Botschaft gelassen weiter verkündete. – Das muss einer sein, der hinter seiner verkündeten Botschaft steht. Man nahm ihn daraufhin ernst, hörte ihm neu zu und ließ sich taufen.

P. Provinzial Helmut Schlegel (Mitte) vor dem franziskanischen Pilgerhaus in Kyoto (2001), wo der ca. 1.000 Kilometer lange Marsch der Märtyrer nach Nagasaki begann

Ist unsere Missionssituation in Japan nach 400 Jahren nicht ähnlich? Die Menschen wollen im Letzten nicht das Kuriosum und den Mischmasch, sondern das persönliche Zeugnis des Verkündigers, das Zeichen lebendiger Solidarität der kleinen Gemeinde vor Ort, aber auch das Zeugnis der Weltkirche, mit dem sie mit ihrer Botschaft zu großen Nöten und Sorgen der heutigen Menschheit nicht nur in großen Worten, sondern auch in

Der Bau der Kathedrale von Nagasaki-Urakami wurde durch einheimische Christen initiiert, die die Zeit der Christenverfolgung überstanden hatten; sie wurde 1914 fertiggestellt. Am 9. August 1945 wurde sie durch eine US-Atombombe zerstört, 1959 wieder errichtet. Die Figuren des Portals tragen noch die Spuren der Atomexplosion.

selbstlosen Taten stehen. Auf eine kurze Formel gebracht, könnte das also heißen: Trotz allem einfach in Ruhe weitermachen und uns dabei selber fragen: Tun wir unseren Dienst in Verkündigung, Liturgie und Diakonie mit einem griesgrämigen Gesicht oder mit der Freude, die etwas von jener Revolution verrät, die Jesus mit sich und dem Heiligen Geist in diese Welt gebracht hat?

Unsere Fahrt geht weiter entlang der Straße, wo vor 400 Jahren die ersten 26 Märtyrer ihren 1.000 Kilometer langen Torturen-Marsch zum Kreuzestod in Nagasaki gingen. Bevor die Weltöffentlichkeit etwas über die Atombombe wusste, war Nagasaki in der christlichen Welt durch die Märtyrer bekannt. Märtyrer gehören nicht nur einem Land und der Weltkirche, sie gehören der Menschheit als Zeugen der Freiheit, des Gewissens und der Hoffnung auf Leben und Sinn über den Tod hinaus. (...)

Mahnmal an der Stelle des Atombombenabwurfes über Nagasaki am 9. August 1945 (aufgenommen 2003)

Der nächste Tag bringt uns zum südlichsten Ziel unserer Reise: Gedenkstätte der Atombombe. Die kalte schwarze Stele und das Museum in Nagasaki führen zum Schweigen. Nach der Bombe auf Hiroshima: warum noch einmal auf Nagasaki!? Nach der Uranbombe die Kobaltbombe! Und wenn man daran denkt, dass diese gewaltigen Zerstörungskörper nur kleine Feuerwerkskracher sind im Vergleich zu dem, was heute möglich ist – dann ist gerade dies der Grund für Wallfahrt und Gebet. Hat sich in der Mentalität der Menschen seither viel geändert? Man unterhält, trotz Bombe, Militärmaschinen für Milliarden und muss zeigen, dass es sich auch ›lohnt‹. Was für ein Spiel mit dem Leben und der Menschenwürde. Vor dem Angesicht dieser Möglichkeiten beten wir im Heiligen Geist zum Herrn, dem alle Gewalt im Himmel und auf Erden gegeben ist.«

P. Manfred Friedrich

Veränderungen

Zwei Schlussworte will ich noch beispielhaft aus den Bekenntnissen der Zeitzeugen herausziehen. Zunächst P. Dominikus:

Einkaufsstraße einer japanischen Stadt in der ersten Hälfte des 20. Jahrhunderts

»Wenn ich an mein Leben in Japan zurückdenke, so hat sich da vieles geändert. Schon das äußere Stadt- und Landschaftsbild ist anders geworden. Vor 50 Jahren gab es selbst in Tokyo nur wenige Asphaltstraßen. In Tokyo und später in Asahikawa bin ich mit meinem deutschen Moped gefahren und musste dabei viel Staub schlucken und öfters einen Platten flicken. Hochhäuser gab es damals kaum. Die kleinen Lädchen, von einer älteren Frau im größeren Hauseingang geführt, gibt es heute nicht mehr. Auch die Gesellschaft ist anders geworden. Früher hing in jedem Wohnzimmer ein Bild vom Kaiser. Das sieht man heute nicht mehr. Die Demokratie hat sich gefestigt, und die Behörden sind freundlicher geworden. Die Firmen leiteten früher die Ausflüge und Freizeitgestaltung ihrer Angestellten. Die Frauen und Kinder blieben meist daheim. Heute hat jede Familie ein Auto und Vater, Mutter und Kinder fahren zusammen in Erholung und auf Urlaub. Übrigens hat die Kinderzahl sehr abgenommen, die meisten Familien haben nur ein oder zwei Kinder. Im Kindergarten macht sich das besonders bemerkbar. Früher haben sich die Mütter zur Anmeldung stundenlang angestellt, weil wir nicht alle aufnehmen konnten. Heute beträgt die Zahl der Kinder im Kindergarten nur noch etwa ein Drittel. Auch die Zahl der Christen nimmt kaum zu. In der Anfangszeit hatte ich fast täglich mehrmals Unterricht für Taufbewerber, manchmal in einer Familie oder auch im Krankenhaus. Viele wurden durch Verwandte oder Bekannte oder durch den Kindergarten zum Glauben geführt. Heute gibt es weniger Taufbewerber. Aber die Leute, die die Taufe empfangen wollen, kommen aus innerer Überzeugung. Jeder Weg zum Glauben ist anders und einmalig. Vor etwa 40 Jahren habe ich ein älteres Ehepaar getauft. Vor zwei Jahren kam ein Sohn dieses Ehepaares zu mir mit dem Wunsch, Christ zu werden. Er und seine Frau haben dann auch die Taufe empfangen. Und neulich zeigte mir ein Mann ein altes Foto aus dem Kindergarten von Sunagawa, auf dem ich ihm den Segen gab. Er wurde vor einigen Wochen getauft – spät, aber nicht zu spät.

Im letzten Jahr kam eine Frau hier zur Kirche, weil sie Angst vor einer Gehirnoperation hatte. Ich konnte sie beruhigen und ihr Mut zusprechen, weil ich beim selben Arzt, der in ganz Japan sehr berühmt ist, mit gutem Erfolg operiert worden bin. Sie kam dann weiterhin eifrig zur Kirche, nahm Unterricht und wurde getauft. Es stellte sich heraus, dass die Operation nicht sofort nötig sei. Sie wird aber doch demnächst operiert werden und ist voll Zuversicht. Das sind nur einige Beispiele aus meiner Missionsarbeit, die ich mit Gottes Gnade hier tun durfte.

(...) Als ich hier ankam, gab es zwölf Missionsdistrikte, die alle ausländischen Provinzen unterstanden. Es bestand nur eine lose Verbindung untereinander. 1971 schloss der Generalminister P. Konstantin Koser alle Distrikte zu einer Föderation zusammen. Das war die erste in unserem Orden. Der zweite Präsident der Föderation war P. Franziskus Sato aus unserer Thüringischen Provinz. Unter ihm wurde am 16. Dezember 1977 die neue Japanische Provinz gegründet. Er war auch der erste Provinzial, 1983 wurde er Bischof von Niigata.

Zur Japanischen Provinz gehören alle japanischen Mitbrüder. Uns Ausländern wurde der Übertritt freigestellt. Ich selbst bleibe weiterhin in der Thuringia, unterstehe aber – solange ich in Japan bin – dem hiesigen Provinzial.

Kurz gesagt, empfinde ich Folgendes: Früher gehörten die japanischen Mitbrüder zu uns, heute gehören wir zu ihnen. Die Zeiten haben sich geändert, und auch wir sind anders geworden. Aber wir beten und arbeiten weiterhin für das Reich Gottes, bis Gott es selbst einst zur Vollendung führt.«

P. Dominikus Bauer

Und P. Manfred zieht das folgende Resümee:

»*Alle Menschen und Völker, welcher Sprache und Kultur sie auch angehören mögen, sind auf dem Weg und suchen nach dem Sinn und Ziel ihres Lebens. Die Elemente der Güte und Wahrheit, die sich bei ihnen finden, sind Zeichen der verborgenen Gegenwart Gottes. Er ist allen nahe, weil er sein Angesicht über allen leuchten lässt. Als Zeit- und Weggenossen sind wir gesandt, diese reale Gegenwart zu erschließen und den Weg zu Gott zu ebnen: Mit*

Im »Haus der Freundschaft« in Sapporo treffen sich Menschen aus aller Welt (um 2000)

allen anderen sind wir gemeinsam unterwegs. Durch die Begegnung mit den Anderen werden wir Zeugen, wie ›ihnen der freie und sichere Weg zur vollen Teilhabe am Christusgeheimnis eröffnet‹ wird (Ad gentes 5). Zu dieser Mission treibt uns der Heilige Geist an, der zugleich die Kraft zum ausdauernden Dienst gibt, das Evangelium vom Reich Gottes in dieser Zeit und vor aller Welt zu bezeugen.

Wir glauben, dass Gott das Heil aller Völker will. In Jesus Christus ist es erschienen. Er befreit alle zur Freiheit (vgl. Röm 8,21) und ist selbst der Weg zur Wahrheit Gottes (vgl. Joh 14,6). Haben wir den Mut, selber den Weg des Evangeliums einzuschlagen und ihn anderen vorzuschlagen? Bringen wir unsere Charismen und Begabungen in die universale Sendung der Kirche ein! Machen wir die Mission der Weltkirche zur eigenen Mission!

Die Zusage der Erlösung ist die Grundlage unserer Mission. Manchmal denken und sagen wir: ›Die Welt ist nicht zu retten.‹ Dabei vergessen wir: ›Gott hat die Welt so sehr geliebt, dass er seinen einzigen Sohn hingab, damit jeder, der an ihn glaubt, nicht zugrunde geht, sondern das ewige Leben hat. Denn Gott hat seinen Sohn nicht in die Welt gesandt, damit er die Welt richtet, sondern damit die Welt durch ihn gerettet wird‹ (Joh 3,16f.). Das ist ein verlässlicher Ausgangspunkt für die Mission: Wir müssen die Welt nicht retten, in Jesus Christus ist sie gerettet. Das ist die Summe des Evangeliums.«

P. Manfred Friedrich

Das Zeugnis unserer Mitstreiterinnen

Zum Abschluss will ich den Äußerungen der Brüder, die derzeit noch ihren Dienst in Japan tun, noch eine »Stimme von außen« beifügen. An der Seite der Fuldaer Franziskaner arbeiten seit 1920 die Thuiner Franziskanerinnen. Der lange gemeinsame Weg ist Grund genug, auch sie hier zu Wort kommen zu lassen.

Sr. Maria Theresita schreibt:
»*100 Jahre Fuldaer Hokkaido-Mission – Grund zur Freude und zum Dank, auch für uns Schwestern hier in Japan. Als jüngste Missionarin auf Hokkaido habe ich von diesen 100 Jahren nur die letzten zwölf Jahre persönlich miterlebt. Eigentlich könnte Sr. M. Eberhardis, unsere älteste Missionarin, die 87 Jahre alt und seit 50 Jahren in Japan ist, viel besser von früher berichten. Wenn sie anfängt zu erzählen, zum Beispiel von der Hilfe, die sie durch Bruder Daniel erfahren hat, leuchten ihre Augen und sie findet kein Ende.*

(…) Das reiche Japan und Mission – diese beiden Wörter scheinen für viele nicht zusammenzupassen, aber wer für längere Zeit hier lebt und gerade auch das Wirken der Franziskaner miterlebt, erfährt, dass Japan wirklich Missionsland ist. Es werden immer wieder neue Wege der Verkündigung gesucht, doch der gestreute Samen geht nur langsam auf.

Mich beeindruckt immer wieder das Glaubenszeugnis der Franziskanermissionare, die in den meisten Fällen weit voneinander entfernt ihre Missionsstation haben, mit ein paar Christen täglich die heilige Messe feiern, einen Kindergarten leiten und sich unermüdlich einsetzen, wo sie gebraucht werden.

Ich persönlich erlebe am meisten P. Lothar und P. Manfred, da sie in unserer Nähe, das heißt eine Stunde mit dem Auto entfernt, ihre Missionsstation haben. P. Lothar kommt regelmäßig zur Spendung des Bußsakramentes zu uns, worüber sich nicht nur die deutschen, sondern auch die japanischen Schwestern sehr freuen. Außerdem fahren wir mit dem

Noviziat einmal im Monat zum Unterricht zu ihm, und er lässt uns teilhaben an seinem reichen Gebetsleben und seiner langjährigen Missionserfahrung.

P. Manfred schlägt nichts ab, egal, ob es ein Vortrag, Beichte, heilige Messe, Einkehrtage zur Förderung von geistlichen Berufen oder Ähnliches ist. Seine Herzensweite, seine Schlagfertigkeit und sein Humor schaffen bei jeder Begegnung echt franziskanische Atmosphäre.

Wenn unsere älteren Schwestern von früher erzählen, tauchen oft die Namen der bereits verstorbenen Patres auf. Viele unserer Schwestern sind von den Franziskanern getauft und geistlich begleitet worden. Unvergesslich ist allen P. Zeno Fleck, der mit unseren Schülerinnen

Thuiner Franziskanerinnen und Franziskaner der Japanischen Provinz während des Besuches des Generalministers P. Giacomo Bini (1998) in Japan

religiöse Theaterstücke eingeübt und vorgeführt hat. Viele junge Menschen haben dadurch den Weg zum Glauben gefunden. Durch seine musikalischen Fähigkeiten hat er unsere Gottesdienste bereichert und auch viel zur Freude im Schwesternkreis beigetragen.

Wir sind dankbar für die gute Zusammenarbeit und Unterstützung aller Franziskanermissionare auf Hokkaido. Möge das Licht, das sie in vielen Herzen entzündet haben, dazu beitragen, dass Japan auch im christlichen Sinn das Land der aufgehenden Sonne genannt werden kann.«

Sr. Maria Theresita Goldbeck osf

Kapitel III

Die katholische Kirche in Japan

Die Lage der katholischen Kirche in Japan nach 100 Jahren missionarischen Wirkens

Interview mit P. Prof. Eugen Rucker SVD

P. Prof. Eugen Rucker SVD lebte und wirkte von 1970 bis 1999 in Japan, also annähernd 30 Jahre. Er dozierte als Professor für Germanistik und Religionskunde an der katholischen Nanzan-Universität von Nagoya, wirkte aber von 1972 an auch in verschiedenen katholischen Pfarrgemeinden. So wurde er ein ausgewiesener Kenner der japanischen christlichen und kirchlichen Situation vor allem in Mittel-Honshu und der 2,5-Millionenstadt Nagoya. Als Steyler Missionar ist er zudem Ordenspriester einer Gemeinschaft, die dieses Jahr wie wir Franziskaner 100 Jahre in Japan den katholischen Glauben verkündet. Dies wie auch seine publizistische Arbeit war uns Veranlassung, ihm zum Jubiläum der Franziskanermission im Norden Japans eine Reihe von Fragen in Briefform zu stellen, um gewissermaßen »von außen« – also nicht aus franziskanischer Sicht und nicht aus dem Blickwinkel von Hokkaido – die Kirche und das Ordensleben in Japan zu beleuchten.

Die Fragen an P. Eugen Rucker SVD stellte P. Sigfrid Klöckner.

P. Eugen Rucker, vor sieben Jahren sind Sie aus Japan nach Deutschland heimgekehrt. Wie beurteilen Sie heute die äußerlich erfassbare Situation des Christentums, speziell der katholischen Kirche, in Japan?

Eigentlich hat sich in der japanischen Kirche seit 100 Jahren recht wenig geändert; auch nach dem Zweiten Vatikanum nicht. Die demografische Erfolglosigkeit und auch das Image der Ausländerkirche bestimmen das äußere Erscheinungsbild. Zwar leben in 16 Diözesen heute gut 440.000 Katholiken, neben einer halben Million Protestanten der verschiedensten Couleurs. Aber diese rund eine Million Christen machen unter gut 120 Millionen Japanern weniger als ein Prozent der Bevölkerung aus: ein Prozentsatz, so niedrig wie in kaum einem anderen asiatischen Land. Die beiden größten Diözesen haben eine Katholikenzahl, die der einiger südamerikanischer Pfarreien entspricht: Tokyo mit 85.000 und Nagasaki mit 70.000 Katholiken. In den kleineren Diözesen, zum Beispiel Niigata oder Sapporo haben wir nur 7.000 bzw. 18.000 Katholiken, also Zahlen, die manchen deutschen Pfarreien entsprechen. Im Durchschnitt kommen nur 250 Gläubige auf einen Priester.

Ich durfte in den fast drei Jahrzehnten meiner Tätigkeit in Japan rund 100 Erwachsene zur Taufe führen. Einige Mitbrüder gewinnen etliche Hunderte, die meisten aber weniger. Da müsste doch bei 1.800 Priestern eigentlich im Lauf der Jahre die Katholikenzahl im Land steigen, so könnte man vermuten. Dass sie sich aber seit dem Krieg immer zwischen 400.000 und 500.000 hielt, kommt daher, dass der Zufluss schnell wieder versickert: Erstens sind weitaus die meisten Täuflinge Frauen und Mädchen, die – fast unvermeidlich – in nichtchristliche Familien einheiraten und den Kontakt mit der Kirche

Taufe japanischer Christen (Sapporo, 1929)

verlieren; zweitens ziehen viele in Städte und Dörfer, in denen die Wege zur Kirche sehr weit sind; und drittens fordert die Macht der derzeitigen Säkularisierungs- und Diesseitskulttendenzen ihre Opfer.

Das Bild, das die katholische Kirche heute bietet, ist nur wenig verschieden von dem im letzten Jahrhundert vorherrschenden. Es ist zwiespältig. Während sich das kirchliche

Campus der katholischen Nanzan-Universität in Nagoya

Leben wie das einer Sekte in kleinsten Zirkeln abspielt, von der breiten Öffentlichkeit kaum wahrgenommen, ist das Erscheinen von Katholiken in der Gesellschaft mit ihren Schulen, Krankenhäusern und Sozialeinrichtungen viel beeindruckender, als ihre wirkliche Zahl vermuten lässt. Die 6.800 Ordensschwestern, die meist noch ihr Ordenskleid tragen, fallen in den Städten auf. Die Erzdiözese Tokyo allein zählt sieben Universitäten unter katholischer Führung, elf Colleges und Akademien, 15 Gymnasien und 60 Kindergärten, ganz abgesehen von den zwei theologischen Hochschulen. An der Nanzan-Universität (Nagoya, Mitteljapan), an der ich lehrte, studieren knapp 10.000 junge Männer und Frauen in sieben Fakultäten, 99 Prozent aus nichtchristlichen Familien kommend. Ich habe über die Jahre wohl einigen Tausend jungen Japanern Einführungskurse in Religionskunde und Christentum gegeben. Wenn sich auch kaum jemand taufen ließ, bleibt doch eine tiefe innere Bindung, die am tiefsten und nachhaltigsten bei denen ist, die auch katholische Kindergärten besucht haben.

Aufgrund dieser Einflussnahme auf weite Schichten der japanischen Bevölkerung (etwa zwölf Prozent im Erziehungsbereich) liegt die Zahl der innerlich christlich Gesinnten, so wird vermutet, bei vier bis sechs Millionen.

Missionserfolge lassen sich nicht zahlenmäßig darstellen, da sich Glaube und geistliche Wege der vollen Erfassung entziehen. Dennoch stellt sich die katholische Kirche in

Japan statistisch sehr bescheiden dar. Gibt es einen wichtigen Grund oder gibt es mehrere Gründe, warum das Christentum einerseits kulturell geschätzt wird, andererseits aber die Zahl der Taufen nicht überwältigend ist?
In dieser Frage kann man ein Geflecht von Ursachen analysieren. Zunächst einmal gibt es in Japan keine so genau umschreibbare persönliche Religionszugehörigkeit, wie sie uns Christen geläufig und selbstverständlich ist. Vielmehr wird der Normaljapaner hineingeboren in ein vielfältiges religiöses Angebotsnetz buddhistischer, shintoistischer, schamanistischer, magisch-abergläubischer Traditionen und wählt sich bei bestimmten Anlässen seines Lebens die ihm zusagenden Angebote wie in einem Supermarkt aus: bei der Geburt eines Kindes oft den Segen des Kannushi (Shintopriester) eines berühmten Schreins; bei der Kindererziehung einen buddhistischen oder christlichen Kindergarten (es gibt auch staatlich-neutrale); bei der Heirat, wenn er sich mit dem Standesamt nicht zufrieden gibt, die Dienste eines shintoistischen oder christlichen, seit einiger Zeit sogar auch eines buddhistischen Religionsvertreters; bei Krankheit einen Bergeinsiedler oder schamanisch-magisch Kundigen und beim Bestatten eines Angehörigen einen sutrenrezitierenden Bonzen und die Unterbringung der Urne auf einem buddhistischen Friedhof. Warum soll ein normaler Japaner einer kleinen, vom Ausland kommenden »Sekte« beitreten, wenn er alle seine kultisch-religiösen Bedürfnisse so einfach und unkompliziert erfüllt bekommen kann?

Bekannt ist ja auch, dass die japanischen Arbeitnehmer sozusagen mit ihrer Firma »verheiratet« sind. Sie haben kaum Zeit für ihre Familie, geschweige denn für Studien über unsichtbare religiöse Personen und Dogmen. Ein simpler Eingottglaube, und den haben heute die meisten, auch die Shintoisten mit ihren ehemals acht Millionen Göttern, genügt ihnen vollständig. Vor der Pensionierung haben also vor allem japanische Männer keine Zeit und Ruhe zur Vorbereitung auf die Taufe, und danach fehlt die Flexibilität und Aufnahmefähigkeit für eine doch fremde Religion. Zudem gehört es nicht zum guten Ton – und kann auch mit gesellschaftlichen Nachteilen verbunden sein – für den selbstbewussten japanischen Bürger, dass er sich mit einer ausländischen »Sekte« identifiziert.

Die Mittel- und Oberschicht der Gesellschaft hat einen weiteren Grund für die Scheu vor der Konversion zum Christentum: Sie sind gemeinhin gut informiert, auch darüber, dass das Christentum in den traditionell christlichen Ländern seinen dominanten Einfluss auf die Menschen verloren hat und sich mühsam gegen die Säkularisierungswelle zu verteidigen sucht. Das Vorbild Europa erscheint bereits seit 300 Jahren nicht mehr als christlich-katholisch, vor allem in den kulturellen Führungsschichten, ob bei Goethe, Kant oder Schopenhauer – der in Japan einen großen Namen hat –, von den weithin bekannten Philosophen Nietzsche und Sartre ganz zu schweigen. Den Japanern ist ein sehr feines Gespür für Modernität und Zeitgemäßheit eigen.

Der tiefste Grund für die Erfolglosigkeit der christlichen Verkündigung in Japan ist aber, dass die Japaner bereits eine wohletablierte Religion haben, die die Wissenschaftler

Straßenszene in Tokyo (2005)

Interview mit P. Eugen Rucker SVD

Zweites Vatikanisches Konzil, dritte Session: Bischöfe (Konzilsväter) auf ihren Plätzen in der Konzilsaula

»Japan-Religion« (Nihonkyô) nennen. Dieses Inselvolk ist über 2.000 Jahre hinweg niemals von China oder einer anderen ausländischen Macht besiegt und unterworfen worden. Und auch der Schock vom 15. August 1945, als der Gott-Kaiser die Kapitulation erklären musste, wurde mehr als himmlisches Schicksal als von eigenem Versagen oder Schuld herkommend rezipiert. So zaghaft diese Bürger als Einzelne in der Öffentlichkeit, besonders im Ausland, auch aufzutreten pflegen, das Volk als Ganzes hat einen unbändigen Stolz auf seine kulturellen Errungenschaften, ein Überlegenheitsbewusstsein allen anderen Völkern gegenüber.

Einfluss des Vatikanum II auf die Japan-Mission

Mit dem Zweiten Vatikanischen Konzil ging auch ein gewandeltes Verständnis der Mission und der Theologie der Mission einher. Wie haben sich aus Ihrer Sicht das Bild der Kirche und der einstige missionarische »Eros« gewandelt?

Ich will meine Antwort hierzu in einige Stichworte gliedern.

Begründung der Fortsetzung missionarischer Tätigkeit:
Obwohl wir Missionare nach dem Vatikanum klar vor Augen hatten, dass alle Japaner guten Willens und Lebens auch ohne Taufe ihr Heil finden konnten, dass wir also die Nichtchristen dem allgemeinen Heilswillen Gottes überlassen durften, soweit sie schuldlos waren, fühlen wir in uns doch weiter eine starke Motivation: Wir wünschen uns, alle zerstreuten Kinder Gottes zur eucharistischen Tischgemeinschaft zu führen und die weltweit sich ausbreitende Familie Gottes auch hier präsent zu machen. Zudem erkennen wir, dass wir dem Buddhismus, dessen Einfluss vor allem in den großen Städten mit der Verwestlichung und Säkularisierung rapide zurückgegangen ist, in gewisser Weise zu Hilfe kommen, indem wir materialistischen Zeittendenzen überzeugende religiöse und geistige Alternativen entgegensetzen. Tatsächlich ist trotz bleibender geringer Taufzahlen eine gewisse »Verchristlichung« nicht zu übersehen. Wie selbstverständlich wird der Sonntag als Ruhetag eingehalten. Die überwiegende Mehrheit hat einen christlich gefärbten Gottesbegriff. Die Solidarität mit den Armen und den Marginalisierten wurde

zum selbstverständlich gültigen Ideal. Die früher starke Diskriminierung von Ausländern weicht zunehmend einer fairen Mitmenschlichkeit. Die Bibel wird immer mehr als »Bestseller« wahrgenommen (wie mir eine Studentin einmal bekannte).

Positive Einschätzung der japanischen Spiritualität und Religiosität:
Bei den Jesuiten in Tokyo, bei uns Steylern in Nagoya und in Osaka wurden Dialog-Zentren gegründet, in denen sich vor allem Buddhisten und Christen auf akademischer Ebene begegnen und zu verstehen bemühen – im Geist größter Herzlichkeit und gegenseitiger Hochachtung. Der Dialog führte dann zu Symbiosen, wo Christen (freilich vorerst meist Ausländer) buddhistisch-spirituelle Elemente in ihr Glaubensleben aufnehmen, sich in ihrem religiösen Leben bereichert erkennen und zugleich den nichtchristlichen Japanern zeigen können, wie ernst man ihre Traditionen nimmt. Pater Hugo Lasalle SJ stellte die von ihm gebildete Symbiose von Christlichem und Zen erfolgreich auch in Deutschland vor, unter der Zielsetzung: Wir verkopften Deutschen brau-

chen eine systematische und praktikable Form der Verinnerlichung, um unsere Katechismuswahrheiten wieder zum Leuchten zu bringen.

Liturgieerneuerung:
Zwar trauern bis heute noch einige dem Verlust der schönen altjapanischen oder lateinischen Liturgieformen nach; aber die im modernen Japanisch auftretende Kirche ist doch einladender und leichter zugänglich.

Öffnung zur japanischen Gesellschaft:
Bei einer 0,3-Prozent-Kirche natürlich eine riskante Zielsetzung, deren Folge auch ein Rückgang an Kirchenbesuchern war, den man durchaus mit dem in Europa vergleichen kann. Die Auflösung des früher so imponierenden Block-Katholizismus, vor allem in den südwestlichen Bezirken mit Nagasaki als Mittelpunkt, lässt manchen jeden Halt verlieren.

Hugo Makibi Enomiya-Lassalle SJ (1898–1990) war Jesuit und Zen-Meister. Lassalle wird als wichtiger Wegbereiter der Verständigung zwischen Zen-Buddhismus und Christentum angesehen.

Ökumenismus:
Den in ihren Zwerggemeinden inmitten des Meeres der nichtchristlichen Bevölkerung um ihre Existenz kämpfenden Katholiken und Protestanten ist es weniger um Vereinigung oder Annäherung zu tun als vielmehr um Hochhaltung ihres charakteristischen Profils als Christen überhaupt. Im Übrigen fragt hier kaum einer nach der Verschiedenheit der christlichen Konfessionen.

In den letzten 30 Jahren hat der Zustrom von Missionaren aus den traditionellen katholischen Ländern der Welt spürbar nachgelassen, ist verebbt. Die katholische Kirche in Japan ist japanischer geworden, auch was den Klerus und die Seelsorge betrifft. War die Internationalität der Mission ehedem stimulierender?
Bereits 1939 wurden auf Weisung Roms hin alle japanischen Bischofssitze Japanern übergeben. Als ich 1970 nach Japan kam, erlebte ich die verschiedensten Phänomene von

Spannungen zwischen den in Führungsposten aufgerückten japanischen Mitbrüdern und den prozentual zurückgehenden ausländischen Missionaren. Aber schon lange vor meiner Heimkehr nach Deutschland ging auch die Zahl einheimischer Priesterberufungen drastisch zurück. In meiner Diözese Nagoya gibt es schon seit gut zehn Jahren keinen japanischen Neupriester, ja kaum einen Seminaristen mehr. Wir Steyler rücken seit Jahren in Seelsorgsposten ein, die uns vom Weltklerus angeboten werden. Wir haben immer noch jährlich eine bis drei Priesterweihen, neuerdings freilich nicht mehr westlicher Herkunft, sondern asiatischer, dank unserer vollen Seminare in Indien, Indonesien, auf den Philippinen und in Vietnam. So sind auch heute noch knapp die Hälfte der in Japan tätigen Priester Ausländer, Tendenz erneut steigend.

Die Spannungen zwischen einheimischen und ausländischen Missionaren beruhen häufig darauf, dass die Ausländer neuere missionstheologische Ansichten und Praktiken und weltkirchlich orientierte Konzepte vertreten, während die japanischen Mitbrüder das praktisch-karitative Engagement als zentrales kirchliches Anliegen ansehen. Sie haben leider fast durchweg kein Interesse an Inkulturationsbemühungen in das nichtchristliche Kulturmilieu, dem sie selbst doch entstammen.

Eine andere pastorale Enge zeigt sich darin, dass der einheimische Klerus darauf drängt, dass alle vom Ausland kommenden Katholiken sich ganz den Formen der – recht nüchternen – japanischen Liturgie unterwerfen. In meiner letzten Pfarrei durfte ich ab 1990 neben zuwandernden katholischen Filipinos einen Strom japanstämmiger Südamerikaner begrüßen, die remigrierten wegen der besser gewordenen Erwerbsbedingungen im alten Vaterland – insgesamt zehnmal mehr als der japanische Grundbestand. Um sie zu integrieren, führten wir regelmäßig Gottesdienste durch, in denen brasilianische Vitalität und philippinische Gefühlstiefe den Ton bestimmten. Während ich, der Deutsche, und meine italienischen Pfarrschwestern uns dieser lebendigen Katholizität rühmten und freuten, zogen japanische Weltpriester ihre Stirn in Falten und wollten das verbieten.

Wir ausländischen Missionare erwarten aber sehnlichst die Zeit, in der Japaner die katholische Kirche zu einer japanischen machen und ihre sprichwörtliche Romtreue mit dem vielen Guten der japanischen Kultur und deren kreativer Gestaltung im kirchlichen Raum verbinden, gestützt natürlich auf japanische Laien, wie das P. Gereon Goldmann praktizierte, als er seine Musikhochschule in Tokyo gründete.

Wenn dem so ist, wenn es also einen »japanischen Katholizismus« gibt, gibt es dann auch eine »japanische Theologie«, also eine vergleichbare Entwicklung zu der Theologie in Indien etwa?
Zu Beginn des vorigen Jahrhunderts gab es in dieser Hinsicht beachtliche Aufbrüche bei den Protestanten. Dort entstanden christlich-soziale Programme, die die Entstehung der sozialistischen Parteien und Bewegungen im Land befruchteten. Dort entstand die sogenannte Theologie des Schmerzes Gottes, wo das Leiden des menschgewordenen Gottes-

sohns auf den unendlichen, ewigen Gott selbst ausgeweitet wurde. Nach dem Krieg traten überraschenderweise katholische Schriftsteller mit Romanen und Gedichten an die Öffentlichkeit, die dem Ausdruck verliehen, was den Japanern am Christentum verwandt vorkam. So schrieb der erstrangige, im ganzen Land wohlbekannte Endo Shusaku in verständlicher Sprache Romane, die Christus als mitleidvolle, gewaltlose und auch auf Wunder verzichtende göttliche Brudergestalt zeichneten und das »Schweigen Gottes« bei den Verfolgungen eindrucksvoll vor Augen führten; Themen, die Kernpunkte der christlichen Botschaft in einer Weise boten, wie sie im nachchristlichen Europa in dieser Reinheit und Christlichkeit kaum mehr zu finden sind.

Ein anderer Bereich japanisch-fortschrittlicher Theologie, sowohl im theoretischen wie im praktischen Sektor, bezieht seine Visionen aus dem christlich-buddhistischen Dialog. Japaner hatten in den Werken der deutschen und spanischen Mystiker ihren japanischen verblüffend ähnliche spirituelle Strukturen entdeckt, und Christen, denen die katholische Mystik teuer war, hatten ähnliche Formen der Gottsuche, verwandte Spiritualität, in den reichen Traditionen des Zen-Buddhismus gefunden. Bücher des Deutschen H. Enomiya-Lasalle, des Amerikaners W. Johnston, des japanischen Jesuiten K. Kadowaki und des auch in Deutschland bekannt gewordenen japanischen Karmeliten I. Okumura entwarfen Modelle einer spirituellen Symbiose christlicher und buddhistischer Elemente, in denen das Christliche voll gewahrt bleibt und eine Bereicherung des rationalistisch erstarrten europäischen Katholizismus angeboten wird. T. Kurebayashi entwickelte eine japanische Version der »Theologie der Befreiung«, in der von der Bibel her die Integrierung marginalisierter Bevölkerungsschichten in die japanische Gesellschaft gefördert werden soll.

Mit der Erklärung »Nostra aetate« des Vatikanum II begann auch offiziell seitens der katholischen Kirche ein Dialog mit anderen Religionen und Kulturen. Dabei steht dann auch die Frage der Verträglichkeit der Kulturen, des Friedens unter den Religionen und der zukünftigen menschenwürdigen Gestaltung der Welt zur Diskussion. Welche interreligiösen Aktivitäten können Sie in Japan beobachten? Und, um eine modern formulierte Frage anzuschließen, wie viel Zen-Buddhismus verträgt das Christentum?
Als Tauler- und Eckhartübersetzer war ich lange Jahre Mitglied eines landesweiten Gesprächskreises, in dem sich Zen- und Amida-Buddhisten mit Protestanten und Katholiken über das jeweilige religiöse Traditionsgut und die verschiedenen Glaubenspraktiken austauschten. Diese Treffen atmeten den Geist der Vorurteilslosigkeit und des Respekts vor den Überzeugungen des anderen. Es finden regelmäßig auch internationale Tagungen mit ähnlichen Zielsetzungen statt. Im Programm unserer Zusammenkünfte standen auch immer gemeinsame spirituelle Übungen. Die Buddhisten nahmen mit großem Interesse an – oft auch nicht eingeplanten – Messfeiern teil. Und die Christen nahmen wie selbstverständlich am gemeinsamen Zen-Sitzen teil. Leider sind solche intensiven interreli-

giösen Begegnungen vorwiegend nur in akademischen Kreisen denkbar, und die christlichen Partner sind fast ausschließlich Katholiken.

Protestantische Pastoren sperren sich häufig gegenüber solchen Gemeinschaftsveranstaltungen mit dem Argument: Wir können uns doch nicht, nachdem wir in harter Entscheidung dem Buddhismus den Rücken gekehrt haben, uns diesem gleich wieder zuwenden, als ob nichts geschehen wäre. Auch in manchen Ordenskommunitäten, wo nach dem Konzil zen-meditative Formen des Gottesdienstes eingeführt worden waren, zog man sich nach einigen Jahren wieder in die altgewohnten Gebetsweisen zurück. Andererseits kenne ich gebildete Katholiken, die, unter der Oberflächlichkeit vieler Messfeiern leidend, Zen-Elemente in ihr Glaubensleben einführen, um im Glauben nicht Schiffbruch zu erleiden.

P. Manfred Friedrich (2001) im Gespräch mit einem buddhistischen Bonzen (Priester)

Auch innerhalb des Zen-Buddhismus ist ein Wandlungsprozess im Gange. Ich kenne Zen-Bonzen, die offen Atheismus propagieren, und Zen-Bonzen, die in ihren Ansprachen Gott anrufen, sich vor dem Kruzifix verneigen und mit Christen zusammen beim Singen des »Ehre sei dem Vater und dem Sohn ...« eine anbetende Haltung einnehmen, die das christliche Hauptgebot ernst nehmen und sich sozial engagieren. Zweifellos zeichnet sich in Japan zurzeit der Prozess einer gegenseitigen Bereicherung ab, wobei Christen und Buddhisten gemeinsam gegen den anbrandenden Einfluss materialistischer Diesseitigkeit kämpfen.

Wenn japanische, und heute auch westliche, Christen Zen-Elemente in ihr Glaubensleben integrieren – Schweigemeditation, Körperdisziplin, Atembewusstsein, Leib-Seele-Einheit, Schlichtheit, Würde, ganzpersönliches Engagement, Naturnähe –, so entstehen nur dann Probleme, wenn mit den übernommenen Formen eine Abkehr von christlichen Grundhaltungen und -auffassungen einhergeht, wenn zum Beispiel die personale Gottesbeziehung einem vagen Pantheismus oder einem ich-verliebten Atheismus weicht. »Prüft alles; das Gute behaltet« (1 Thess 5,21).

Was der Elite von Mystikern im Mittelalter und in der frühen Neuzeit gelungen ist, nämlich die Lebendigerhaltung eines überzeugt gelebten Glaubens in Zeiten der Verweltlichung, wird uns Heutigen erneut und erweitert in manchen asiatischen Weisen spiritueller Lebensgestaltung angeboten. Es geht um ein überzeugtes Christsein in der Gott verdrängenden Welt, in der der Wirklichkeitscharakter Gottes mehr oder minder ausdrücklich negiert wird. Gott aber kann nur in Innerlichkeit erfasst und angebetet werden.

Wie viel Zen verträgt also das Christentum? So viel, als er den christlichen Glauben und das christliche Leben wirklich und erfahrbar vertiefen kann, ohne es pantheistisch oder atheistisch zu verfremden und die Liebe zum Gott und Vater Jesu Christi und zum gekreuzigten Erlöser selbst zum Verlöschen zu bringen.

Innerhalb der katholischen Kirche Japans haben die Orden und sonstigen religiösen Gemeinschaften immer eine besondere Rolle gespielt. Haben die Orden auch heute noch eine besondere Bedeutung für die Kirche Japans?

1888, anlässlich der Konstituierung einer katholischen Hierarchie in Japan, wurde die Missionierung des endlich geöffneten Inselstaates den Pariser Missionaren (MEP), einer Priestervereinigung mit ordensähnlicher Struktur, übergeben. Die Pariser leisteten gute Grundlagenarbeit, und als 1907 die deutschen Franziskaner und Steyler im Nordteil des Landes einzogen, übernahmen sie gut ausgebaute Missionsstützpunkte. Einheimische Priester traten erst in den zwanziger Jahren an ihre Seite, und die Orden konnten ihre Kräfte mehr in überpfarrlicher Mission einsetzen, in der Gründung von Schulen, Gymnasien, Universitäten, Krankenhäusern, Sozialeinrichtungen, Forschungszentren, überregionalen Exerzitienhäusern. Vor allem dieses von den Orden geschaffene Forum garantierte von Anfang an jenen großen Einfluss des Christentums in Japan, der weit die Zahl der Getauften überschreitet.

Nach dem Krieg waren es fast ausschließlich die Orden, die den Mut und die Kompetenz hatten, in den interreligiösen Dialog einzutreten: Jesuiten, Steyler, Dominikaner und Franziskaner.

Da nun leider auch der Nachwuchs an Weltpriestern in der japanischen Kirche seit zehn bis zwanzig Jahren zurückgeht, sind auch hier wieder, wie am Anfang, die Orden gefragt, die wegen ihrer internationalen Beziehungen »Ersatz« aus dem Ausland besorgen können.

Geistliche Gemeinschaften haben verschiedene Akzente gesetzt, durch Gründung von Universitäten und Schulen, auch durch besondere Institute wie etwa das St. Gregorius-Institut in Tokyo, das sich der Pflege der Kirchenmusik widmet. Könnte durch das Tor der Kultur und Musik das Christentum neuen Zugang zu den Menschen in Japan finden?

Nur die Orden bringen die Mittel auf, Kirchen zu bauen, die in ihrer Ästhetik den unvergleichlich schönen Schreinen und Tempeln des Landes nicht zu sehr nachstehen. Nur ein Missionsveteran wie P. Gereon Goldmann konnte die Idee entwickeln, diesem musikalisch außerordentlich begabten Volk eine Musikhochschule zu bauen, in der, von katholischen Laien getragen, eine echte, befruchtende Begegnung westlich-christlicher mit östlich-japanischer Musik stattfinden kann. Alle großen katholischen Verlage sind von Orden getragen, zum Beispiel in Nagasaki der Franziskanerkonventualen-Verlag Seibo no Kishi, der die am weitesten verbreitete Zeitschrift für Katholiken herausbringt: eine Gründung des heiligen Maximilian Kolbe in den dreißiger Jahren.

Ein großes Problem der Orden in Japan ist freilich ihre Fragmentiertheit. Allein in der Erzdiözese Tokyo gibt es 167 Niederlassungen von 69 Schwesternorden und 55 Niederlassungen von 25 Männerorden. Großes kann aber nur mit vereinigten Kräften getan werden. Vorbildlich vereinigten sich vor gut 30 Jahren die Franziskaner aller Länder zu einer einzigen Franziskanerprovinz Japans.

P. Maximilian Maria Kolbe ofmConv

Zum Abschluss noch die Frage, wie spirituell ansprechbar das Japan des 21. Jahrhunderts ist, welchen Sinn für Transzendenz die Menschen haben: Gibt es so etwas wie eine Offenheit für ein radikales Sichfreimachen für eine lebenslange Gottsuche?
Die japanische Kirche hat nur die Christenzahl einer kleinen deutschen Diözese. Und so ist es schon beachtlich, dass es dort 30 Niederlassungen beschaulicher Orden gibt: Trappisten (2), Benediktiner (1), Karmeliten (1), Karmelitinnen (8), Trappistinnen (5), Klarissen (5), Redemptoristinnen (4) und Dominikanerinnen (4).

Noch können sich alle über Wasser halten; aber die Mitgliederzahl dieser Klöster sinkt stetig. Ähnliches gilt auch für buddhistische Mönchs- und Nonnenkommunitäten. Die meisten Tempelbonzen sind heute verheiratete Manager, die oft weltlichen Berufen nachgehen.

Gleichzeitig steigt aber das Interesse an regelmäßigen morgendlichen Zen-Sitzungen in den Tempeln, die von Laien aller Weltanschauungen besucht werden, und – was die Kirche betrifft – an Exerzitien in meist ordensgetragenen Häusern der Einkehr.

Wenn wir heute fragen, wie es in Japan mit Verinnerlichung und Innerlichkeit steht, muss man natürlich erwähnen, dass viele innerlich wurzellos gewordene Westler im japanischen Zen Heilung und Erfüllung suchen. Orte christlicher Verinnerlichung außerhalb von Klosterkommunitäten gibt es nur einige wenige, so etwa das von P. H. Enomiya-Lasalle SJ gegründete und jetzt von P. K. Riesenhuber SJ geführte christliche Zen-Zentrum Shinmeikutsu, das vom Dominikaner P. Oshida in den japanischen Alpen gegründete Meditationsdorf oder das von unserem P. Umans SVD gegründete und geleitete Meditationshaus »Licht im Osten« mitten in Tokyo, in dem christliches Beten mit Zen-Kultur verschmolzen ist. Vielleicht kommt die große Trendwende, wenn sozial-wirtschaftliche Nöte dem stolzen Japan die Augen mehr für das Ewige öffnen.

Zur Weihnachtszeit im St. Gregorius-Institut

Von anderer, aber nicht minder großer Bedeutung ist die Frage nach der »Mündigkeit der Laien« oder besser: nach der Vitalität der Laien in den Gemeinden. Denn die Kirche der Zukunft wird nur dann Bestand haben, wenn die Christen sich selbst evangelisieren und nicht bloß auf Amtsträger und hauptamtliche Kirchenleute schauen. Wie ist die katholische Kirche Japans im Laufe der letzten 100 Jahre »zu sich gekommen«, also in dem Zeitraum, in dem sowohl Ihre Gemeinschaft der Steyler Missionare als auch die Thüringische Ordensprovinz von der heiligen Elisabeth in Japan leben und Zeugnis geben?

Das größte Ruhmesblatt des Laienkatholizismus in der japanischen Kirchengeschichte ist das Durchhalten der Gläubigen – trotz Priesterlosigkeit – in den 260 Jahren grausamer und konsequenter Verfolgung. Von den vier ursprünglichen Kerngemeinden, die der

Heilige Messe bei den Steyler Missionaren in Japan (2001)

heilige Franz Xaver 1549 bis 1551 in Kagoshima, Bungo, Hirado und Yamaguchi gegründet hatte, waren es vor allem die Christen im Hirado-Nagasaki-Bezirk, die sich samt ihren Familien und Habseligkeiten in unwirtliche Berg- und Küstengebiete zurückzogen und klug getarnte Gottesdienste feierten, Kinder tauften und den Glauben weitergaben, bis sie in den fünfziger Jahren des 19. Jahrhunderts wieder Kontakte mit ausländischen Missionaren aufnehmen konnten.

Diakonenweihe bei den Steyler Missionaren in Japan (2004)

Steyler Missionare in Japan (2005)

Einen Einblick in die heutige Situation kann das Beispiel der von mir 1987 gegründeten Industriepfarrei Anjo am Rand des Toyota-Autozentrums geben. Der Pfarrgemeinderat unter der Leitung des gewählten Vorsitzenden ist das Rückgrat des Pfarrlebens. Er sammelt die monatlichen Abgaben der Gläubigen ein und begleicht damit die Kosten für Unterhalt und Erneuerung der Kirche; er sucht Gläubige für die verschiedenen Aufgaben wie den Unterricht der Erstkommunionkinder oder in den Sonntagsschulklassen; er koordiniert die Beiträge der Japaner, Brasilianer und Philippiner zum Pfarrleben; er plant gemeinsame internationale Gottesdienste mit anschließenden Partys, besonders an den hohen Festtagen; er pflegt die notwendigen überpfarrlichen Kontakte in der Diözese; er engagiert qualifizierte Frauen, die Brautpaare in die natürliche Familienplanung einführen; er regelt die Kirchenreinigung und die karitativen Einsätze im Dienst der Obdachlosen.

Ein anderes Beispiel sind die katholischen Professoren an meiner Universität, die nur knapp ein Zehntel des Lehrkörpers ausmachen und durch ihre Präsenz doch den katholischen Charakter der Schule entscheidend bestimmen. Sie sind auch diejenigen Katholiken, die als Fachleute vor Presseleuten und Politikern den christlichen Standpunkt überzeugt und überzeugend darstellen müssen. Oder schauen wir auf die Leiterinnen der Hunderte von Kindergärten in kirchlicher Regie, deren liebevolle Pädagogik und stilles Hinführen der Kinder zum Beten über die ihnen anvertrauten Kleinen hinaus oft auch auf die Eltern ausstrahlt.

Ebenso dürfen die katholischen Schriftsteller des 20. Jahrhunderts nicht außer Acht gelassen werden. Autoren wie Endo Shusaku oder Sono Ayako waren Autoren ersten Ranges, die von Millionen Japanern gelesen wurden und das Bild des Christentums und der katholischen Kirche mit bestimmten.

Katholische Laien waren es, die sich der geächteten Dorfbevölkerung der Burakumin besonders annahmen oder vor 25 Jahren Hunderte von Bootsflüchtlingen aus Vietnam freundlich aufnahmen und verpflegten, bis diese Arbeit und Wohnung gefunden hatten, inmitten der Frostigkeit und Interesselosigkeit der staatlichen Behörden, die keine Paragrafen finden konnten, hier außerordentliche Hilfe zu leisten. Im Übrigen muss ich selbst bekennen, dass die knapp 100 Erwachsenen, die ich vor der Taufe unterrichten und in das kirchliche Leben einführen durfte, mir fast alle von den Gläubigen zugeführt wurden. Mir wäre auf jeden Fall um die japanische Kirche nicht bang, wenn eines Tages wieder alle Priester des Landes verwiesen würden.

Kapitel IV

Ausblick

Gedanken eines »Außenstehenden«

P. Dr. Sigfrid Klöckner ofm

Die Arbeit an einer solchen Dokumentation, das Wiederbetrachten dessen, was vielen schon von gestern scheint, lässt die Gedanken in mancherlei Richtung schweifen. Nun steht man vor der Wahl, diese zurückzupfeifen oder aber mit sich und dem bei der Arbeit Erfahrenen einen Weg der Prüfung zu gehen. Letzteres will ich tun und einiges benennen, was mir auffiel.

Jemand, der von außen kommt und Vergleiche anstellt, gewinnt leicht den Eindruck, die Mission habe in Japan nichts verändert. Zudem ist das Land in seiner Hinwendung auf das Ökonomische und den Kampf um wirtschaftliche Vorteile derart diesseitig blockiert, dass die christliche Botschaft kaum anzukommen scheint. Der nüchterne Betrachter sieht so vor allem die Statistik und spricht – mit Bewunderung für das Engagement – sein Bedauern ob der geringen Erfolge aus.

Dann nimmt der Mitfühlende wahr: Es gibt auch eine andere Realität vor Ort, vielleicht bescheiden, aber lebendig. Und es wird klar: Ohne den Dienst der Beharrlichen und Demütigen gäbe es diese Zeichen der Hoffnung nicht. Und ohne Hoffnung kann man auch bei rasanten Entwicklungen und Fortschritten dieser Welt nicht leben, Hoffnung auf sich erfüllenden Sinn, wie sie diese kleine Schar verbreitet.

Doch auch dabei kann der kritisch Nachdenkende nicht bleiben. Was motiviert jene, die andere motivieren sollen oder wollen? Die Gewohnheit, einen religiösen Dienst zu leisten, kann es nicht sein. Bewunderung durch Mitlebende nutzt sich ab. Vitalität und Energie verbrauchen sich. Es muss ein Besonderes sein, was auch dann noch wirkt, wenn anderes aufhört zu tragen.

So weit mein erster Gedanke beim Rückblick. Dazu kommt ein Weiteres: Highlights, wirkliche Höhepunkte des kirchlichen Lebens, scheinen in einem solcherart eher bescheidenen Alltag selten. Der derzeit laufende Versuch, künftig sonntags alle Einzelstationen zu einer gemeinsamen Eucharistiefeier einzuladen, eröffnet mit Sicherheit die Chance, durch bewusste liturgische Gestaltung eine größere Feierlichkeit zu erreichen. Wo Kleingruppen die Regel sind, läuft ja vieles auf sehr meditative und schlichte Formen hinaus. Und bei aller inneren Größe, die diesen innewohnt, ist es doch so, dass sie, werden sie zum Regelfall, viel Bescheidenheit, Askese und Selbstdisziplin in der Gestaltung der spirituellen Liturgie erfordern.

Betrachtet man die thuringianische Vergangenheit, fällt auf, dass es – abgesehen von Sapporo mit einer Kommunität und dem Verlag – nur »Einzelkämpfer« gab, bedingt auch durch das missionarische Konzept der Präsenz vor Ort. Die Entwicklung in den letzten Jahrzehnten, besonders die Besinnung auf die Bedeutung des brüderlichen Lebens in Gemeinschaft, hat eine neue Lage geschaffen. Noch gibt es vielerorts organisatorische Probleme, aber der nachdenkliche und nachfragende Besucher spürt die Intention: Es sollen Kommunitäten als Zentren gebildet werden, von denen aus die pastoralen Dienste geleistet werden können. Die Japanische Ordensprovinz legt darauf großen Wert, sucht die Communio vor Ort zu beleben. Franziskanische Berufung als Berufung zu einem brüderlichen Lebensstil soll so auch Ferment für die Christianisierung einerseits und das kirchliche Leben in der Ortsgemeinde andererseits werden.

P. Hilarius Schmelz vor einer Missionsstation (um 1920)

Dass dies auch mit »Wehen« verbunden ist, liegt an der beschriebenen bisherigen »Tradition«, die nicht nur die deutschen Brüder geprägt hat, sondern auch die japanischen Christen. Dennoch – der beschrittene Weg hat eine Chance, denn ohne die bisher schon gezeigte Bereitschaft, gut miteinander zu leben und zu arbeiten, ohne die brüderliche Verbundenheit in Respekt und Liebe, ohne die in der Vergangenheit bewiesene Gehorsamsdisziplin wäre eine neue Akzentuierung gemeinsamer brüderlicher Missionsarbeit unter veränderten Bedingungen nicht möglich.

Das Wirtschaftswachstum in Japan lockte Arbeitsuchende aus anderen Kulturen ins Land. Dies wie auch die Entwicklung zu offeneren Grenzen im Asien der letzten Jahrzehnte führte zu Begegnungen von japanischen Christen mit Schwestern und Brüdern aus Korea und den Philippinen. Damit tauchte ein neues Element der Erfahrung christlichen Lebens auf, das freilich weniger in den ländlichen Gebieten Hokkaidos als in den Zentren Sapporo und Asahikawa, vor allem aber im südlicheren Ballungsraum Japans erkennbar wird. Priester, Ordenschristen und Laien erleben darin Weltkirche deutlicher. Besuche in Korea und auf den Philippinen stärken die Verbundenheit mit der Gesamtkirche und haben Einfluss auf den Binnenkatholizismus.

Diese Offenheit wird insbesondere im »House of Friendship« sichtbar, einer Initiative von P. Manfred Friedrich, die auch zeigt, dass die Mission der Fuldaer Franziskaner fruchtbar bleibt. Diese Mission ist nicht zuletzt eine Mission im sozial-zwischenmenschlichen Bereich, im Dienst an Behinderten und den am Rand der Gesellschaft Lebenden. Dafür stehen die persönlichen Zuwendungen und die Werke ebenso wie Hilfen in anderen Ländern, beispielsweise in Bangladesh.

Andererseits wird angesichts der Planungen für die pastorale Arbeit im ehemaligen Bereich der Fuldaer Kustodie auf Hokkaido deutlich, dass eine Expansion nicht zur Debatte stehen kann. Der zählbare Zuwachs an Christen inmitten der nichtchristlichen Umgebung ist nicht vor allem eine Folge von Taufen neu Bekehrter, sondern beruht weit mehr auf der normalen Bevölkerungsentwicklung. Darüber soll das gelebte und wirksame Zeugnis der Missionare und der einheimischen Christen aber keineswegs gering geschätzt werden.

Die Reflexion eines »Außenstehenden« fragt freilich auch nach dem, was missionstheologisch derzeit von der Kirche bedacht und eingefordert wird. Dazu gehören die Aufgaben der Intensivierung spiritueller Impulse, charismatischer Offenheit und Zuwendung zu den Armen, und im Vordergrund stehen immer wieder zwei Themen: die ökumenische Zusammenarbeit und der interreligiöse Dialog.

Klaus Berger bezeichnet die Glaubensspaltung als »Gottesverrat«. Dass die christliche Mission in nichtchristlichen Kulturen getrennt nach Konfessionen betrieben wird, wird im Alltag als ein Faktum hingenommen und als unabwendbare geschichtliche Entwicklung kommentarlos respektiert.

Diesbezügliche Fragen, durch die Jahrzehnte des missionarischen Dienstes immer wieder aufscheinend, finden keine andere Antwort als jene, die auch wir im Kernland der Reformation haben: Wir bemühen uns um eine loyale Partnerschaft im Dienst des Evangeliums. In den hundert Jahren Mission in Japan wussten die Brüder immer um den Willen Christi. Doch die Konkretisierung wird bei der Verkündigung der katholischen Botschaft ihre Grenzen erfahren haben, und so ist man oft beim Status quo geblieben – wie auch in Europa. Daran hat leider auch das Zweite Vatikanum nichts geändert.

Kurz nach seiner Ankunft in Japan 1967 wird P. Manfred Friedrich in einem buddhistischen Tempel freundlich begrüßt

Inmitten des christlichen Europa ist der interreligiöse Dialog seit einigen Jahren zwar gefordert, hat aber noch keine Breitenwirkung gefunden. Nachdem neben einer oft modisch erscheinenden Hinwendung zum Buddhismus hierzulande auch der Islam im Alltag durch den islamischen Bevölkerungsanteil wahrnehmbarer gelebt wird, scheint vielen nachdenklichen Gläubigen und auch den Kirchenleitungen der Gedanken- und Meinungsaustausch von bekennenden Gläubigen verschiedener Lager ein Gebot der Stunde. Doch noch folgen dem wenige Christen und auch wenige Muslime.

In Japan ist die Zahl der Christen – aller Bezeichnungen – minimal, das öffentliche Leben wird durch buddhistisches und shintoistisches Gedankengut geprägt. Man könnte meinen, dass hier interreligiöser Dialog alltäglich und allgegenwärtig sei. Meine Nachfragen beim Besuch klärten mich jedoch auf: Freilich kenne man einander, und es gebe

Gedanken eines »Außenstehenden«

P. Manfred Friedrich und P. Provinzial Helmut Schlegel vor einem buddhistischen Tempel (2000)

auch Kontakte, aber einen interreligiösen Dialog, wie er von Johannes Paul II. und nun auch von seinem Nachfolger Benedikt XVI. gewünscht werde, den kenne man so nicht. Woran das liegen mag, kann ich nur vermuten.

Neuchristen oder auch Christen der dritten Generation, eingebettet in shintoistisches Brauchtum, der Herkunft nach Buddhisten, verlangt es wahrscheinlich kaum nach dem Gespräch über das Bekannte, Vergangene; oft würden sie nur einseitig das Bekenntnis des neuen Glaubens ablegen. Dies gleicht vielleicht der Frühzeit des »Neuen Weges« in Christus, da man sich auch ganz dem Neuen widmete, ohne das Bedürfnis nach Begegnung mit dem Vergangenen zu spüren.

So haben jene, die »von draußen« kommen, Europäer und Christen aus Amerika, vermutlich viel eher das Bedürfnis, den interreligiösen Dialog zu führen. Ob in dieser Situation Missionare aus dem Westen und aus der Spiritualität des heiligen Franziskus Vorbereiter eines fruchtbaren Dialoges sein könnten und sollten, wäre zu bedenken. Ob auf der Basis dieser Spiritualität vielleicht zukünftig das Miteinander vor Gott neu wachsen könnte?

P. Benedikt Mertens (r.) im Gespräch mit Besuchern der ersten Präsentation der Missionsausstellung der Thüringischen Franziskanerprovinz 2005 in Rastatt

Nach hundert Jahren muss ein Tor für die Zukunft sich öffnen, wenn denn Neues werden soll. Als »Außenstehender« mit einem großen Respekt vor dem, was Brüder in Hokkaido – bzw. in Japan allgemein – gelebt haben, kommt dann auch die Frage nach eventuellen Versäumnissen der Heimat in den Sinn.

Die Bewunderung und den Respekt für die missionarischen Initiativen hat in den vergangenen neun Jahren P. Helmut Schlegel als Provinzial durch publizistische Initiativen sichtbar gemacht und damit Zeichen gesetzt. Die Provinz hat die Brüder nicht vergessen, die Leistungen und Charismen der Brüder sind uns gegenwärtig.

Die Wanderausstellung »Zu den Menschen gesandt« stellt die missionarischen Aktivitäten der Thüringischen Franziskanerprovinz dar und wird seit Juni 2005 im gesamten Provinzgebiet gezeigt

Dennoch frage ich mich seit Jahren, ob die geistige Communio unsererseits nicht zu schwach war. Die Einbindung in die Arbeit vor Ort und die zehrenden Jahre haben oft zu einer nur noch habituellen Nähe geführt – es kam nicht zu gegenseitigen befruchtenden Impulsen. Der innerprovinzielle Dialog hat gefehlt, das verstärkte sich noch mit der Eingliederung in die Japanische Provinz. Wir haben zu wenig unsere Einsicht mit der des anderen verknüpft. Wir haben einander immer wieder angenommen als jemanden, der von außen kommt. Dass hierbei gegenseitig etwas infrage gestellt werden könnte, stand nicht zur Debatte.

Gerade die derzeitigen pastoralen Versuche und Planungen in Hokkaido und innerhalb der Japanischen Provinz zeigen aber auch neue Bedürfnisse. Gewiss, die Altersstruktur in der Heimatprovinz und ebenso der deutschen Brüder in Japan zwingt zur Bescheidenheit in Visionen. Aber das Jubiläum könnte noch einen Impuls vermitteln. Viele Strukturen wandeln sich, die Thuringia geht aller Voraussicht nach in der deutschen Franziskanerprovinz auf, die Rechtsformen ändern sich – aber die Communio der Christen muss bleiben, ja sich in der Globalisierung der Welt verstärken. Eine spirituelle Brücke sollte bleiben und – darauf hoffe ich – wachsen, eine Gemeinschaft des Gebetes, und sie sollte konkret erlebbar sein.

Aktuelle Daten zum ehemaligen Gebiet der Kustodie

Zur Darstellung der 100-jährigen Geschichte der franziskanischen Mission in Hokkaido gehört sicher auch ein kurzer Blick auf die heutige pastorale und kommunitäre Situation. Für einen »Außenseiter« kann dies freilich nur ein »Draufblick« sein, ohne all das zu erfassen, was »innen« seit 1982 geschehen ist.

Die frühere Kustodie bildet heute den Distrikt von Asahikawa, dem Sapporo als eigenständiges Gebilde angegliedert ist. Die Regionaloberen der beiden Guardianate sind die Vertreter des Provinzials, gleichzeitig aber auch in pastoraler Hinsicht Vertreter des Bischofs. Dem Orden inkorporiert sind die Pfarreien Sapporo und Asahikawa-Kamui. Alle anderen – 13 an der Zahl – werden im Auftrag des Bistums seelsorgerisch durch die Franziskaner betreut.

Geplant ist seitens der Japanischen Franziskanerprovinz im Bereich der Insel Hokkaido und des Bistums Sapporo, die beiden Distrikte Asahikawa und Kushiro (im Osten, das ehemalige Missionsgebiet der italienischen Brüder) auf Dauer als Seelsorgegebiet zu übernehmen, wobei je Distrikt drei bis vier Patres vom Kloster aus die Seelsorgestationen (Pfarreien) betreuen sollen. Die Pfarrei Sapporo soll in eigener Trägerschaft der Japanischen Provinz bleiben; dort werden ebenfalls drei Mitbrüder leben.

Eine Statistik zu der Gesamtregion liefert ergänzend folgende Kennzahlen: 1980 waren es 26 Patres und 6 Brüder, 2007 sind es 12 Patres und 2 Brüder; 1980 umfasste das Gebiet 16 Pfarreien eigenständigen Rechts mit insgesamt 3.000 Christen, 2007 15 Pfarreien mit insgesamt 4.400 Christen.

Allerdings lassen sich aus solchen punktuellen Angaben keine Schlüsse zur Dynamik und Vitalität ziehen, sie vermitteln nur ein statisches Bild. Wenn man jedoch bedenkt, dass allein die beiden Städte Sapporo und Asahikawa zusammen eine Einwohnerzahl von etwa zwei Millionen haben, kann man vielleicht die numerische Relevanz der katholischen Präsenz abschätzen.

Mit diesen nüchternen Zahlen vom 22. Februar 2007 wird erkennbar, dass im ehemaligen Gebiet der Kustodie der Thüringischen Franziskanerprovinz auf Hokkaido weiterhin eine missionarische Aufgabe besteht, da auch nach 100 Jahren die katholische Kirche eine extreme Minderheit darstellt.

Die Wandlung des Missionsverständnisses

Interview mit P. Prof. Andreas Tsutomu Fukuda ofm

P. Andreas Tsutomu Fukuda ist als ehemaliger Provinzial der Japanischen Franziskanerprovinz und von den Thuringia-Missionaren hochgeschätzter Mitbruder besonders geeignet, etwas zum Erbe der Thuringia und zu den Perspektiven der Franziskaner in Japan zu sagen. Die Fragen für das nachfolgend wiedergegebene Interview formulierte P. Benedikt Mertens.

Wie stellt sich die Japanische Franziskanerprovinz heute dar, rund 30 Jahre nach ihrer Gründung?
In den letzten Jahren hat die Arbeit der Provinz eine größere Breite und Vielfalt erfahren, doch liegt der Schwerpunkt der Arbeit immer noch in 90 großen oder weit auseinander gelegenen kleinen Missionsgemeinden. Die von eigenen Problemen bedrängten Bischöfe Japans sind verständlicherweise nicht gerade darauf erpicht, durch neue Verträge die auf die immer weniger und älter werdenden Brüder drückende Last zu erleichtern.

Darüber hinaus widmen viele Brüder ihre Zeit und Kraft den Menschen, die im Schatten der dem Fortschritt und Konsum nachjagenden Gesellschaft verloren und vergessen sind, den nur gelegentlich Arbeit findenden »Homeless«, alleinerziehenden Müttern, pflegebedürftigen alten Leuten, den Kranken, den geistig und körperlich Behinderten, den vielen schon im Land geborenen Fremdarbeitern und der großen, außerhalb Japans meist unbekannten Gruppe der »Unberührbaren«. Die Brüder versuchen mit ihnen und unter ihnen zu leben. Und nicht wenige Brüder sind in Japan mit führend in ihrer Arbeit für Frieden und Gerechtigkeit und in der Sorge für den Schutz der Umwelt.

Aufs Ganze gesehen, hat sich die Provinz seit ihrer Gründung in ihrer missionarischen Arbeit stark gewandelt und, vom Zweiten Vatikanum inspiriert, sich den Menschen in der christusfernen Gesellschaft geöffnet. Sie ist dabei auf dem Weg, unter den

P. Manfred Friedrich besucht ein von japanischen Christen unterstütztes Projekt in Bangladesh (2006)

armen und unbeachteten Menschen ihr franziskanisches Charisma zu finden.

Bis in unsere Tage fühlen sich Menschen in Japan von der Lebensweise des heiligen Franziskus angesprochen, und – mag die absolute Zahl auch gering sein – nahezu in jedem Jahr bitten junge Leute um Aufnahme in den Orden. Dagegen ist der Zustrom von Missionaren aus dem Ausland fast versiegt.

Kann das franziskanische Charisma Antworten geben auf die heutige soziale und spirituelle Situation Japans?
Seit der erneuten Öffnung Japans zur Zeit der Meiji-Restauration im

Vogelpredigt des Franziskus

Jahr 1868 wurde die Figur des heiligen Franziskus immer wieder in der japanischen Literatur aufgegriffen und so vielen Menschen bekannt. Viele Japaner empfinden eine gewisse Verbundenheit zu diesem Heiligen. Dabei fasziniert die naturbegeisterten Japaner vor allem der Sonnengesang, also der die Schöpfung besingende Franziskus.

Hektische Betriebsamkeit ist ein Merkmal japanischen Großstadtlebens (Tokyo, 2007)

Nach Ende des Zweiten Weltkrieges hat sich Japan in der Wahrnehmung vieler Menschen zu einem »Economic Animal« entwickelt, einem nur für die Wirtschaft lebenden Wesen. Ich bin davon überzeugt, dass das franziskanische Charisma Möglichkeiten bietet, dieses auf materiellen Gewinn ausgerichtete System wieder stärker geistigen Werten zuzuführen und die Umweltprobleme, die sich aus der gegenwärtigen Lebensweise ergeben, durch eine neue Würdigung der Ökologie einer Lösung näher zu bringen.

Hinzufügen will ich, dass dieses »Economic Animal«, also die einseitig auf Gewinn orientierte Gesellschaft, keine ihr innewohnende Kraft hat, sich aus ihrer verhärteten materialistischen Schale zu lösen. Die franziskanische Lebensform und ihr Ideal der Armut hingegen tragen die Möglichkeit und auch die Fähigkeit in sich, einen Prozess der Umformung des gesellschaftlichen Wertegefühls anzuregen und neu zu gestalten. Gerade in unseren Tagen erkennen viele Philosophen und führende Persönlichkeiten des Buddhismus Franziskus neu als jemanden, der sich von den Fesseln der materiellen Werte gelöst und der Gesellschaft einen neuen Weg gezeigt hat.

Gibt es ein bleibendes Erbe der Thuringia-Missionare in Japan?
Im neuen Aufbruch der Meiji-Zeit hat zugleich mit der Kultur des Westens überraschend schnell auch das wissenschaftlich-rationale Denken und mit ihm eine rein materialistische Weltsicht Wurzeln gefasst. Das Schulsystem wurde vom Staat neu gestaltet, das Thema Religion lediglich dem Geschichtsfach zugeordnet, in allen staatlichen Schulen jegliche Unterweisung in Religion und Ethik bis in unsere Tage hinein untersagt. Dies führte dazu, dass den Menschen Japans – eigentlich aus einer gefühlsmäßig und intuitiv geprägten Kultur stammend, mit einem reichen religiösen Empfinden – eine materialistische und atheistische Einstellung zur selbstverständlichen Grundlage rationalen Denkens wurde.

Für einen Japaner unserer Tage ist der Glaube an die Existenz eines personalen Gottes nichts weiter als ein Aberglaube. Aufschlussreich ist hier eine Erhebung des NHK, der öffentlich-rechtlichen japanischen Sendeanstalt, nach der sich nur 33 Prozent der Japaner als religiös, 65 Prozent dagegen als religionslos bezeichnen.

In dieser säkularisierten, religionslosen Umwelt hatten die von einer langen Entwicklung geprägte Glaubenstiefe der thuringianischen Missionare, ihr missionarisches Feuer und ihr franziskanisch geprägtes Leben bei einer ersten Begegnung

Das christliche Gottesbild ist für die meisten Japaner völlig fremd (hier: Dreifaltigkeit, sogenannter Gnadenstuhl, Meister von Meßkirch, Meßkirch um 1540. Diözesanmuseum Rottenburg-Stuttgart)

einen ungeahnten Einfluss auf die Japaner. In der nachkonziliaren Zeit waren die mit innerer Sicherheit, ruhiger Selbstverständlichkeit und Glaubenskraft arbeitenden Thuringia-Missionare für viele verunsicherte Priester, Ordensleute und Christen eine unschätzbare Hilfe.

Welche Veränderungen gab es im Missionsverständnis und der Arbeitsweise der Franziskaner in Japan in der Zeit seit der Gründung der Provinz?
Im Jahr 1991 nahm ich am Generalkapitel des Ordens im nordamerikanischen San Diego teil. Ich erinnere mich noch gut an das Grundsatzreferat zum Thema »Missionarische Verkündigung heute«. Die Grundthese war, dass sich nach dem Zweiten Vatikanum die Missiologie erheblich weiterentwickelt habe, vor allem die Verwurzelung der Teilkirchen in der Kultur der verschiedensten Länder, der interreligiöse Dialog und die Wahrnehmung der zur Befreiung des Menschen führenden inneren Kraft des Samens des Wortes Gottes sowie die Erkenntnis, dass der Same des Wortes Gottes bereits dem Menschen innewohnt – »in-volution«. Diese werde nun zur Basis der missionarischen Verkündigung. Das hat mir sehr zu denken gegeben. Der Referent schloss mit den Worten der »re-evolution«: Die Verkündigung müsse in Zukunft, das traditionelle Missionsverständnis überdenkend, neue revolutionäre Wege finden.

Dieser »Same des Wortes Gottes« (λόγος σπερματικός) wurde im Vatikanum zum Göttlichen Samen und beinhaltet, dass dem Menschen, da er ja nach dem Bilde Gottes geschaffen ist, von Natur aus dieser »Göttliche Same« innewohnt. Und im Menschen ist ein unbewusstes Sehnen, diesem Gott zu begegnen. Mit anderen Worten, das vom östlichen Denken geprägte Wort vom »Innewohnenden Gott« hat seine Bestätigung erfahren, und im Hinblick auf die soziale Situation der Gesellschaft hat die missionarische Verkündigung und »Evangelisierung der Öffentlichkeit« durch das Eintreten für »Gerechtigkeit und Frieden« einen überraschenden Ausdruck gefunden.

Vom Zweiten Vatikanum und den Erneuerungsbewegungen im Orden angeregt, dachten auch die Brüder in Japan über ihren persönlichen Lebensstil und die Art ihrer Missionsarbeit neu nach und suchten nach spezifisch franziskanischen Formen missionarischen Lebens. Es war die Suche nach der franziskanischen Identität, einem neuen franziskanischen Selbstbewusstsein, ein ernstes Mühen, dem Leben des heiligen Franziskus nahe zu kommen.

Neue missionarische Berufungen wurden wach. Junge und auch ältere Brüder wurden nach Sri Lanka, Brasilien, Kenia, Malawi, Pakistan, Korea, Südafrika und ins Heilige Land ausgesandt, und darüber hinaus begann die Provinz, ihren Reichtum und ihre Armut mit anderen Provinzen zu teilen.

Während des Provinzialats von Pius Honda suchte im Geiste des Zweiten Vatikanums eine große Zahl von Brüdern mit den Menschen zu leben, die, von der japanischen

Gesellschaft ausgestoßen, in Slums und am Straßenrand lebten und auch starben. In diesen Jahren waren in vielen Provinzen Bewegungen zu beobachten, die manchmal extrem und auch ideologisch erschienen, verbunden mit der Neigung, sich in rein politische Aktivitäten verstricken zu lassen. Die nach einem unserer Zeit entsprechenden franziskanischen Charisma suchende Japanische Provinz machte die gleichen Erfahrungen.

Eine wichtige Aufgabe meiner Zeit als Provinzial war es in den folgenden Jahren, einerseits die auf radikale Weise das Charisma suchenden Brüder und andererseits diejenigen Brüder, die deren Lebensweise emotional ablehnten, wieder zusammenzuführen. Darüber hinaus machte sich die Provinz Gedanken, wie bei dem auf sie und die ganze japanische Kirche zukommenden Schwund an geistlichen Berufungen die missionarische Evangelisation im kommenden Jahrhundert aussehen könnte. So suchen wir uns gegenseitig anzunehmen, Einheit in der Vielfalt der Wege zu finden und die Pluralität der Lebens- und Arbeitsweisen nicht als Element der Spaltung, sondern als Bereicherung zu empfinden.

Der nächste Provinzial Joachim Maegawa mühte sich in vielen Begegnungen und Gesprächen, durch gebietsübergreifende Versetzungen und durch die stärkere Betonung gemeinsamen Lebens, die noch anhaltende Isolation und Fixierung vieler Brüder auf »ihre« Missionsgebiete zu überwinden und mit Geduld zu einem gemeinsamen Provinzbewusstsein, zu einer inneren Einheit zu führen. Unter der Führung des gegenwärtigen Provinzials Michael Yuzawa waren die Brüder schließlich bereit, ihr unabhängiges Finanzsystem aus der Zeit der ehemaligen selbstständigen Missionsgebiete aufzugeben und alle Finanzquellen in eine Hand zusammenfließen zu lassen. 30 Jahre nach der Gründung der Provinz können unsere Brüder nun sagen: »… und sie hatten alles gemeinsam«.

Gibt es Überlegungen zu einer speziell »franziskanischen« Pfarrarbeit? Macht es überhaupt einen Unterschied, ob Franziskaner oder Weltpriester eine Pfarrei leiten?
Hier möchte ich die von der Armut geprägte Lebensweise hervorheben. Im materiellen Lebensstil, dem Umgang mit Geld und dessen Bewertung ist ein wesentlicher Unterschied zur japanischen Gesellschaft nicht zu übersehen. Auch die Christen unserer Gemeinden spüren, dass die Brüder für die Gemeinschaft und von der Gemeinschaft leben und keine augenfällige Anhänglichkeit an »ihr« Geld erkennen lassen. Die Weltpriester dagegen müssen sich persönlich um die Ausgaben für das tägliche Leben sorgen und sind von der Unsicherheit ihrer Altersversorgung belastet. Und so haben für sie finanzielle Einnahmen und Bankanlagen verständlicherweise eine größere Bedeutung.

Um unser Bemühen um brüderliches Leben und gegenseitige Hilfe werden wir auch von vielen Weltpriestern beneidet, und auf die Christen der Gemeinden hat der brüderlich liebevolle Umgang eine große Anziehungskraft.

Die Vergangenheit war davon geprägt, dass die Brüder oft alleine auf ihren Stationen gelebt haben. Gibt es eine Tendenz, franziskanisches und missionarisches Leben aus der Gemeinschaft heraus zu gestalten?

In den Jahren vor und auch nach der Gründung der Provinz wurden den verschiedenen, den jeweiligen Heimatprovinzen der ausländischen Missionare zugeordneten Kustodien durch die japanischen Bischöfe weite Gebiete und viele Pfarreien anvertraut – eine Entwicklung, die dem neu erwachten Verlangen nach gemeinsamem Leben sehr im Wege

Die zentrale Botschaft des Generalkapitels der Franziskaner 2003 in Assisi, noch mehr als bisher zur »Bruderschaft in Mission« werden zu wollen, wurde beim Generalkapitel 2006 bestätigt (Aufnahme von 2003)

stand und auch nicht kurzfristig rückgängig gemacht werden konnte. Um Schwerpunkte gemeinsamen Lebens zu setzen und die von der Provinz erstrebte organisatorische Form besser zum Ausdruck zu bringen und im Bewusstsein der Brüder zu verankern, wurden jeweils Gruppierungen gebildet, denen der Titel »Guardianat« oder »Niederlassung« zugeordnet wurde. Um darüber hinaus das Bewusstsein zu vertiefen, Teil einer Gemeinschaft und Provinz zu sein, wurden die Brüder gedrängt, auf die wöchentlichen oder wenigstens monatlichen gemeinsamen Tage größten Wert zu legen.

Weltgebetstreffen der Religionen in Assisi 1986 vor der Portiunkulakapelle in der Kirche Santa Maria degli Angeli

Von dem Beschluss des Generalkapitels von 2003 »Keinem Bruder ist es gestattet, allein zu leben« inspiriert, wurden nach dem Provinzkapitel 2004 alle Brüder zu kleinen Kommunitäten von drei bis fünf Brüdern zusammengefasst, wozu größere Gemeinschaften ausgedünnt wurden. Diese Entwicklung war zwar auch vom zunehmenden Alter der Brüder mitbedingt, doch achtete die Provinzleitung zugleich darauf, allein lebende Brüder bei einem Neuauftrag jeweils in eine Gemeinschaft einzugliedern und andererseits den Brüdern einer Kommunität einen missionarisch-pastoralen Auftrag in einer nicht zu weit entlegenen Gemeinde zu geben.

Die steten Bemühungen der Provinz sind nicht vergeblich gewesen. Das zeigt auch die geäußerte Freude der Brüder im ehemals »italienischen« Takada sowie in Asahikawa an ihrer neu erlebten franziskanischen Gemeinsamkeit: eins im Gebet, im Gebrauch des Geldes und der pastoralen Sorge um die doch oft weit entfernt lebenden Menschen.

Gibt es eine japanische »Gestalt« des Franziskanerseins? Inwieweit können die spirituellen Quellen Japans das Franziskanersein inspirieren? Wo gibt es da konkrete Berührungspunkte?
Einem in der überlieferten Kultur aufgewachsenen Japaner ist der westliche Begriff eines die Welt übersteigenden transzendenten Gottes fremd und unverständlich, für einen der Welt innewohnenden Gott dagegen, als dem höchsten Wesen, dem wir in der Tiefe unseres Herzens begegnen, hat er ein feines Empfinden und oft auch ein offenes Herz.

Die Wandlung des Missionsverständnisses

Diese Erfahrung entspricht auch der Lehre des Zweiten Vatikanums, dass jedem Menschen der göttliche Same – »logos spermatikos« – innewohnt und aus der Tiefe seines Seins zum Menschen spricht. Das hat für die Verbreitung des Wortes Gottes eine enorme Bedeutung und öffnet uns zudem Wege zu interreligiösem Dialog.

1986 haben sich in Assisi, der Stadt des Heiligen Franziskus, der im Gegensatz zu den Menschen seiner Zeit den Sarazenen in Frieden und Wohlwollen begegnet ist, erstmals Vertreter aller Religionen zu einem Friedensgebet zusammengefunden. Seit jenem Ereignis hat der Heilige auch im japanischen Buddhismus starke Sympathien gefunden und uns die Möglichkeit zu interreligiösen Gebetskreisen und Dialogen geschenkt. In dieser Begegnung der Religionen sehe ich den innewohnenden und wiederum transzendenten Gott und gleichzeitig auch die Spiritualität, das Herz unseres heiligen Franziskus.

Japanischer Franziskus

Weiterhin erspüren viele naturverbundene Japaner in der unberührten Natur eine Schönheit und ein Geheimnis, das sie Göttliches ahnen lässt. Und ich wünsche mir, dass

Japanische Landschaft (2000)

wir Brüder des Heiligen, der für uns die Sonne und die ganze Natur besungen hat, das Herz dieser Japaner nicht vergessen und uns beim Schutz der Umwelt nicht nur mit den rein ökologisch-wissenschaftlichen Aspekten befassen, sondern mit den Augen und dem Herzen des Franziskus dem Geheimnis der Natur ganzheitlich begegnend die franziskanische Spiritualität mehr und mehr in uns Wirklichkeit werden lassen.

Was bewegt junge Männer in Japan, in den Franziskanerorden einzutreten? Was sind ihre Erwartungen, was ihre kreativen Ideen?
Zu diesem Thema haben wir vor kurzem unsere in der Ausbildung stehenden jungen Brüder mit Hilfe eines Fragebogens befragt. An erster Stelle steht die Begegnung mit franziskanischen Brüdern. Typisch ist die Antwort: »Den ersten und entscheidenden Einfluss hatte die Persönlichkeit meines Pfarrers. Sein missionarischer Eifer und die Art seines Lebens haben mich stark beeindruckt.«

Eine wichtige Rolle spielen sicher auch verschiedene Erwartungen und Einstellungen der jungen Leute heute. Im Gegensatz zur früheren Generation ist unter den heutigen Studenten keine Opposition zum Staat, eher eine Nüchternheit oder auch ein latentes Desinteresse zu erkennen. Was ihr Berufsziel oder ihren Platz in der Gesellschaft angeht, haben sie oft keine festen Vorstellungen, sondern interessieren sich für verschiedenste

Koreanische Christen in Japan

Möglichkeiten und Wege. Die Idee, in der Öffentlichkeit einen hervorgehobenen Platz einzunehmen, ist dabei für viele ohne Anreiz. Hinzu kommt ein vages Misstrauen gegenüber der ausschließlichen Wertschätzung des wirtschaftlichen und finanziellen Erfolges in der materialistisch orientierten japanischen Gesellschaft, das in fast allen jungen Menschen zu finden ist.

In dieser inneren Situation kann die Begegnung mit einem Franziskaner belebend wirken, in den jungen Leuten neues Interesse wecken und den Blick für neue Möglichkeiten eröffnen. Gerade für junge Leute, die zumindest unbewusst nach einer Lebensalternative zu der materielle Werte als erstrebenswertestes und oberstes Ziel sehenden japanischen Gesellschaft suchen, hat das franziskanische Charisma einen besonderen Reiz.

Zudem belasten der zunehmende Zerfall der Familien und immer häufiger beobachtete innerfamiliäre kriminelle Handlungen die Vertrauensfähigkeit junger Menschen. Und so weckt die Begegnung mit den in Gemeinschaft lebenden Brüdern in ihnen auch das Verlangen nach vertrauensvollem brüderlichem Umgang, nach Wärme und Geborgenheit.

Wie viele japanische, wie viele ausländische Franziskaner arbeiten in Japan? Wie viele japanische Brüder arbeiten im Ausland?
Derzeit umfasst die Provinz 124 Brüder, davon 38 Ausländer, von denen wiederum 37 Priester sind. Unter den japanischen Brüdern gibt es derzeit (Stand 1.5.2007) 83 ewige und 2 einfache Professen sowie 1 Kandidaten; 69 sind Priesterbrüder. Im Ausland arbeiten 8 Brüder, je einer im Heiligen Land, in Brasilien, Pakistan, Korea, Russland und auf den Philippinen sowie 2 in China.

Wo liegen die größten Herausforderungen für die katholische Kirche in Japan im Allgemeinen und insbesondere für die Japanische Franziskanerprovinz in den nächsten 20 bis 30 Jahren?
Seit dem Zweiten Vatikanum hat die japanische Kirche das Motto »Eine für die Probleme der japanischen Gesellschaft offene Kirche«. In einer völlig unchristlichen Umwelt lebend, steht sie dabei vor der Herausforderung, mit dem japanischen Staat und einer am Christentum nicht sonderlich interessierten Gesellschaft in gegenseitigem Austausch einen gemeinsamen Weg zu finden.

Der Neuaufbruch der Kirche im Nachkriegsjapan hatte ja keine zehn Jahre angedauert. Parallel zum steten Wirtschaftswachstum und den steigenden Einkommen der Menschen nahm die Zahl der Taufen von Erwachsenen rapide ab. Schon seit langen Jahren liegt die bescheidene Gesamtzahl der Katholiken bei 0,3 Prozent und die Zahl aller Christen dürfte kaum an ein Prozent heranreichen. Diese zahlenmäßige Stagnation der japanischen Kirche spiegelt sich natürlich auch in einer geringer werdenden Zahl der Brüder in der Provinz.

Diese Fotos zeigen die Essensausgabe im Armenviertel Kamagasaki in Osaka im Jahr 2007. P. Urban Sauerbier schreibt dazu: »Der in ganz Japan bekannte ›Männerslum‹ Kamagasaki ist ungefähr 3 km von unserem Franziskanerkonvent in Osaka entfernt. Wegen der Weltausstellung 1970 in Osaka wurden dorthin rund 20.000 bis 30.000 Menschen, fast ausschließlich Männer, ›ausgesiedelt‹. Es sind keine Obdachlosen im eigentlichen Sinne, sondern Menschen auf der Flucht – meist wegen Überschuldung bei Geldverleihern. Menschen ohne Namen: Sie sind nirgendwo mehr gemeldet und damit abgeschnitten von jeder staatlichen Unterstützung.
Aus Sicherheitsgründen wissen zumeist nicht einmal ihre Familien, wo sie leben.
Mafiagruppen haben das Gebiet des Männerslums aufgekauft und dort sehr teure Wohnhöhlen gebaut – 1 m hoch, 1 m breit und 2 m tief. Dort hausen viele der Männer, unter ihnen sind zahlreiche hochgebildete Menschen. Die Mafia verleiht sie an Unternehmen und behält die Hälfte des Lohnes, den sie für ihre Schwerstarbeit bekommen, ein. Dadurch besteht kaum eine Möglichkeit, aus diesem Teufelskreis zu entkommen.
Wir Franziskaner haben vor über 30 Jahren in diesem Slumviertel ein Haus aufgebaut, in dem sich täglich 200 bis 300 Menschen aufhalten. Die Menschen waschen sich dort, lesen oder können sich eine Suppe kochen. Unser ehemaliger Provinzial P. Pius Honda beispielsweise schneidet den Männern die Haare und ist wie andere Brüder als Ansprechpartner, Hausmeister und ›Mädchen für alles‹ dort. Hierbei und bei der täglichen Essensausgabe für 1.000 bis 1.500 Menschen vor dem Haus engagieren sich ehrenamtlich viele Mitglieder unserer Gemeinde, insbesondere zahlreiche Frauen.«

Seit Beginn dieses Jahrhunderts stellt sich der Kirche ein weiteres Problem, nämlich das stetige Anwachsen des fremdländischen Bevölkerungsanteils. So übersteigt die Zahl der Katholiken vor allem aus dem südamerikanischen Raum, aus Korea und von den Philippinen bei weitem die Zahl unserer japanischen Christen und stellt somit neue pastorale Anforderungen. Die japanische Kirche bemüht sich, diesen oft ohne Visum und ohne jeden legalen Schutz in Japan lebenden und dem wirtschaftlichen Missbrauch ausgelieferten Menschen gegenüber den staatlichen Instanzen und auch der Willkür einer einheimischen Mafia beizustehen, sie trotz aller sprachlichen Schwierigkeiten spirituell zu betreuen und ihnen in den Gemeinden eine neue Heimat und Geborgenheit zu geben.

Hier liegt wiederum eine große Herausforderung für die Brüder unserer Provinz: Den Menschen, die, um der Armut oder auch anderen Problemen zu entgehen, Arbeit suchend nach Japan gekommen sind und auch hier in Unsicherheit und Isolation leben, ihre persönliche Nähe anzubieten – aber auch die Hilfe von Anwälten, Ärzten etc. zu vermitteln oder ihnen im Kontakt zu staatlichen Behörden oder der Polizei zur Seite zu stehen. Hier leisten die Brüder, die sich intensiv für Frieden und Gerechtigkeit engagieren, den Menschen in den in ganz Japan bekannten Slums von Osaka-Kamagasaki und Tokyo-Sanya einen großen Dienst.

Es gibt aber auch innere Herausforderungen für die Provinz: In den Jahren vor der Errichtung der gemeinsamen Provinz hatten die Brüder aus Deutschland, Kanada, Italien und so weiter ihre ganze missionarische Kraft in den von zwölf Heimatprovinzen abhängigen Kustodien und Missionsgebieten eingesetzt und über lange Jahre alle Verträge für ihren jeweiligen missionarischen Arbeitsbereich mit den staatlichen Behörden und den Diözesen eigenständig geschlossen.

Daher waren die Lösung von den alten Strukturen und der Zusammenschluss zu einer Provinz nicht nur mit großen gefühlsmäßigen, sondern auch mit enorm langwierigen organisatorischen und legalen Schwierigkeiten verbunden. Erst Ende des letzten Jahres konnten die in Jahrzehnten entstandenen vielfältigen Körperschaften öffentlichen Rechts und damit auch alle Finanzen der bereits 30 Jahre bestehenden Provinz zusammengefasst werden. An diese Entwicklung anknüpfend, kann das diesjährige Provinzkapitel nun die Herausforderung angehen, die organisatorische und missionarische Situation von Grund auf neu zu überdenken.

Die Provinz zielt darauf hin, im Einvernehmen mit den Bischöfen die Verantwortung für viele der gut 80 Pfarreien und den Auftrag eines Bischofsvikars für ganze Gebiete an die Diözesen zurückzugeben, so die den brüderlichen Zusammenhalt erschwerende weite Ausdehnung der Provinz zu straffen und alle Brüder zu kleinen missionarischen Gemeinschaften gemäß der Vorgabe »Fraternity in Mission« zusammenzufassen.

So hat die Provinzleitung in den letzten drei Jahren gezielt fünf kleine, lebensfähige Einheiten in Tokyo geschaffen, in denen alte und jüngere Brüder in gegenseitiger Hilfe miteinander leben, sich monatlich zusammenfinden und zusammen mit Ordensschwestern und Christen der Gemeinden missionarisch-pastorale Projekte planen und durchführen. Die Provinz versucht auf diesem Wege, im gegenseitigen Austausch unter den Brüdern das franziskanische Charisma zu vertiefen, um die Gemeinschaften zu missionarischen Zeichen unter den Menschen, zu »Fraternity in Mission« werden zu lassen.

In vielen Gesprächen und Konferenzen sind die Brüder dabei, ein gemeinsames Verständnis und eine innere Einheit zu schaffen, um das 100-jährige Jubiläum als wirkliche Gemeinschaft von Brüdern zu begehen, das auf uns zukommende Provinzkapitel den Herausforderungen unserer Zeit zu öffnen und zu einem neuen Aufbruch werden zu lassen.

Welche Erwartungen an die Zukunft haben Sie vor diesem Hintergrund?
Es ist ein Geschenk, dass die japanische Kirche unter dem Druck der beschriebenen Verhältnisse zu einem erweiterten und vertieften Verständnis von Evangelisation gefunden hat. Nicht allein die Verkündigung der Botschaft und Hinführung zur Taufe, sondern ebenso die Erneuerung des Wertempfindens in der Öffentlichkeit, verbunden mit einer größeren Nähe zu den Armen und Ausgestoßenen der Gesellschaft wurde von der gesamten japanischen Kirche als wesentlicher Teil missionarischer Evangelisation anerkannt.

Koreanische Katholiken in Ikuno

Auch in der nächsten Zeit wird die Kirche in Japan »eine kleine Herde« bleiben. Neuaufnahmen in den Orden werden weniger, und auch der Zuzug junger Brüder aus auswärtigen Provinzen ist wohl kaum mehr zu erwarten. Dazu sind in den Jahren viele Brüder von uns gegangen, die einen in ihre irdische, andere in die himmlische Heimat, und wieder andere haben uns den Rücken zugekehrt und den Orden verlassen. In den priesterarmen Gemeinden übernehmen die Christen mehr und mehr organisatorische und auch missionarische Verantwortung. Doch sind die japanischen Christen traditionell stark auf den Priester hin orientiert. Und unsere nun 124 Brüder, von denen zwar viele reich an Alter und Weisheit, aber nur wenige jung sind, sehen sich mit unerfüllbaren Erwartungen von Bischöfen und Gemeinden konfrontiert, dass sie die Arbeit der vor 30 Jahren noch 265 Brüder meist jüngeren Alters fortführen.

Letztlich ist Umkehr oder geistliche Berufung nicht durch menschliches Planen und Wirken zu erreichen. Doch können diese freien Geschenke Gottes durch menschliche Faktoren und Bemühungen unterstützt werden. Einige scharfe Beobachter der japanischen Kirche sehen eine wesentliche Ursache für die derzeit schwierige Situation der japanischen Kirche auch im Verhalten der Ordensleute und Christen selbst: Statt der erlösenden Kraft und vorsehenden Liebe und Güte Gottes bedingungslos und gläubig zu vertrauen, verlieren sie sich an die Wertvorstellungen ihrer diesseitig orientierten Umgebung und leben für finanzielle Sicherheit und Erfolg.

Doch wird Gott gewiss auf die vielen Menschen schauen, die für das Kommen des Reiches Gottes Tag für Tag ihre schwachen Kräfte einsetzen und ihre Mühen nicht vergeblich sein lassen. Daher werden wir uns in dieser hoffnungslos scheinenden Lage der Glaubensverkündigung entschieden auf die Seite Gottes und das Fundament des Glaubens stellen müssen und einen Gegenentwurf zu dieser Welt präsentieren. Dann könnte eben daraus die Quelle zu einem neuen Aufbruch erwachsen. Ich bin überzeugt, dass die gegenwärtige Entwicklung, die uns mit Sorge in die Zukunft schauen lässt, in der Hand Gottes zu einer gekrümmten Linie, einer Kurve werden könnte, die wieder zum Ziel führt: zu einer – wie vom Zweiten Vatikanum angeregt – sich den gegenwärtigen Problemen der Welt öffnenden Kirche und zu einer franziskanischen Bruderschaft, die ihr ursprüngliches Charisma entdeckt und die Kraft findet, »in pluritate unitas« – bei aller Verschiedenheit in brüderlicher Einheit zu leben.

Das würde gewiss auch dem Wort entsprechen, das von der im letzten Jahr in Asien tagenden, das 800-jährige Jubiläum des Ordens im Jahr 2009 vorbereitenden Kommission geprägt wurde: Das Kennzeichen, die Identität unserer Bruderschaft ist »Fraternity in Mission«.

Das Zweite Vatikanische Konzil und die letzten Generalkapitel unseres Ordens schenkten uns ein neues Ziel, eine Vision, und die Japanische Provinz ist auf dem Weg, wenn auch in vielen kleinen Schritten, diese Vision in ihrem Leben und Arbeiten Gestalt finden zu lassen.

Zum Schluss: Die Existenz der Provinz in Japan verdanken wir im Besonderen den ausländischen Missionaren, die unsere fast durchweg als Erwachsene getauften Brüder in einer Atmosphäre tiefen Glaubens geführt und geprägt haben. Ihre Freude an der Ausbreitung des Glaubens, ihr steter Eifer in der missionarischen Arbeit haben in den Brüdern der Provinz, Gott sei es gedankt, reiche Frucht getragen.

Hundert Jahre – und was jetzt?
Einige autobiografisch geprägte Überlegungen

P. Helmut Schlegel ofm

Es war gegen Ende der fünfziger Jahre, ich verbrachte meine Schülerjahre mit Gleichaltrigen – und in etwa auch Gleichgesinnten – im Franziskanerkolleg St. Antonius zu Rottweil und besuchte das Albertus-Magnus-Gymnasium in derselben Stadt. Von uns Schülern im Internat wurde erwartet, dass wir uns nach dem Abitur für den Ordens- und Priesterberuf entscheiden würden. Entsprechend wurden wir erzogen. Die morgendliche Messe gehörte zum Grundbestand eines jeden Tages, das regelmäßige Gebet auch, die franziskanischen Feste prägten den Jahresrhythmus. Und so sickerte Franziskanisches fast von selbst in unser Herzblut. Zu den Highlights unseres bescheidenen Schülerdaseins gehörten gelegentliche Besuche von Urlaubsmissionaren aus Brasilien oder Japan. Damals kamen die meisten noch per Schiff und hatten eine lange Reise hinter sich, einen Heimaturlaub konnten sie sich nur alle fünf Jahre erlauben. Wir Buben, die wir die große Welt nur aus Büchern und Zeitschriften kannten, betrachteten diese Männer wie Wesen von einem anderen Stern. Es wurde ganz still in der Aula des Kollegs, wenn sie ihre Geschichten erzählten – von wochenlangen Reisen zu Pferd durch den Urwald in Mato Grosso, von Begegnungen mit Bären im winterverschneiten Hokkaido, von Indianern, die in abgeschiedenen Reservaten lebten, von den Ainu, den

Gorheim, 1965: Der ehemals in China tätige Missionsbischof P. Edgar Häring (vorne rechts)

Haboro (um 1964)

Ureinwohnern der japanischen Nordinsel, die von der industriellen Zivilisation mehr und mehr verdrängt wurden. Ich erinnere mich an die Besuche »unserer Missionsbischöfe« P. Edgar Häring (ehemals China) und P. Wunibald Talleur (Brasilien) in den Internaten Riedlingen und Rottweil. Mit Pontifikalämtern, Theateraufführungen, Fototerminen und Lichtbildervorträgen wurden solche Tage für uns Jugendliche zu unvergesslichen Erlebnissen.

Schüler im Studienheim Riedlingen mit Missionsbischof P. Wunibald Talleur, Brasilien (um 1960)

Und doch: Die Events und Abenteuergeschichten waren nur die Außenfassade meiner frühen Missionsbegeisterung. Selbst als Internatsschüler im jugendlichen Alter spürte ich etwas anderes im Hintergrund: Da waren Männer, die an vorderster Front der christlichen Bewegung standen. Deren Leben ein unübersehbares Zeugnis für Christus war. Die sich mit den entrechteten Landarbeitern in Brasilien und den unterbezahlten Fischern auf Hokkaido solidarisierten. Die der tropischen Sonne trotzten und in verschwitzten Kutten bis in die Dörfer im tiefsten Urwald vordrangen, um Beichte zu hören, Messe zu feiern, Kranke zu besuchen, Hinterbliebene zu trösten, Paare zu trauen und Kinder zu taufen. Ihre Motivation und ihr sozialer Ansatz basierten auf dem christlichen Gottes- und Menschenbild: Den Menschen ein erlöstes Dasein zu ermöglichen, ihnen das Heil und den Frieden des Evangeliums anzubieten – ein Heil und ein Friede, die Leib und Seele und Zeit und Ewigkeit tangieren, die wirtschaftliche, soziale und existenziell-religiöse Sehnsüchte stillen, das war ihr Ziel.

In Japan bauten die Missionare mitten in einer nichtchristlichen Gesellschaft nicht nur Kirchen und Gemeinden, sondern auch Kindergärten, Armenküchen, Schulen, Hochschulen und Hospitäler auf. Bibel- und Musikinstitute, Bibliotheken und Forschungseinrichtungen ermöglichten die Aus- und Weiterbildung von Katechetinnen und Katecheten Kirchenmusikern, Priestern und Ordensleuten. In meiner Erinnerung sehe ich heute noch die Lichtbilder von kleinen Bretterkirchen neben Geschäftshäusern und prachtvollen Tempeln, von neu getauften Erwachsenen, die in festlichen Kleidern und in tiefer Ergriffenheit vor dem Altar standen, von Mädchen und Jungen, die mit bunten Lampions in den Händen beim Kindergartenfest Gebete sprachen und Lieder sangen. – Das katholische Japan, zahlenmäßig ein Zwerg in einem Heer von Riesen, scheute sich nicht, in dieser weltanschaulich pluralistischen Gesellschaft selbstbewusst aufzutreten und im Konzert der Stimmgewaltigen eine eigene Melodie zu singen.

Jene Urlaubsmissionare aus Japan waren meine erste Berührung mit dem, was wir heuer, im Jahr 2007, hundertjährig feiern – die Japan-Mission der Thuringia. Die Spuren, die sie in meiner religiösen Entwicklung hinterließen, sind biografisch nicht unerheblich. Als 15-Jähriger hatte ich eine klare Option: Wenn ich mich denn für den Ordenseintritt entscheiden werde, dann möchte ich in die Mission gehen, und zwar nach Japan. Während des Studiums der Philosophie und Theologie wurde der Wunsch lauter. Ich setzte mich mit der japanischen Kultur auseinander und begann, Englisch zu pauken – Voraussetzung für das Erlernen der japanischen Sprache. In München fand ich einen Kursus »Japanisch für Anfänger« an der Universität, ein Jahr lang quälte ich mich durch den geheimnisvollen Grammatikwald und durch das Unterholz unzähliger Schriftzeichen. Ziemlich abrupt endete dieses Unterfangen und mit ihm auch mein Missionswunsch.

Ich habe den Satz noch im Ohr, den ein kompetenter Mitbruder Ende der sechziger Jahre orakelte: Mission bedeute nach dem Zweiten Vatikanum nicht mehr die »Bekehrung

Mission bei den Ainu (Fotos aus den Anfängen)

Die Versuche franziskanischer Missionare zur Christianisierung der Ainu (Urbevölkerung Nord-Japans) zu Beginn des 20. Jahrhunderts konnten die kulturellen Schranken nicht überwinden; vorherrschend blieb der von den Frauen getragene Schamanismus. Heute leben noch rund 27.000 Ainu in Japan, davon 24.000 in Hokkaido.

der Heiden«, sondern ein friedliches interreligiöses Miteinander. Mission sei nicht mehr die Einbahnstraße von Europa nach Übersee, sondern der Aufbau von Ortskirchen mit eigenständiger Struktur und Kultur. Die Zukunft der japanischen Kirche stehe nicht unter dem Stern der Missionare, sondern der japanischen Christen. Und darum, so folgerte der Mitbruder, werde die Thuringia wohl keine Missionare mehr dorthin schicken.

Und so kam es auch: Seit Ende der sechziger Jahre ist tatsächlich kein Thuringianer mehr nach Japan ausgesandt worden. Die Motive dafür sehe ich allerdings weniger in der Konzilstheologie begründet als in der seitdem rapide gesunkenen Zahl an Ordensberufungen.

Eine kleine Milieustudie zur Nachwuchsfrage in der neueren Thuringia

Noviziat der Thuringia (Salmünster, 1964)

Im Blick auf die Herkunft der seit der Wiederbegründung der Thuringia im Jahre 1894 eingetretenen Brüder fällt auf, dass die Milieus, aus denen diese Berufungen kamen, ziemlich leicht festzumachen sind. Sie kamen entweder aus dem Nahbereich eines Fran ziskanerklosters und erlebten die Franziskaner in ihrer Pfarrei oder im Religionsunterricht oder auf einer Jugendfahrt oder wo auch immer. Oder aber ihre Berufung wurde über eines der Internate gefördert. Die Zahl der Städte, in denen die neuere Thuringia, zum Teil über Jahrzehnte, zum Teil für nur kurze Zeit, Schülerheime unterhielt, ist beachtlich: Hadamar, Fulda, Ottbergen, Sigmaringen, Riedlingen, Rottweil, Watersleyde, Großkrotzenburg (die beiden Letzteren mit eigenen Gymnasien). Die Kollegsschüler rekrutierten sich weitgehend aus den Umlandgemeinden der Klöster, und nicht selten war der Erstkontakt über einen »Terminarius« (Bettelbruder) entstanden. Dieser hatte neben dem Auftrag, Kartoffeln, Eier, Äpfel und Wurst zu sammeln, auch eine wichtige seelsorgliche Funktion: Er war so etwas wie ein pastoraler Brückenbauer zwischen seinem Kloster und den Menschen in den Dörfern. Ihm erzählten diese von ihren Krankheiten, bestellten Messen für ihre Verstorbenen und ließen sich sogar in Ehe- und Familienfragen beraten. Selbstverständlich wies der Bruder Terminarius katholische Familien mit heranwachsenden Kindern auf die franziskanischen Internate hin. Für die Eltern bedeuteten diese die Chance einer guten menschlichen und religiösen Erziehung für einen oder auch mehrere ihrer Sprösslinge und einen finanziell verkraftbaren Zugang zur höheren Schulbildung. Gab der Ortspfarrer seinen Segen, waren die Schulzeugnisse des Jungen passabel und konnte er (und mit ihm seine Eltern) die Erwartung des Ordens, nach erfolgreichem Abitur ins Noviziat zu gehen, zumindest intentionaliter mit Ja beantworten, dann stand seiner Aufnahme ins franziskanische Studienheim nichts entgegen. Eine nicht geringe Zahl der heute 60- bis 95-jährigen Brüder unserer Provinz fand auf diesem Weg zu den Franziskanern. Ich selbst gehöre auch dazu.

Tatsache ist, dass sowohl für Berufungen aus den Internaten als auch für solche aus dem unmittelbaren Dunstkreis unserer Klöster das Motiv »Missionar werden« eine herausragende Rolle gespielt hat. Im Franziskanerorden, der als der größte der Missionsorden gilt, nimmt die mitteleuropäische Konferenz (derzeit 14 Provinzen in Belgien, Frankreich, Österreich, Rumänien, Ungarn, Deutschland, den Niederlanden und der Schweiz) in puncto missionarische Aktivität die vordersten Plätze ein. Dabei hält die Thuringia, was die Zahl der Missionare angeht, mit heute noch 20 Aktiven den Rekord in der Konferenz. Ohne Zweifel prägte die »missio ad gentes«, wie offizielle Kirchendokumente heute die Auslandsmission nennen, das Profil dieser Provinz in der neueren Geschichte ganz erheblich, und dies gilt eben auch für ihre Berufungspastoral.

Bis in die sechziger Jahre hatte der Provinzial, soweit es die Zahl der jungen Brüder zuließ, jährlich je einen Jungmissionar nach Mato Grosso und Hokkaido ausgesandt. Selbstverständlich wusste jeder Bewerber, dass sich die Mission in Japan ganz anders gestaltet als jene in Brasilien. Die einen wurden von der schwierigen Sprache, von der so fremden Kultur und der Belastung, zu einer religiösen Minderheit zu gehören und in sehr kleinen

Gemeinden zu wirken, eher abgeschreckt. Auf andere übte eben dies alles eine besondere Faszination aus. Wer heute die Liste der Japan-Missionare von 1907 bis 2007 durchsieht, stellt fest, dass sich viele in den Bann ziehen ließen.

Der japanische Katholizismus heute – Ansichten und Rückfragen

Als Provinzial hatte ich zweimal das Glück, die Brüder in Japan besuchen zu dürfen. Die meisten aus der Thuringia stammenden Missionare leben und wirken auf der Insel Hokkaido. Was von den Besuchen bei mir haften blieb, kann ich nur Eindrücke nennen. Flüchtige Bilder, Schnappschüsse, im schnellen Vorübergehen festgehalten. Jeder, der mehr weiß, kann sie also infrage stellen, kann sie zerreißen und für ungültig erklären. Nach zweimal drei Wochen Rundreise durch ein Land, das 4.000 Kilometer lang ist und dessen klimatische Verhältnisse ebenso gegensätzlich sind wie seine religiösen und kulturellen, bleibt nicht viel »Materie« für eine fundierte Analyse, zumal meine Besuche auf Kontakte mit franziskanischen Brüdern und ein paar katholischen Gemeinden fokussiert waren.

Bei tieferem Graben ragen dann doch einige Wahrnehmungen aus meinem Erinnerungsfeld heraus, die in meinem pastoralen Sensorium nachhaltige Spuren hinterlassen haben: Bilder tauchen auf vom Franciscan Chapel Center im Tokyoter Stadtteil Roppongi, wo die Franziskaner ein internationales religiöses Zentrum unterhalten, vom Institut für Kirchenmusik Sei Gregorio, erbaut von unserem Mitbruder Gereon Goldmann, das in der kirchenmusikalischen Ausbildung hervorragende Arbeit leistet, vom Haus der Freundschaft, von unserem Mitbruder Manfred Friedrich in Sapporo gegründet, das der internationalen und damit auch der interreligiösen Begegnung unter Studentinnen und Studenten und anderen Ausländern dient, vom kleinen franziskanischen Zentrum in Kyoto, von wo aus die Franziskaner Obdachlose versorgen, von der Stadt Tenri, in der eine neue Religionsgemeinschaft einen Cocktail aus althergebrachten religiösen Praktiken und modernen Bildungskonzepten mixt und Tausende junger Menschen gewinnt, von Nagasaki, in Japan »Stadt der Christen« genannt – ein Ort, der mich jedes Mal elektrisiert hat, weil von ihm eine geheimnisvolle Inspiration ausgeht, angefangen von jenem Platz, wo im Jahre 1597 der Franziskaner Petrus Baptista Blasquez zusammen mit fünf Mitbrüdern, drei Jesuiten und 17 Laienchristen wegen ihres Glaubens hingerichtet wurde, bis hin zu der kleinen Hütte, in der der Arzt und Christ Dr. Takeshi Nagai nach dem Abwurf der Atombombe seine letzten Lebensjahre verbrachte und ein Dutzend großartiger Bücher für den Frieden schrieb. Am meisten haften in meiner Erinnerung jedoch die Bilder von japanischen Christen, denen ich in ihren Gemeinden begegnet bin. Es ist nichts Auffälliges über sie zu berichten – und das ist wohl gerade das Besondere: Sie leben ihren Glauben in Stille, Schlichtheit und Hingabe.

Wie gesagt, ich sehe in all diesen Erfahrungen zu wenig Stoff, um daraus ein brauchbares Konzept zu schneidern. Ich wage es dennoch, meine Eindrücke zu ordnen und zu gewichten. Ist es nicht so, dass die geografische Lage und Beschaffenheit eines Landes auch sein religiöses Profil prägen? Ein zerklüftetes Inselreich, erdbebengeschüttelt, mit Tausenden Uferkilometern, riesigen Wäldern, gewaltigen Vulkanen und heißen Quellen – in der religiösen Landschaft finde ich vieles davon wieder: felsenmäßig ewige Rituale, zerklüftete Wertesysteme, exotische Vielfalt der Formen, höfliche Distanziertheit, heftige Eruptionen aus Emotion und Gewalt – von allem etwas. Kein klares Bild, europäische Strukturdenker haben keine Chance.

Br. Fidelis Hofmann und P. Provinzial Helmut Schlegel beim Besuch einer Tempelanlage in Kyoto (2000)

Japan scheint mir dennoch nicht das Land des unbegrenzten religiösen Marktes zu sein. Die breit gefächerte Wertetoleranz ist nicht so sehr eine Frucht erkämpfter Liberalität, die die individuelle Autonomie zum obersten Gebot erhebt. Bei aller Vielfalt präsentiert sich das ethisch-religiöse Leben der Japaner nicht fließend wie in Europa, sondern eher erratisch wie der Fuji, hölzern wie die alten Tempel und unberechenbar wie das nächste Erdbeben. Die Aufklärung hat Ostasien nicht berührt, und so wird wohl kaum ein Japaner den shintoistischen Schicksalsglauben oder den buddhistischen Totenkult hinterfragen oder die heiligen Schriften einer historisch-kritischen Untersuchung unterziehen. Religion im Sinn einer re-ligio, im Sinn von personaler Bindung an einen persönlichen Gott, vom Bewusstsein des Geschaffenseins, von einer Ethik aus personaler Verantwortung – für die Mehrzahl der Japaner ist Religion in diesem Sinn ein Fremdwort.

Freilich existiert ein Wertesystem, aber es ist anders bestückt. Ethik bedeutet Wahrung überlieferter Traditionen, Pflichtbewusstsein, Arbeitsmoral, Handeln aus familiärer oder kultureller Verbindlichkeit. Auf diesem Boden haben es kritische Geister schwer,

Gemeindeleben in Japan heute

etwa jene, die nach der Verantwortung und Wiedergutmachungspflicht den Koreanern und Chinesen gegenüber fragen, gegen die Japan einen brutalen Angriffskrieg geführt hat.

Erstaunlich, dass sich das Christentum und speziell die katholische Kirche hier überhaupt etablieren konnten. Vor allem die Berichte von der ersten christlichen Blütezeit im 16. Jahrhundert muten wie Wundererzählungen an. Die damals entstandenen Gemeinden überlebten sogar die 300-jährige Verfolgungszeit. Zu Beginn des 20. Jahrhunderts setzte ein neuer Aufschwung ein. Nach dem Zweiten Weltkrieg schnellte die Zahl der Konversionen und der geistlichen Berufe sprunghaft empor. Der Katholizismus war für viele Japaner eine Alternative: das personale Gottesbild, die Wahrheit der Erlösung durch Jesus Christus, die Gemeinde als Ort der gemeinschaftlichen Glaubenspraxis, verbindliche Dogmen, eine weltweite Kirche, ein Wertesystem, das auf persönliche Verantwortung setzt und auf der Liebe basiert, die Solidarität den Notleidenden gegenüber.

Wer heute als Fremder in eine japanische Christengemeinde kommt, spürt noch etwas von diesem Zauber. Es ist eine besondere Atmosphäre, vergleichbar dem Duft von Weihrauch oder dem klangvollen A des ersten Geigers vor dem Konzert, das vom Orchester in einen schwebenden Klangteppich verwandelt wird. Es wird still im Saal. So ähnlich ging es mir beim Betreten einer dieser kleinen Kirchen, in der sich die Christen zum Gottesdienst versammelten. Die Art und Weise, wie sie beten, sich verneigen, die Hände falten, die Kommunion empfangen, hat etwas von der Leichtigkeit eines Ikebana-Gestecks und ist doch zugleich tief und ernst. Man mag als Europäer manche Ausdrucksformen als konservativ, ja fast als vorkonziliar einstufen, dahinter verbergen sich jedoch bewusst vollzogene Lebensentscheidungen. Die Ruhe auf den Gesichtern der Frauen, Männer und Kinder, ihre Ehrfurcht und spirituelle Sammlung, ihre Schlichtheit, der eitle Selbstdarstellung fremd ist, die Selbstverständlichkeit, mit der sie sich am Gemeindeleben beteiligen und engagieren – so können nur Menschen sein, die von Gottes Wirklichkeit ergriffen sind.

Und wie geht es weiter? – Desiderate in alle Richtungen

Während ich diesen Aufsatz schreibe, spüre ich so etwas wie Wehmut, ein Gefühl wie »Das war so, und das wird in Zukunft ganz anders sein«. Keine Frage: Der japanische Katholizismus hat sich in den letzten vierzig Jahren stark verändert. Westlicher Indifferentismus, konsum- und wirtschaftsorientierte Präferenzen, der Kampf um internationales Ansehen, Einflüsse moderner Sekten und vieles andere haben auch in der japanischen Seele Spuren hinterlassen. – Dennoch oder gerade deshalb möchte ich nach hundert Jahren thuringianischer Missionspräsenz im Land der aufgehenden Sonne ein paar Geburtstagswünsche formulieren. Ich richte sie an die Christen in Japan, und ich richte sie auch an uns Europäer.

a) Missionstheologische Standortbestimmung

Mission ist eine zweispurige Straße, ein Hin und Her, ein Geben und Nehmen. Wir haben in den letzten hundert Jahren vieles bekommen und vieles gegeben, und wir brauchen auch in Zukunft das missionarische Wechselspiel der Weltkirche. Wie also entfachen wir von Neuem die Dynamik gegenseitiger Bereicherung? Wie entflechten wir den Knoten der allgemeinen kirchlichen Sprachenverwirrung in Sachen Missionstheologie?

Um bei der letzten Frage zu beginnen: Dass eine missionstheologische Standortbesinnung – gerade im franziskanischen Lager – dringend angebracht ist, wurde mir beim außerordentlichen Generalkapitel unseres Ordens, das im September 2006 in Assisi stattfand, besonders deutlich.

Genügt der interreligiöse Dialog? Genügt es, in der Vielfalt religiöser Angebote als Christen präsent zu sein? Zielt der Sendungsauftrag des Evangeliums nicht darauf hin, den Gekreuzigten und Auferstandenen als die »Zielgerade« auf dem Heilsweg zu verkünden? Solche Fragen haben die Kapitulare kontrovers diskutiert. Das ist gut so. Ein Ende der Diskussion ist nicht abzusehen.

Während die Missionare früherer Zeiten rigoros und sogar gewalttätig zu Werke gingen, weil sie glaubten, nur ein getaufter Christ könne gerettet werden, lassen sich nicht wenige Theologen und Seelsorger heute von übertriebener Bedächtigkeit daran hindern, in der Klarheit des Evangeliums Christus als den Erlöser zu predigen. Im interreligiösen Dialog sind in Inhalt und Sprache klare Standpunkte weitaus hilfreicher als in Watte gepackte Nettigkeiten. Wenn es stimmt, dass der christliche Humanismus jenes Menschenbild entwirft, das den Menschen sein wahres Selbst finden lässt, weil er eben auf Jesus Christus hin entworfen ist, dann sind wir Christen nicht nur berechtigt, sondern auch verpflichtet, Christus und das christliche Menschenbild »bis an die Grenzen der Welt« zu verkündigen. Mission in diesem Sinn ist weder Indoktrination noch Geringschätzung anderer Lebensentwürfe, sie ist Treue zum Auftrag des Herrn. Christliche Mission kann nicht anders verstanden werden als die Fortsetzung des Weges Jesu, der kam, um »den Armen das Evangelium zu bringen«.

b) Pastorale Kreativität und missionarischer Mut

Diesem Verständnis widerspricht nicht der Wunsch, dass wir die pastorale Praxis weitherziger, einfallsreicher, kreativer anlegen. Warum die Berührungsängste im interreligiösen Dialog? Wer verbietet uns, mit Angehörigen nichtchristlicher Religionen zu beten, wie es Johannes Paul II. in Assisi getan hat? Ist Gott nicht unser aller Vater, der die Sprache jedes Menschen, jeder Kultur und jeder Religion versteht? Hat nicht Jesus zur Samariterin gesagt, dass die Stunde kommt, zu der der Vater »weder auf diesem Berg noch in Jerusalem« (Joh 4,21) angebetet werden wird, vielmehr werden »die wahren Beter den Vater anbeten (…) im Geist und in der Wahrheit« (Joh 4,23)?

Wie kommt es, dass in unseren Städten die (meist esoterischen oder nichtchristlichen) Gebetsstätten aus dem Boden schießen, während sich die Großkirchen weitgehend mit der »Betreuung der Betreuten« begnügen? Es ist doch höchste Alarmstufe, wenn wir seit Jahren feststellen, dass eine ganze Generation – jene zwischen 30 und 55 – in unseren Gottesdiensten kaum mehr vertreten ist. Es kann nicht sein, dass wir den herkömmlichen »frommen Betrieb« aufrechterhalten und das Aufgabenfeld »Mission« sträflich vernachlässigen.

Ein Blick nach Japan: Ich erinnere mich noch gut an jene »Schrecksekunde«, da mir ein Mitbruder ein sogenanntes Hochzeitshotel mit Hochzeitskirche zeigte. Was ich sah, war eine Art sakrales Gebäude mit einem großen Kreuz auf dem Dach. Mein Mitbruder erklärte mir: Viele Japaner wollen hier ihre Hochzeit feiern, und sie bitten uns, sie zu segnen – auch wenn sie nicht getauft sind. Eine Reihe katholischer Priester und Repräsentanten anderer christlicher Konfessionen leisten auch bei anderen Feiern Nichtchristen geistliche Assistenz. Eltern bringen ihre Kinder, vor allem die Drei-, Fünf- und Siebenjährigen, gerne zum Shimbu-san (so nennen sie den katholischen Priester), damit er sie segne.

Ähnliches kennen wir ja auch von Europa: Menschen bitten um den Segen an runden Geburtstagen, um das Gebet im Krankheitsfall und an Lebenswenden oder auch für eine nichteheliche Partnerschaft. Aus Angst, die Inhalte unserer Liturgie und Moral aufzuweichen, tun wir uns mitunter schwer damit. Es muss freilich gut nachgedacht und klug gehandelt werden bei der Einführung neuer Liturgien und Rituale. Aber die Begleitung von Menschen, die spirituell aufgeschlossen sind, jedoch nicht zur Kerngemeinde gehören, darf nicht weiterhin auf dem »Vorplatz« der »eigentlichen« Pastoral stattfinden. Ein Japan-Missionar sagte mir sinngemäß: Es gilt, präsent zu sein, aber auch viel Geduld zu haben in einer nichtchristlichen Gesellschaft.

c) Persönliche Glaubenszeugnisse und überzeugende Lebensmodelle

Noch etwas hat mich in Japan beeindruckt – und damit will ich zum Anfang, das heißt zur Frage der Ordens- und Priesterberufe, zurückkehren. Zu keiner Zeit konnten die Franziskaner in Japan in ihrer Arbeit auf ein katholisches Milieu setzen. Wer sich in Japan entscheidet, Christin oder Christ zu werden, wer gar einen geistlichen Beruf wählt, tut dies in ganz persönlicher Entscheidung. Wenn ich es richtig wahrgenommen habe, war dafür oft das Zeugnis eines Bruders oder Priesters, einer überzeugenden Christin oder eines überzeugenden Christen maßgeblich. Der japanische Katholizismus lebt von Vorbildern. Von starken Persönlichkeiten. An ihrer moralischen Integrität, gläubigen Lebensfreude und solidarischen Nächstenliebe ist der »Mehrwert« des christlichen Glaubens ablesbar.

Im postchristlichen Europa wird es nicht anders sein. Es wird weniger Berufungen geben als Mitte des 20. Jahrhunderts, das ist schon allein durch die sinkende Kinderzahl bedingt. Was aber zählen wird, ist das überzeugende Lebensmodell derer, die sich für Christus entscheiden. Und derer, die einen geistlichen Beruf gewählt haben.

Ich möchte überzeugende Entschiedenheit nicht verwechselt wissen mit jener bleiernen Ausstrahlung, die manche Christinnen und Christen und auch manche Hirten hierzulande an den Tag legen. Sie geben sich gequält pflichtbewusst, zeigen mit müden Augen, dass sie sich für unersetzbar halten, und leiden unter einem ansteckenden Sorgenfaltensyndrom. Von der »Freiheit der Kinder Gottes«, wie sie Paulus verheißt, ist da nichts zu spüren. Um noch einmal einen autobiografischen Exkurs zu machen: Für mein Christsein und für meine Berufswahl waren jene Frauen und Männer maßgebend, die ohne Lärm und Selbstdarstellung ihren Glauben lebten, die ob der Sorge um die wirklich

Notleidenden das Kreisen um ihr eigenes Selbst verlernt hatten, die Humor hatten, spielen und albern sein konnten, denen die Sorge um die Zukunft der Menschheit wichtiger war als kirchliche Binnenprobleme, für die die Menschen, denen sie begegnet sind – egal wer und wie sie waren –, Vorrang vor Riten und Moralvorschriften hatten und in denen ich mit meinen bescheidenen Menschenkenntnissen einfach ein gutes Herz entdecken konnte.

Das St. Gregorius-Institut für Kirchenmusik

Veronika Chikako Hashimoto

Im Jahr 1979 begründete der Franziskanerpater Gereon Goldmann in Tokyo das St. Gregorius-Institut für Kirchenmusik. Religiöse und liturgische Musik war für ihn ein wichtiges Instrument zur Stärkung und Verbreitung des christlichen Glaubens.

Seit der Gründung unterstützte Frau Veronika Chikako Hashimoto P. Gereon in der Leitung des Hauses, seit 1995 ist sie die Rektorin des Instituts; die geistliche Betreuung haben seither die Missionsbenediktiner der Kongregation von St. Ottilien unter Erzabt Jeremias Schröder OSB übernommen.

Für diese Dokumentation baten wir Frau Hashimoto um einige Worte zur Arbeit des Instituts.

P. Gereon Goldmann St. Gregorius-Institut. Er betreute von 1954 an die Gemeinde St. Elisabeth in Tokyo und wirkte von 1978 bis 1994 im St. Gregorius-Institut, dessen Gründer er war.

Das Besondere der Kirchenmusik ist, dass ihr Sinn im Lob Gottes zur Erbauung der Gläubigen liegt. Die Verehrung des ewigen Gottes und das Gebet ist ihre Quintessenz. Das erste Ziel des Gregoriushauses ist daher zwar die Ausbildung von Kirchenmusikern, aber in der Nachfolge von Pater Gereons Überzeugungen wird der Kern all unserer Arbeit immer in der Feier der Liturgie zu finden sein. Daher wird St. Gregorius von drei wesentlichen Elementen geprägt: Gebet, Studium und Lehre.

Obwohl ein besonderer Schwerpunkt unseres Studienangebots die traditionelle Kirchenmusik ist – kann doch eine moderne japanische Kirchenmusik nur aus der Kenntnis dieser Tradition und in der Auseinandersetzung mit ihr begründet werden – und wir uns liturgisch stark an der klösterlichen Spiritualität des Mittelalters, also am gregorianischen Gesang, orientieren, bemühen wir uns auch, Einflüsse aus der traditionellen japanischen Kultur aufzunehmen. Dazu gehört auch das gemeinsame Musizieren mit buddhistischen Priestern und Tempelangehörigen.

Daneben legen wir großen Wert auf freundschaftliche Kontakte mit den anderen christlichen Gemeinschaften in Japan. Diese Zusammenarbeit ist für das Gregoriushaus sehr bedeutsam und ein Teil unseres einzigartigen Konzepts. Eine besondere Rolle spielt dabei die evangelische Kommunität Imshausen, mit der P. Gereon seit seiner Jugendzeit enge Kontakte pflegte.

Wir beten und lernen so miteinander im ökumenischen Geist.

Der Chor des Institutes bei einer Aufführung

Ansicht des St. Gregorius-Institutes

Ausbildung von Kirchenmusikern

Schon über 130 Absolventen haben unsere Kirchenmusikabteilung besucht. Seit November 2005 sind wir an die Hochschule für katholische Kirchenmusik und Musikpädagogik in Regensburg affiliiert. Dies eröffnet uns die Möglichkeit, die Abschlüsse »Diplom in Katholischer Kirchenmusik (B)« (bisher drei Absolventen) und »Kirchenmusik-Prüfung nach der Prüfungsordnung (C)« (bisher vier Absolventen) anzubieten.

Zwar ist »Kirchenmusiker« in Japan noch kein Beruf, von dem man leben könnte; dennoch tragen sich alljährlich bis zu 30 Schüler bei uns ein, um zu lernen, wie sie durch eine schöne und erhebende Begleitung der Liturgie ihren Beitrag für die Kirche leisten können. Die Ausbildung dauert zwischen drei und fünf Jahren.

Unsere Schüler der Kirchenmusik kommen aus allen Teilen des Landes, von Hokkaido im Norden bis Kyoto im Süden. Daneben bieten wir unter anderem verschiedene Kurse für Klavier und Orgel, Gesang und Chor an.

Ausstattung

Die Kapelle, die ungefähr 150 Personen aufnehmen kann, bildet das Zentrum unseres Instituts. Um sie herum gruppieren sich fünf Unterrichtsräume, die Bibliothek, Übernachtungsmöglichkeiten für bis zu 25 Studenten, eine Mensa und mehrere Gästezimmer für Dozenten. Neun Lehrbeauftragte sind regelmäßig bei uns tätig.

Das architektonische Konzept umfasst einen Bereich für die Zusammenführung von Gebet und Musik, einen Bereich für das gemeinschaftliche Gebet – die Kapelle – und

Außenansicht des St. Gregorius-Institutes. Die Liturgie und der Glauben stehen im Mittelpunkt.

einen dritten Bereich für die Ausbildung und Unterbringung der Schüler. Der Glockenturm verbindet diese Bereiche, während der für die Öffentlichkeit zugängliche zentrale Platz und der innere Gemeinschaftsgarten durch einen Weg abgetrennt sind, der den Eindruck von Tiefe vermittelt.

In der Kapelle steht auch unsere kleine, aber wertvolle Jürgen-Ahrend-Orgel, auf der unsere Schüler vom Morgen bis zum Abend üben können. Der Grundriss der Kapelle formt einen Viertelkreis. Dieser Kreis setzt sich außerhalb fort, wobei der Altar im Zentrum der Gesamtstruktur steht.

Mit nur 1.800 Quadratmetern ist unser Komplex nicht sehr groß, enthält aber alles, was wir benötigen.

Akademische Arbeit

Noch ist der Anteil echter akademischer Forschungsarbeit gering. Wir befassen uns dabei insbesondere mit der traditionellen japanischen Kultur, mit dem Ziel, Elemente für eine stärker in dieser Tradition verwurzelten Liturgie zu entwickeln.

Seit über 20 Jahren besteht unser Chor, der jeden Sonntag in unseren Gottesdiensten Proprium und Ordinarium singt. Für ihn wollen wir Loblieder komponieren, die auf der japanischen Kultur und Tradition aufbauen. Dazu müssen wir die Quintessenz solch traditioneller japanischer Loblieder analysieren und begreifen.

Daneben pflegen wir natürlich weiter die Gregorianik, durch die wir die liturgischen Traditionen der katholischen Kirche und den Sinn des Gebetes besser zu erfassen lernen. Ein Ergebnis dieser Beschäftigung sind bisher sieben CDs mit gregorianischen Gesängen, vorgetragen durch unseren Chor.

Wichtige Eckpunkte unserer Arbeit markieren der jährliche Master-Orgelkurs und der Chor-Workshop; für beide können wir regelmäßig namhafte Musiker aus dem Ausland als Leiter gewinnen, was viele japanische Musiker aus allen Teilen Japans anlockt. Auch bei dieser Gelegenheit tragen wir unsere liturgischen Gesänge vor. Dabei erleben nicht wenige Teilnehmer zum ersten Mal eine solche Liturgie.

Alljährlich findet zudem ein viertägiger Kirchenmusik-Sommerkurs statt, dieses Jahr zum 25. Mal. Die 70 Teilnehmer kamen aus ganz Japan, von Hokkaido im Norden bis Kyushu im Süden. Schon letztes Jahr hatten wir bei dieser Gelegenheit Videos von P. Gereons Vorlesungen über Liturgie gezeigt, die wir 1993 aufgenommen hatten. Da dies sehr inspirierend auf die Teilnehmenden wirkte, haben wir diese Aufzeichnungen auch in diesem Jahr wieder eingesetzt.

Nach P. Gereons erstem Herzinfarkt 1992 machten wir uns große Sorgen um seine Gesundheit. Damals begannen wir, seine Vorlesungen auf Video aufzuzeichnen. Er war nicht nur ein Mann von hervorragenden liturgischen Kenntnissen, sondern vermittelte auch Sicherheit im Glauben und leidenschaftliche Liebe. Seine Vorlesungen haben viele Hörer tief beeindruckt und berührt. Ich selbst habe seine Vorlesungen mehrmals gehört und jedes Mal Neues in ihnen entdeckt.

Videovortrag (aufgezeichnet 1993) von P. Gereon Goldmann beim Kirchenmusik-Sommerkurs 2006

Und obwohl nun bereits 13 Jahre vergangen sind, seit er nach Deutschland zurückgekehrt ist – und vier Jahre seit seinem Tod – hat er so immer noch großen Einfluss auf uns.

Im Gregoriushaus versammeln sich heute nicht nur Katholiken, sondern viele Menschen unterschiedlicher Konfessionen. So kommen auch evangelische Pastoren, Lutheraner, Reformierte und Freikirchliche zu uns, um sich durch Liturgie und Musik Gott zu öffnen.

P. Gereon gründete unser Institut, um die Verkündigung von Gottes Wort durch die Musik und die feierliche Gestaltung der Liturgie zu unterstützen. Wir sehen heute die Erfolge dieser Arbeit in vielen kleinen, aber stetigen Schritten. Ich hoffe, dass wir dieses spirituelle Erbe bewahren und ausbauen können.

100 Jahre Kirchenmusik

Vor 100 Jahren kam P. Kinold aus Fulda nach Japan; 1929 wurde er der erste Bischof von Sapporo. Damals kaufte er für die Kathedrale ein gutes, französisches Harmonium. Er soll gesagt haben, man brauche ein gutes Instrument, um die Liturgie gut zu feiern. Seither wurde dieses Harmonium bei vielen Gottesdiensten eingesetzt. Nun ist es nach einem langen Weg endlich zu uns ins St. Gregorius-Institut gelangt. Anlässlich der Jubiläumsfeier »100 Jahre Japan-Mission der Thüringischen Franziskanerprovinz« im Herbst 2007 habe ich daher ein Harmoniumkonzert mit diesem Instrument bei uns im Haus geplant.

Die Samen, die von Fulda aus gesät wurden, haben hier Knospen getrieben. Ich glaube, P. Gereon hatte immer Bedenken, ob er als Missionar seine Arbeit auch gut genug getan habe. Doch diese Angst war grundlos: Seine Arbeit hat überall in Japan Früchte getragen.

Meditationsraum

Summaries

要約　第1章

「フランシスコ会テューリンゲン（フルダ）管区日本宣教百年についての歴史的概観」

　寄稿論文1 a)から c)はフランシスコ会テューリンゲン管区の日本宣教百年を年代的に記述している。
　フランシスコ会士アンドレア・福田勤神父、すなわちフランシスコ会日本管区のかつての管区長はその「日本におけるフランシスコ会士宣教史」の章の中で特に日本における教会と社会の発展について述べている。彼は、イエズス会士フランシスコ・ザビエルの1549年の日本到着から書き起こし、この島国日本において何世紀にもわたるキリスト教徒弾圧の歴史について概観し、今日の日本におけるフランシスコ会の現状についてまでを述べている。テューリンゲン人フランシスコ会士パウルス・ヘーゲル神父は「初期の1907年から1985年に日本管区ができるまで」の寄稿において、フランシスコ会テューリンゲン管区の日本宣教における宣教上の出来事や発展を年代順に詳細に記述する。
　上記2つの寄稿で扱われている非常に重要な出来事は、
－1549年、フランシスコ・ザビエルによって初めて日本にキリスト教宣教がなされた。
－1597年、将軍豊臣秀吉によって26人が殉教し、その中にフランシスコ会士ペトロ・バプティスタがいたこと、そしてこれらの殉教者が1627年に福者に、さらに1862年に聖人に列せられた。
－1907年1月、マリアの宣教者フランシスコ修道会の霊的指導者としてフランシスコ会総長によってパリ管区から派遣されたモーリス・ベルタン神父とテューリンゲン管区から派遣されたヴェンツェスラウス・キノルト神父が日本に到着した。
－1908年9月、日本において最初のフランシスコ会修道院が北海道の札幌において設立された。
－1911年、北海道全区が宣教地区としてテューリンゲン管区に委ねられ、1929にそれが代牧区に昇格した。
－1945年、第二次世界大戦が終わり、日本に信教の自由が導入された。
－1971年、12のさまざまな管区下にあって宣教に携わるフランシスコ会の日本連合が設立された。
－1977年12月16日に日本人殉教者を戴くフランシスコ会日本管区設立。

－1985 年、それまで、テューリンゲン管区所属だったドイツ人フランシスコ会士が日本管区に入り、全体として、これまで非キリスト教の環境にあってドイツやそのほか欧米のフランシスコ会士たちによってなされてきた歴史的挑戦や発展が、フランシスコ会日本管区ができたことによって、日本人兄弟がみずからの文化圏で責任をもって担うものとなった。

1c）では、以前はテューリンゲン管区に、1985 年以降は日本管区に所属するフランシスコ会士ウルバン・サワビエ神父が、旭川のフルダ管区が日本管区に統合されてからの 20 年に光を当てている。この期間の出来事に関して書類が残されていないので、ウルバン神父は、テューリンゲン管区長たちが、日本における兄弟会員たちを訪問したときの報告書や、とりわけ彼自身の記憶に基づいて述べている。彼はドイツ人会士たちが、新たな、特に日本的なことにはじめは遠慮がちだったことや、日本に来ているフランシスコ修道会の中で彼らがとりわけ小さなグループにすぎないという困難に直面したこと、しかしまた多文化の色濃い地方で周りの者とも仲良くやっていったことも報告している。この時期に特筆すべき事としてウルバン士は、日本で働いていたテューリンゲン管区所属の兄弟 2 人が 1985 年に母修道院に「帰って」いったこと、また、1987 年に旭川と札幌においてアポロニオ佐藤神父によって聴覚障害者のためにナナカマド・クラブが、さらに 1987 年にアントニオ青木神父によってコラール音楽と雑誌書架のある「シャローム」喫茶店ができたことを挙げている。1990 年のヨーロッパ巡礼や、共同体財政の段階的統合、テューリンゲン管区長訪問が、1997 年にクラウディウス・グロス神父、2000 年にヘルムート・シュレーゲル神父によって行われたこと、札幌の「ハウスフレンドシップ」と旭川の「旭川カトリックセンター」の成功、毎年 1 月の侍者集会と 8 月のカトリックの日などについて述べている。

1d）では、フランシスコ会士エマヌエル・デュル神父が日本宣教における数人の傑出した人物とその仕事について紹介している。

フランシスコ会士ヴェンツェスラウス・キノルト神父（1871-1952）は、1907 年にテューリング管区最初の宣教師として日本に派遣された。1911 年に管轄宣教地区の初代地区長に任命され、1915 年に初代札幌知牧に、1929 年 4 月 3 日教皇ピオ 11 世によって初代代牧ならびにパネモティコの名義司教に任命され、1929 年 6 月 9 日に司教に叙階された。彼はすでに 1911 年に札幌に小神学校を開設し、マリア宣教者フランシスコ修道会とともに病院を、1925 年には殉教者聖ゲオルギオのフランシスコ会修道女会とともに女学校を開校。

250

フランシスコ会士オイゼビウス・ブライトゥング神父（1884-1969）は札幌のカトリック出版社光明社にそのライフワークを見出し、1935年にその責任者になり、とりわけカトリック週刊誌『光明』の発刊に功績があった。また1936年にはオイゼビウス神父が編集した最初の独和辞典ができた。日本司教会議の依頼により、彼は、川南氏の協力のもとに10年かけて、カトリックとしは初めて旧約聖書を日本語に翻訳した（1954-1959年に出版）。1966年オイゼビウス神父はドイツ連邦第一級功労十字章を授与された。

フランシスコ会士エマヌエル・ツェントグラフ神父（1892-1970）は、1923年以降日本において働き、1946年から1949年までと1961年から1967まで管区長だった。

フランシスコ会士ゲルハルト・フーバー神父（1896-1978）は歴史家として名を成し、1949年から1959年まで小樽商科大学（北海道）で教えた。彼のもっとも重要な書物は、『アイヌ。没落の民族』（1964）という北海道の先住民についての研究である。また1597年の殉教者について『長崎の十字架』（1954）、『日本における50年。テューリンゲンのフランシスコ会士による北海道宣教史』（1957）、『日本に来た宣教師の思い出』（1959）も有名である。その他に彼は、戦争中の1939年から1946年までのたいへんな時期、管区長として北海道宣教を指導した。

フランシスコ会士チトー・ツィーグラー神父（1899-1959）は作家、翻訳家そして編集者として働いた。とりわけ1935年にミサ典書を序文と解説付きで日本語に翻訳し、また上智大学のイエズス会士クラウス神父とともに、東京で1937年に『日本語カトリック用語小事典』を、そして教皇ピオ11世の委託を受け、1941年から1959年にかけて　日本人のために『カトリック大辞典』（5巻本）を編纂し、1946年にクラウス神父が亡くなってからは、単独で続行した功績は大きい。

フランシスコ会士ゲレオン・ゴルドマン神父（1916-2003）は、1954年に日本にやってきて、「東京の屑拾い」として有名になった。というのも彼は古着やブリキや金属を集めて売り、そのお金で彼の聖堂区の貧しい人々を援助した。また母親と子どもたちが休暇を過ごすための家や、貧しい人々のための家、教区民センターを建て、さらにインドまでその活動を広げ、そこに教会、学校、神学校、孤児院、病院の設立を援助した。彼の最後の偉大な仕事は、東京に宗教音楽研究所聖グレゴリオの家を創設したことである。

第 2 章

この章でジィクフリート・クレックナー神父は、北海道で現在も活動しているフランシスコ会士に彼らの生活体験を語ってもらっています。彼らの反応を神父は次のような言葉でまとめています：「彼らの手紙や報告からは皆、直接その息遣いが聞こえてくるかのようでした。彼らを動かしたものは、人生についての理論的な解釈ではなくむしろ、信仰と、生きてきた証のほうであると確信します。」

ハインリヒ・メツラー神父の体験は、他に例を見ないものでした。若かりし頃に修道士として、自分から志願して日本にやってきた彼は、新しい使命に精力的に取り組みました。30 年を経て、次に神学教育という新しい飛躍の中に専心することになり、60 歳の誕生日に彼は司祭に叙階されました。日本へ来たばかりの頃のことを彼は、こんなふうに回想しています。「新しい文化、言語、そして宗教が私の目の前に現れました。それまで知らなかったこと、理解すら出来ないかも知れない事柄が私の心と意識を満たしました。ある朝、目が覚めると、部屋の窓を通して真っ赤な太陽の光が差し込んできました。そのときになってやっと、私は自分が太陽の昇る国へ来たのだと理解したのでした」

ローター・ポレンバ神父は、司牧活動で体験した印象的な邂逅について語ってくれました。盲目の信者。4 歳の少女。子供のころに受洗した 72 歳の女性が、結婚してから 52 年のあいだ、その信仰を表明することを許されなかったのに、彼によって力と慰めを与えられ、キリストへと立ち返ったこと。

ドミニコ・バウアー神父は 83 歳になった今も、旭川にある刑務所で教誨師として活動しています。「私は受刑者とともに聖書を読み、聖書について彼らに語ります。彼らの中にはひとりもキリスト教徒はいませんでしたが、皆熱心に私の話に耳を傾けていました。刑務所での日常から気分を切り換えたかったのかもしれないし、純粋にキリスト教に対する興味からそうしている人もいたようです。彼らのうち 2 人が洗礼を志願することになりました。… 刑務所での日々とはいえ、彼らにとっては恵みであり、信仰へと導かれるきっかけになったのです」

日本における宣教の状況の変化について彼はこう言い表しています。「以前は日本人の兄弟会員が私たちの側に属していたが、今では私たちが彼らに属している状態です。時間の経過とともに私たちのあり方も違うものになりましたが、今もなお私たちは神の国のために祈り働き、神がそれを完成される日を待っているのです」

マンフレッド・フリードリヒ神父は、教区のボーイスカウトや海外の学生たち数人と広島・長崎を訪れた平和巡礼に際して、現在の日本におけるフランシスコ会の宣教の状況について語っています。「人々は結局、珍しいものや複雑なものを求めるのではなく、宣教者の個人的な証や、そこにある小さな共同体の持つ、生きた結びつきのほうを求めているのです。また、現代の人々が抱える困窮や不安に、言葉によってだけでなく無私の行為によって立ち向かうことができるように、その支えとなる福音を与えてくれる世界の教会の証を求めています。短い言葉でまとめるならば、次のように表すことができます。何事にもめげず、ただ平穏に前進していくこと。宣教活動や典礼、その他の奉仕活動において、不機嫌な顔をせずに、イエスがご自身と聖霊を世に遣わされた出来事を証するときの喜びをもって努めているかどうか、自らに常に問い続けていくこと」

最後に語られるのは、殉教者聖ゲオルギオのフランシスコ修道会に属し、1920年からフルダのフランシスコ修道院の傍らで働いたシスター・マリア・テレジア・ゴルトベックの言葉です。「私たちの中で年長のシスターが昔のことを語るとき、既に世を去った神父様方の名前がしばしば口に上ります。私たちシスターの多くは、フランシスコ会の司祭から洗礼を受け、霊的にも彼らに導かれました。中でも忘れられないのは、私たちの学校の先徒と一緒に宗教劇を稽古し、上演してくださったゼノ・フレック神父のことです。多くの若者がこの体験を通して信仰に導かれました。…私たちは皆、北海道におけるフランシスコ会の宣教師たちの協力と援助に心から感謝しています。願わくば彼らが多くの人の心に灯した光が、日本がキリスト教的な意味でも『日の昇る国』と呼ばれるようになる働きの助けとなりますように」

第 3 章

神言修道会の宣教者、オイゲン・ルッカー神父は1970年から1990年にかけて日本の中部地方に住み、働いておられました。彼は名古屋にあるカトリック系の南山大学で、ドイツ語学と「キリスト教思想」を教えており、また幾つかの教区で働きました。ジィクフリート・クレックナー神父とのインタビューの中で彼は、島国日本の教会と修道生活をフランシスコ会以外の立場から、地理的には日本の中心となる中部日本からの視点で説明しています。

　彼のインタビューの主要なテーマは以下のとおりです。
・修道会による広範な宣教活動があったにもかかわらず、表面的にはここ100年間教会の状況はほとんど変わっておらず、それは日本の総合人口1億2,700万人のうち100万人にも満たない信徒数に表れているということ。また、「外国の宗教」というイメージのままであるが、文化的には高く評価されていること。こうした事象の理由として、ルッカー神父は次の諸点を挙げておられます。
・第2バチカン公会議および、それに伴って宣教地における宣教理解が刷新された事。
・宗教間対話とエキュメニズム、さらには「キリスト教は禅仏教とどの程度まで折りあいがつけられるか」といった問題。
・邦人宣教師と外国人宣教師との関係。
・「日本的神学」の特殊性
・修道会とその事業（聖グレゴリオの家教会音楽研究所、出版事業、美しい教会建築）が教会と社会の福音化において持つ意義。
・最後に、キリスト教の将来のために不可欠な「成熟した」小教区信徒たちの活力、ならびに21世紀の日本に住む人々の霊性に対する開かれた態度。

第4章　要約
「まとめと将来の見通し：テューリンゲン管区の日本での活動が残したもの」

　ドイツと日本から女性1人と男性3人が、それぞれが生きてきた道を振り返りつつ4つの異なった視点に立って、次の問いを考えている。それは、なにが私たちの遺産なのか、わたしたちは互いに何を学んだか、日本とドイツにおいてキリスト教的そして特にフランシスコ会的な生活を深めるためにどのように歩んで行けばよいのか、という問いである。

　ジィクフリート・クレックナー神父は、「アウトサイダーの想い」（4a）で、観察と比較を通して自らのうちに湧き上がった問いを読者に投げかけている。彼は、たびたび問題にされる「外国人の教会」をむしろ世界教会を体験するチャンスとして活用できないかと考える。師によれば、この点ではすでに「ハウスフレンドシップ」がとても立派な成果をあげている。しかし同じく、エキュメニカルな協力を推し進め、教皇ヨハネ・パウロ2世と教皇ベネディクト16世によって要請された多宗教間の対話を－これはしばしば非常に表面的に行われているだけに過ぎないが－さらに促進するチャンスにもなるという。この点では、まさに外人宣教師が実り多い対話を準備することが出来るのではないか、特にフランシスコ会の霊性に基づき、緒宗教が「神のみ前でともにある」あり方が新しく育まれて行くのではないか、と指摘している。しかし他宗教間だけでなくドイツのテューリンゲン管区の者とテューリング管区から出た宣教師の間の対話は、結局互いに実りをもたらす刺激になったとは感じられなかったと反省して次のように述べる。「わたしたちはあまりにもわたしたちの洞察と他者のそれを結びつけることが少なかった。わたしたちは常に繰り返し、外からやって来た者として受け入れられた。これに関して互いに何が問題か、ということが討論の対象とならなかった。」ジィクフリート神父はこの冷静な確認に続いて、この記念祭が、祈りを具体的に体験しうる共同体において、互いに実りをもたらす刺激になってほしいという望みと期待を寄せている。

　アンドレア・福田勤神父は、インタビューを通しての寄稿「宣教理解の変化」（4b）において、フランシスコ会日本管区の最初の30年を総括している。ドイツ人同胞と同じように日本人同胞も召命の減少、司祭の高齢化、司教による高まる要請と戦わなければならない。しかし管区の宣教の仕事は、その設立当時とはたいへん変化しており、キリスト教

に馴染みのない社会の人々に開かれたものとなった。管区は、貧しき人や黙殺されている人々 －たまにしか仕事を見つけられない「ホームレス」、シングルマザー、介護を必要とする老人、病人、精神的または身体的障害者、出稼ぎ労働者、さらには少なからぬ「被差別部落」の人々－にフランシスコ会のカリスマを見出す途上にある。まさに金銭取得に一義的に価値がおかれる日本社会あってはこのような取り組みによって新しい道を示すことができ、価値観の変換がうながされうるとする。管区にとってひじょうに重要なことは、歴史的な諸事情のために遠隔かつ無数の教区に派遣されていた兄弟たちを,ふたたびより共同体的な生活に呼び戻したことである。毎週会合を開く事によって一人で生活している兄弟が修道院長と会えるようにした。2003年総会議は「兄弟は誰も一人で生活してはならない」と決議し、これにより兄弟たちはいずれも小規模な共同体に属するようになり、財政もすべてひとつになった。「そうすることによってわたしたちは、互いを受け入れ、多様な生き方のなかにあっても一致を模索し、生き方や仕事の仕方がさまざまあるということが、分裂ではなく豊かさをもたらすことを実感しようとしているのです。」とアンドレアス神父は記している。師によれば、友愛はまさにフランシスカン教区で働く際には重要な側面となる。また信徒もそれを期待しているという。日本文化にとって、世界を超える超越神という西洋の概念はなじみがなく理解しがたいものではあるとしても、世界に内在する神を心の奥深く出会う至高の存在として感ずることのできる繊細な感情と開かれた心とがあるので、第二バチカン公会議の教え、すなわち全ての人に神的種子はまかれており、その存在の奥深くから人間に語りかけているという教えは、フランシスコ会士たることの日本的「姿」を生む可能性を秘めているという。このような体験は、その霊性が継承してきた「被造物との連帯」とも相まって、日本のようにおよそ非キリスト教的な世界において神の言葉を告げる際に、大変重要な意義を持つ。また、他宗教との対話への道を開くものともなる。このようにして兄弟は「100周年記念祭を兄弟同士の真の円いのうちに祝い、来るべき管区総会を今日の時代の要請に開き、新しい出発点となすべく、共通の理解と内的一致を生み出そうとして」多くの分かち合いや集会に参加しているという。

ヘルムート・シュレーゲル神父は、その自伝的回顧「日本におけるフランシスコ会宣教の100年、そして今は？」（4c）において、ロットヴァイルのフランシスコ会の聖アントニウス神学校の生徒のとき、同級生と一緒に、休暇で戻ってきた宣教師の話に魅入られたよう

リンゲンから新たな日本への宣教師派遣が行われなくなった勉学時代をへて、ついに管区長として2回の日本訪問旅行を行ったことについて述べている。彼は観察と経験を通して、今日の中欧のテューリンゲン管区と太平洋地域の日本における修道生活の姿について徹底的な省察を行った。ヘルムート神父は、キリスト教徒としての人生を生きる決意や修道生活への召命が継続して動機づけられるためには、フランシスカンの兄弟たちが人々との出会いの中で生き生きと証をする必要があるとみている。このことを促進するためには、そのような出会いを人生のできるだけ早い時期に起きるようにすることが必要となる。

特に日本のような非キリスト教的環境では、カトリックの個人的な神のイメージ、イエス・キリストによる救済の真実、ともに信仰を実践する場としての小教区共同体、世界に広がる教会にありながら拘束力のある教義、個人の責任に委ねられつつ、困窮にある人々を愛し連帯することをその基礎とする価値体系、これらが回心にとって非常に重要な役割を果してきた。今日60歳から95歳になっているテューリンゲン管区のフランシスコ会士の召命史をみると、結局は「宣教師になる」という動機が決定的であった。

このような背景に触れた上で、さらにヘルムート神父は、フランシスコ会が宣教神学的に、新しく自身の立場を考察する必要性があると見ている。テューリンゲンと日本の両者にとってこの記念祭は、多宗教間対話においては内容も言葉もはっきりした立場を表明し、司牧においては創造性を、宣教においては勇気を、さらに一人一人の信仰と生の証においてはユーモアとハートをもって確固決断たる態度を表明する機会としたい、結んでいる。

「聖グレゴリオの家宗教音楽研究所について」の中でヴェロニカ橋本周子氏は1979年にゲレオン・ゴルドマン神父によって東京に設立された宗教音楽研究所について述べている。彼女はゲレオン神父と最初からこの事業に携わり、1995年以降、この研究所長を務める。研究所は、基本的に祈り・研究・教育の3部門からなる。教会音楽家育成はゲレオン神父の信念に基づき、典礼を祝うことを重視する。伝統的教会音楽、とくにグレゴリオ聖歌に重点が置かれるとともに、伝統的日本の音楽にも目を向け、僧侶たちと一緒の活動や宗派の異なる人々との共同の集まりをも積極的に行っている。

聖グレゴリオの家宗教音楽研究所はこれまでに130名以上の卒業生を輩出していて、毎年30人ほどの生徒が9人の先生の指導を受けている。2005年11月にはレーゲンスブルクカトリック教会音楽・音楽教育大学と提携を結び、その後3人が「教会音楽家B」のデ

毎年、教会音楽サマーコース、オルガンマスターコース、合唱ワークショップが行われ、オルガンマスターコースや合唱ワークショップには毎回外国から著名な講師を招聘するので、日本各地から多くの参加者が集う。将来は研究部門を強化し、日本の伝統文化に基づく典礼音楽を目指したいと考えている。また 20 年前にできた聖歌隊もその成果を 7 枚の CD に収めている。

Translation: Veronika Chikako Hashimoto and Ayako Miyamoto

English Summaries

From Fulda to Hokkaido – 100 Years of Japanese Mission of the Thuringian Franciscan Province

Summary Chapter 1

Historical Overview

Articels 1a) to 1c) lead historically and chronologically through the first 100 years of the Thuringian Japanese mission.

In his contribution »**Short History of the Franciscan Mission in Japan**« former Provincial Minister of the Japanese Franciscan Province Fr. Andreas Tsutomu Fukuda primarily refers to internal Japanese ecclesiastical and social developments. He gives an overview of the history of Christianity on the islands characterized by centuries of persecution from the arrival of the Jesuit Franciscus Xaverius in 1549 to the actual situation of the Franciscan Order in today's Japan. On the basis of chronicles, Fr. Paulus Hägele (Thuringia) in »**From the Beginnings in 1907 to the Incorporation into the Japanese Province in 1985**« extensively introduces missionary events and developments of the Thuringian Japanese mission.

The most important events dealt with in these articles are:

- the arrival of the first Christian missionary Franciscus Xaverius in 1549;
- the execution of 26 martyrs, among whom the Franciscan Fr. Petrus Baptista, by Shogun Hideyoshi in 1597, and their beatification in 1627 and canonization in 1862;
- the arrival of Fr. Maurice Bertin of the Paris Province and Fr. Wenzeslaus Kinold of the Thuringian Province in January 1907, who were sent out by the Minister General as chaplains to the Franciscan Missionaries of Mary;
- the erection of the first Japanese Franciscan convent in Sapporo on the northern island of Hokkaido in September 1908;
- the entrustment of all Hokkaido as mission territory to the Fulda (Thuringian) Province in 1911 and its establishment as Apostolic Vicariat in 1929;
- the introduction of the freedom of worship in Japan after the end of the war in 1945;
- the erection of a Japanese Franciscan Federation composed of all twelve mission territories being under different mother provinces in 1971;

☐   the foundation of the independent Province of the Japanese Martyrs on December 16th 1977;
☐   the incorporation of those Thuringian brothers who until then had remained in their own custody into the Japanese Province in 1985, as well as
☐   the overall historical challenge and development from a mission characterized by German and other Western Franciscans in a non-Christian sphere to missionary activity led by Japanese brothers in their own independent and inculturated Franciscan Province.

In subchapter 1c) »The Hokkaido Mission after 1985« Fr. Urban Sauerbier (who in 1985 joined the Japanese Province) examines the 20 years after the integration of the Fulda Custody of Asahikawa into the Japanese Province. Due to a lack of chronicles for this period Fr. Urban refers – apart from travel reports of Thuringian Provincial Ministers concerning their visits to the German fellow brothers – mainly to his own memories. He speaks of the initial reluctance of the German friars regarding the new, specifically Japanese priorities and the difficulties they faced by remaining only a small group in an overall Japanese Franciscan Province, and also of the process of finally growing into a Province built up multiculturally. Highlights of this period are the two »farewell journeys« of the Japanese Thuringians to the mother province in 1985, the foundation of the »Nanakamado Club« for the deaf people of Asahikawa and Sapporo by Fr. Apollonius Sato and of the »Café Shalom« with choral music and a display of Christian literature by Fr. Antonius Aoki in 1987, the pilgrimage to Europe in 1990, the step-by-step joining of the communities' finances, the visits of Thuringian Provincial Ministers Fr. Claudius Groß 1997 and Fr. Helmut Schlegel 2000, the success stories of »House Friendship« in Sapporo and the »Catholic Center« in Asahikawa, as well as the annual Meeting of Altar Boys in January and the annual Catholic Day in August.

The short **portraits in subchapter 1d)**, composed and revised by Fr. Emmanuel Dürr, introduce some outstanding personalities of the Japanese mission and their works:
☐   Fr. Wenzeslaus Kinold (1871–1952) was the first Thuringian to reach Japan in 1907. In 1911 he was appointed as first Superior of the new mission territory, in 1915 as Apostolic Prefect, and on April 3rd 1929 as Vicar Apostolic and simultaneously as Titular Bishop of Panemotico by Pope Pius XI. He received the episcopal consecration on June 9th 1929. In 1911 he already opened a Minor Seminary and, together with the Franciscan Missionaries of Mary, a hospital; this was followed, together with the Franciscan Sisters of Thuine, by a School for Young Ladies in 1925.
☐   Fr. Eusebius Breitung (1884–1969) found his life's work in the Catholic Komyo-sha publishing house in Sapporo, the management of which he took over in 1935 and which, amongst others, published the weekly Catholic newspaper »Komyo« (»Light«).

Already in 1936 the first German-Japanese Dictionary was printed, edited by Fr. Eusebius. On authority of the Japanese Bishops' Conference he and his contributor Kawanami made the first ever Japanese translation of the Old Testament (published 1954–1959) which took them ten years of work. In 1966 Fr. Eusebius was awarded the First Class Order of Merit of the Federal Republic of Germany.

- Fr. Emmanuel Zentgraf (1892–1970) worked in Japan since 1923 and was Mission Superior from 1946 to 1949 and from 1961 to 1967.
- Fr. Gerhard Huber (1896–1978) became a respected historian and lectured from 1949 to 1959 at Otaru University (Hokkaido). His most important publication is »The Ainu. A People in decline« (1964), a study on the native inhabitants of Hokkaido; also well-known are his depictions of the Martyrs of 1597 »Crosses over Nagasaki« (1954), »Fifty Years in Japan. History of the Thuringian Franciscans' Hokkaido Mission« (1957), and »Memories of a Japanese Missionary« (1959). Besides this he led, as Superior, the Hokkaido Mission through the hard years of war, from 1936 to 1946.
- Fr. Titus Ziegler (1899–1959) gained credit as author, translator and editor. Among other things in 1935 he published a Missale Romanum in Japanese translation with introduction and explanations, and together with Fr. Kraus SJ of Sophia University Tokyo in 1937 he edited the »Terminologia Catholica Japonice reddita«. Above all between 1941 and 1959 he also edited, by order of Pope Pius XI, a five-volume Catholic Enyclopedia for Japan, which after Fr. Kraus' death in 1946 he completed single-handedly.
- Fr. Gereon Goldmann (1916–2003) arrived in Japan in 1954, where he became famous as »Ragman of Tokyo« for collecting old clothes, sheet metal and metal to support the poor of his parish with the returns. He erected a vacation home for mothers and children, homes for the poor, and parish rooms, and he also expanded his activities to India, where he helped to build churches, schools, theological seminaries, orphanages and a hospital. His last major work was the Institute for Sacred Music St. Gregorius in Tokyo.

Summary Chapter 2

»Personal Testimonies«

For this chapter Fr. Sigfrid Klöckner asked the still active friars in Hokkaido to witness personally to their life experience. Assessing the responses he summarizes: »The letters and reports all breathe great immediacy – and I sense that it is not theoretical interpretation which moves the brothers but faith and lived testimony.«

The story of Fr. Heinrich Metzler is extraordinary. He is sent to Japan as a young brother at his own request. He vigorously attends to his new tasks and again after 30 years takes up a great challenge: the theological formation. So finally at his 60th birthday he receives his priestly ordination. About the first day of his mission he writes in retrospect: »A new culture, language and religion were in store for me. Something strange, not always comprehensible, captured my mind and senses. In the morning when I rose, the sun in its red blaze of light shone through my window. Now I finally knew I was in the land of the rising sun.«

Fr. Lothar Poremba talks about particular pastoral encounters: for example about a 72-year-old Japanese, baptized when a child, who in 52 years of marriage was not allowed to practice her belief openly but summoned much strength and consolation from it that in the end she found her way back to Christ.

Fr. Dominikus Bauer, a 83-year-old friar, still works as a prison chaplain in Asahikawa. He reports: »I read the Holy Scripture with the prisoners and explain it to them. (…) Among the prisoners there is not a single Christian but all listen attentively, be it for the change in their everyday prison life or out of real interest in the Christian religion. Two of them want to be baptized. (…) Time in prison can be merciful as well and lead to faith.« Fr. Lothar summarizes concisely the changes in the Japanese Mission: »Earlier the Japanese fellow brothers belonged to us, today we belong to them. Times have changed, and we have changed too. But still we pray and work for the Kingdom of God, until one day God will bring about its completion.«

On the occasion of a peace pilgrimage to Hiroshima and Nagasaki, with the scouts of his parish and some foreign students, Fr. Manfred Friedrich reflects on the current situation of the Franciscan missionaries in Japan: »In the end people want (…) the preacher's personal testimony, the sign of concrete solidarity within the small parish there and then, but also the testimony of the global Church, by which they face (…) the great needs and worries of human kind today not only in words but in selfless deeds as well. Reduced to a simple formula this could mean: (…) Do we render our service of preaching, liturgy and social work with a grumpy face or with the joy that shows something of the revolution which Jesus and the Holy Ghost have brought into this world?«

The closing paragraph is for Sr. Maria Theresita Goldbeck of the Franciscan Sisters of Thuine who since 1920 work side by side with the Fulda Franciscans: »When our older sisters talk of earlier times they often mention names of fathers already deceased. Many of our sisters have been baptized and spiritually accompanied by the Franciscans. We will never forget Fr. Zeno Fleck who practiced and performed religious plays with our students. Many young people thus found their way to faith. (…) We are thankful for the good cooperation and support of all Franciscan missionaries in Hokkaido. May the light they aroused in so many hearts shine forth so that Japan may be called the land of the rising sun in the Christian sense as well.«

Summary Chapter 3

»The Catholic Church in Japan after 100 Years of Missionary Work«

The Divine Word Missionary Fr. Prof. Eugen Rucker SVD lived and worked in Japan from 1970 to 1999. He was professor for German Philology and Religious Studies at Catholic Nanzan University at Nagoya and worked in different parishes. In his interview with Fr. Sigfrid Klöckner he examines the development of Church and religious orders on the Japanese islands.

Important subjects of their conversation are:
- the hardly changed external situation of the Christian Churches: despite 100 years of the religious orders' broad missionary activity there are nation-wide continuously small numbers of members, less than one million among more than 127 million inhabitants;
- the effects of the Second Vatican Council along with its new approaches of missionary understanding and missionary activity in situ;
- interreligious dialogue and lived Christian ecumenism going as far as leading to the question: How much Zen Buddhism can Christianity bear?;
- the relationship between native and foreign missionaries;
- the characteristics of a »Japanese Christian Theology«;
- the importance of religious orders and their ministries – like the Institute for Sacred Music St. Gregorius, the publishing houses or the beauty of the church buildings – for Church and evangelization, as well as, finally
- the question of the vitality of »mature« lay persons in the parishes which is so crucial for the future of Christianity and for the spiritual openness of people in 21st century Japan.

Summary Chapter 4

»Conclusion and Prospect: What remains of the Thuringian commitment to Japan?«

From four perspectives, each biographically grounded, four German and Japanese authors reflect on the issues: What remains, what did we learn with and from each other, how can we continue on the way of deepening Christian and specifically Franciscan life in Japan, and in Germany as well?

In his »**Thoughts of an ›Outsider‹**« (**subchapter 4a**) Fr. Sigfrid Klöckner takes up some of his own questions, gained by observation and comparison, in order to pass them on to the reader in a stimulating way. He thus asks whether being a foreign Church, which is often considered a problem, could not rather be recognized as a chance to bring the global Church into experience – as »House of Friendship« already shows so impressively. Likewise this could support ecumenical collaboration and also interreligious dialogue as wished by John Paul II and Benedict XVI, which up to now is not much developed in Japan. Here he asks whether foreign missionaries could actually become pioneers of fruitful dialogue and whether especially on the basis of Franciscan spirituality, future cooperation before God could again grow. However, not only interreligious, but also innerprovincial dialogue between Thuringian Franciscans in Germany and missionaries of Thuringian origin has, of late, lacked mutual stimulating impulses: »We have not enough linked our insights with those of the other. We have recognized each other again and again as foreigners. In no way we considered that in the process something of our views could be questioned.« In closing, Fr. Sigfrid turns this sobering remark into the desire and hope that the centenary celebration might be an impulse for such mutual stimulation in a concrete experience of community in prayer.

In his interview-based contribution »**Change of Missionary Understanding**« (**subchapter 4b**) Fr. Andreas Tsutomu Fukuda strikes the balance of the first 30 years of the Japanese Franciscan Province. Like the German, the Japanese friars have to face decreasing vocations, increasing numbers of old brothers and rising demands on the part of the bishops. But the missionary work of the province has changed considerably since its founding and opened itself towards the people in this society far from Christ. The province is on its way to find its Franciscan Charisma among the poor and unnoticed – the only occasionally employed »homeless«, single parent mothers, old people in need of care, mentally and physically handicapped persons, guest workers and the large group of »untouchables«. Especially in the one-sidedly profit-orientated Japanese society thus new methods could be adopted and a process of conversion of values stimulated. The progress from a historically derived situation, with brothers scattered about many spacious parishes, to a more broadly shared community life, would be of central importance for the province: from reuniting the isolated, to weekly meeting Communities, all the way up to the 2003 Chapter's decision »No brother is allowed to live alone«, upon which the brothers have been concentrated in small Communities and by which all finances were given into one hand. »So we try to accept each other, find unity in the variety of procedures and evaluate the plurality of lifestyles and working methods not as divisional but enriching«, as Fr. Andreas writes. He sees fraternity as an important aspect of specifically Franciscan parish work which is also appreciated by the parishioners. Since for Japanese culture the Western idea of a transcendental God exceeding the world is strange and incomprehensible, and whereas there is a strong feeling and often also an open heart for a God inherent in the world as a highest being whom we meet in the depth of our heart, the doctrine of Vatican II according to which the divine seed is inherent in every human being, speaking to him or her from the depths of his or her being, holds the potential for a Japanese »shape« of Franciscanism. This experience, together with the holistic care for Creation in Franciscan spirituality, has an enormous impact on spreading the Word of God in a completely non-Christian environment and moreover opens up ways to interreligious dialogue. Thus friars in many conversations and conferences are »creating a mutual understanding, in order to celebrate the 100th anniversary as a real community of brothers, and to open the forthcoming Provincial Chapter to the challenges of our time in order to make it a new point of departure«.

In his autobiographical review »**100 Years of Franciscan Mission in Japan – and what now?**« Fr. Helmut Schlegel draws a wide arc from the memory of his school days in the Franciscan St. Anthony's College at Rottweil, where he and his schoolmates were spellbound listening to the missionaries on homeland vacation and where the desire of going to Japan grew in him, to his studies at a time, when already no more missionaries had been sent forth, finally up to his two official visiting journeys as Provincial Minister.

His observations and experiences lead him to fundamental reflections on the current shape of religious life, in Central European Thuringia and likewise in Pacific Japan. As the most sustainable motivation for deciding on a Christian's life as well as for the vocation to religious life he identifies the friar's living testimony in personal encounters. But to support this, there have to be places where such encounters could happen as early in life as possible. Especially for vocations in the non-Christian Japanese environment, the Catholic alternative with its personal image of God, truth of redemption through Jesus Christ, parish as place of shared faith practice, binding doctrines of a global Church, a system of values based on personal responsibility and love and solidarity towards the desperate has been of outstanding importance. Not least of all, concerning the vocation stories of the Franciscans today, aged between 60 and 95, the motive of »becoming a missionary« was crucial.

Not only against this background Fr. Helmut sees the necessity to consider new positions of a missionary theology, right in the Franciscan camp. He views the Thuringian-Japanese jubilee as an opportunity to speak for positions clear in content and speech when it comes to interreligious dialogue, for pastoral creativity and missionary courage, as well as for convincing determination, with humour and heart, through personal faith and testimony.

Veronika Chikako Hashimoto, in her **portrait of the St. Gregorius Institute,** introduces the Institute for Sacred Music – founded in 1979 by Fr. Gereon Goldmann –, which she co-directed from the beginning and, since 1995, has directed as its head. The institute is characterized fundamentally by the following three elements: prayer, study and teaching. The celebration of liturgy leads, following Fr. Gereon's convictions, to the education of the Church musicians. Aside from the emphasis on traditional Church music, especially Gregorian chant, the orientation towards traditional Japanese music and joined playing with Buddhist priests and temple members is important, as well as interdenominational cooperation. So far, more than 130 students have graduated from St. Gregorius, and more than 30 register for the actually 9 lecturers each year. Since november 2005 the institute is affiliated with the Academy for Catholic Church Music and Religious Education at Regensburg, which makes it possible to offer three recognized certificates. The annual Summer Classes for Sacred Music, Master Classes for Organ and Choir Workshops, regularly conducted by renowned foreign musicians, attract many musicians from all parts of Japan. Research activity is to be intensified in the future, primarily with the aim of developing elements for a liturgy more rooted in the Japanese tradition. From this, compositions for the in-house choir, which in its 20-year existence has so far recorded 7 cds with Gregorian chant, will also be created.

Summary and Translation: Daniela Seel

Anhang

Glossar

Ainu
Die Ainu gehören zu den Urvölkern Nordostasiens (Hokkaido, Sachalin, Kurilen). Heute leben noch schätzungsweise 24.000 Ainu auf Hokkaido, die aber nur zum Teil ihre eigene nichtjapanische Kultur und Sprache pflegen.

Apostolisches Vikariat
Das Apostolische Vikariat ist eine territoriale kirchliche Verwaltungseinheit, die noch nicht wie ein Bistum volle Selbstständigkeit besitzt. Seine Vorstufe ist die Apostolische Präfektur.
 Der Leiter des Apostolischen Vikariates ist meist ein Bischof, der sich Apostolischer Vikar nennt und als Stellvertreter des Papstes fungiert, also nicht in seinem eigenen Namen agiert. Da die meisten Missionsgebiete von Ordensgemeinschaften betreut werden, stellen diese auch oft den Bischof für die ihnen anvertrauten Apostolischen Vikariate.

Buddhismus
Der Buddhismus bezieht sich auf die Weisheitslehre Buddhas (ca. 450–370 v. Chr.), welche die Anhänger aus dem unheilvollen Kreislauf des irdischen Seins herausführen will. Der Buddhismus gelangte im 6. Jahrhundert n. Chr. nach Japan, wo er vor allem die Praxis der Zen-Meditation ausbildete. Heute bekennt sich die Mehrheit der Japaner zum Buddhismus, was andere parallele Bekenntnisse (v. a. Shintoismus!) jedoch nicht ausschließt.

Definitor
Definitoren nennt man die Mitglieder des Leitungsgremiums (Definitorium) einer Franziskanerprovinz oder der Ordensleitung in Rom.

Fuldaer Franziskanerprovinz
Die Fuldaer Franziskanerprovinz wird im gesamten Buch synonym mit »Thüringische Franziskanerprovinz« und »Thuringia« benutzt. Damit ist jeweils die »Thüringische Franziskanerprovinz von der heiligen Elisabeth« gemeint. Die Mitglieder dieser Provinz wurden bis in die jüngste Vergangenheit häufig auch »Fuldaer Franziskaner« nach dem Sitz des Provinzialates genannt.

Entität
Gemeint ist in diesem Zusammenhang eine Verwaltungseinheit des Franziskanerordens (z. B. Kustodie oder Provinz).

Föderation
Es handelt sich hier um den Zusammenschluss verschiedener franziskanischer Entitäten mit dem Ziel einer engeren Zusammenarbeit.

Franziskanerprovinz
Als Franziskaner tritt man nicht in ein bestimmtes Kloster, sondern in eine Provinz des Ordens ein. Provinzen – im Franziskanerorden gibt es weltweit über 100 – sind eigenständige personelle und territoriale Einheiten mit einer jeweils von den Brüdern gewählten Leitung (Provinzial und

Definitoren). In Deutschland existieren gegenwärtig vier Franziskanerprovinzen, die jedoch beschlossen haben, sich 2010 zu einer einzigen Deutschen Franziskanerprovinz zusammenzuschließen.

Generaldelegat

Der Generaldelegat fungiert als Verbindungsperson zwischen einer oder mehreren Entitäten des Franziskanerordens und der Generalleitung in Rom. Er ist vor allem damit beauftragt, den Prozess der wachsenden Eigenständigkeit einer Entität oder der Zusammenführung mehrerer Entitäten zu begleiten.

Guardianat

Mit diesem Ausdruck ist die Niederlassung einer Franziskanerprovinz gemeint, der ein Guardian als Hausoberer vorsteht. Dieser Franziskanergemeinschaft können kleinere Missionsstationen zugeordnet sein.

Humaniora

Die Bezeichnung steht allgemein für die geisteswissenschaftlichen schulischen Fächer, näherhin die klassischen Sprachen Griechisch und Latein.

Inkulturation

Mit Inkulturation ist die wechselseitige Beeinflussung zwischen christlicher Botschaft und den Kulturen in ihrer Vielfalt gemeint. Die Begegnung einer bestimmten Kultur mit dem Evangelium soll die Kultur im Sinne des Gotteswortes reinigen, genauso wie die christliche Botschaft infolge dieser Begegnung ganz neu zur Sprache kommen und interpretiert werden kann.

Kleines Seminar

Das Kleine Seminar ist ein Internat, dem eine Mittelschule oder ein Gymnasium angegliedert sein kann. Dort bereiten sich junge Katholiken, welche Priester werden möchten, auf das spätere Theologiestudium vor.

Kommissariat

Eine von einer Ordensprovinz abhängige Entität konnte früher als Kommissariat bezeichnet werden.

Kustodie

Die Kustodie ist die rechtlich noch nicht selbstständige Vorstufe zur Provinz innerhalb des Franziskanerordens.

Mato Grosso

Die Fuldaer Franziskaner übernahmen 1937 die Mission Mato Grosso in Brasilien. 1988 löste sich die damalige Kustodie von Mato Grosso endgültig von der Thuringia. Beziehungen zu Japan bestehen dadurch, dass nicht wenige japanische Auswanderer in Brasilien Christen wurden und mit den Franziskanern in Kontakt kamen. Einige Franziskaner wirkten als Missionare in Brasilien und Japan.

Missale Romanum

Das Missale Romanum ist das offizielle Messbuch der römisch-katholischen Kirche für den lateinischen Ritus.

Obödienz

Die Obödienz ist der geforderte Gehorsam gegenüber dem Ordensoberen bzw. ein Akt, durch den ein Franziskaner in eine andere

Gemeinschaft versetzt oder mit einer besonderen Aufgabe betraut wird.

Kongregation der Propaganda Fide
Diese Zentralbehörde des Vatikans, die heutzutage »Kongregation für die Evangelisierung der Völker« heißt, koordiniert die missionarischen Tätigkeiten der katholischen Kirche.

Schamanismus
Der Schamane nimmt in Ekstase oder Trance Verbindung mit übernatürlichen Wesen auf und wird so zum Mittler zwischen Gesellschaft und jenseitiger Welt. Der Schamanismus ist ursprünglich in Nordostasien beheimatet.

Shimbu-san
Japanische Bezeichnung für den katholischen Priester.

Shintoismus
Shintoismus ist seit dem 8. Jahrhundert die Bezeichnung für die einheimische Religion Japans (zwischen 1889 und 1945 Staatsreligion). Die verschiedenen Götter des Shintoismus erfahren im heutigen Japan eine reiche kultische Verehrung in den ihnen geweihten Schreinen. Daneben pflegen die Shintoisten eine intensive Ahnenverehrung.

Shogunat
Sei Taish gun, in etwa »Unterdrücker der Barbaren und großer General«, war ein japanischer Militärtitel für Anführer aus der Kriegerkaste der Samurai. Ursprünglich entsprach ein Shogun ungefähr einem europäischen Herzog. Im Laufe der Zeit wurde er jedoch zum eigentlichen Herrscher Japans, der anstelle des Kaisers (Tenno) die Macht innehatte. Das Shogunat bezeichnete zunächst nur den Haushalt, später auch den Verwaltungsapparat des Shogun.

Zweites Vatikanisches Konzil (Vaticanum II)
Das Vaticanum II war die bislang letzte der allgemeinen Bischofsversammlungen in der katholischen Kirche. Es fand zwischen 1962 und 1965 in Rom statt und gab der Kirche weltweit wichtige Impulse für ihre zeitgemäße Erneuerung.

Autorenverzeichnis

P. Emmanuel Dürr ofm, geboren 1944 in Uznach (Schweiz), trat 1979 in den Franziskanerorden ein. Nach Theologiestudium und Priesterweihe (1983) wirkte er als Seelsorger an verschiedenen Orten der Thüringischen Franziskanerprovinz. Seit einigen Jahren lebt und arbeitet P. Emmanuel als Provinzbibliothekar, Provinzarchivar und Krankenhausseelsorger im Kloster Frauenberg in Fulda.

P. Prof. Andreas Tsutomu Fukuda ofm, geboren 1934 in Kushiro auf Hokkaido, trat 1959 in die Thüringische Franziskanerprovinz ein. Nach Theologiestudium und Priesterweihe (1967) studierte er weiter in Rom Dogmatik (bis 1971). Von 1971 bis 1989 lehrte P. Andreas als Professor für Dogmatik an der Hochschule der Franziskaner St. Antonius in Tokyo, deren Direktor er zudem von 1978 bis 1989 war, und (1971–1989) als Professor für Christentum und Kultur an der Frauenuniversität Seisen (»reine Quelle«) in Tokyo. 1985 trat P. Andreas in die Japanische Franziskanerprovinz über, zu deren Provinzial er 1989 (bis 1995) gewählt wurde. Seit 1995 ist P. Andreas aufgrund seiner angegriffenen Gesundheit nur noch begrenzt als Professor tätig und arbeitet vor allem als Autor und Übersetzer zahlreicher theologischer Werke.

P. Dr. Paulus Hägele ofm, geboren 1936 in Holzleuten, trat 1957 in den Franziskanerorden ein. Nach Theologiestudium und Priesterweihe (1963) schloss sich noch ein Studium der Geschichte und Germanistik in Freiburg an, das P. Paulus mit der Promotion zum Dr. phil. (1969) und dem Staatsexamen (1970) abschloss. Nach dem Referendariat in Fulda wirkte P. Paulus von 1972 bis 2003 als Lehrer am Franziskanergymnasium in Großkrotzenburg und von 1980 bis 2002 gleichzeitig als Fachleiter am Studienseminar in Offenbach. Zusätzlich arbeitete P. Paulus in verschiedenen Pfarreien mit und war Autor diverser Veröffentlichungen, speziell zur Geschichte der Franziskanerprovinz. Seit 2003 lebt und arbeitet P. Paulus unter anderem als Provinzökonom im Kloster Frauenberg in Fulda.

Veronika Chikako Hashimoto, geboren 1941 in Tokyo, studierte nach der Schule zunächst an der Musashino-Musikhochschule in Tokyo im Hauptfach Gesang. 1969 zog sie nach Deutschland und studierte Kirchenmusik an der Musikhochschule in Köln (bis 1976). Nach ihrer Rückkehr nach Japan baute sie gemeinsam mit dem Franziskanerpater Gereon Goldmann in Tokyo das St. Gregorius-Institut für Kirchenmusik auf, dessen Rektorin Frau Hashimoto seit 1995 ist.

P. Hadrian W. Koch ofm, geboren 1944 in Großenlüder, trat 1966 in den Franziskanerorden ein. Nach Theologiestudium und Priesterweihe (1972) arbeitete P. Hadrian lange Jahre als Religionslehrer am Franziskanergymnasium Kreuzburg in Großkrotzenburg, war viele Jahre lang Koordinator für die Öffentlichkeitsarbeit der Provinz und verantwortlicher Redakteur verschiedener franziskanischer Zeitschriften sowie von 1996 bis 2007 Sekretär der Mitteleuropäischen Franziskanerprovinzen. Seit 1981 ist er zudem für verschiedene Rundfunkanstalten tätig und publiziert in Tageszeitungen und Predigtzeitschriften. Seit 2007 ist P. Hadrian Provinzial der Thüringischen Franziskanerprovinz.

P. Dr. Sigfrid Klöckner ofm, geboren 1929 in Höchst (Kreis Gelnhausen), trat 1949 in den Franziskanerorden ein. Nach Theologiestudium und Priesterweihe (1955) promovierte P. Sigfrid 1961 an der Johannes Gutenberg-Universität in Mainz zum Dr. theol. Anschließend lehrte er als Professor an den Ordenshochschulen in Fulda und München (1961–1970), war Provinzial der Thüringischen Franziskanerprovinz (1970–1979) und unter anderem Rektor der Exerzitienhäuser in Hofheim (1979–1988) und in Bad Soden-Salmünster (1988–2005). Seit 2005 wirkt P. Sigfrid als Exerzitienleiter und Seelsorger im Kloster Frauenberg in Fulda.

P. Prof. Eugen Rucker SVD, geboren 1929 in Regensburg, trat 1951 in die Steyler Missionsgesellschaft ein. Nach Theologiestudium und Priesterweihe (1954) schloss sich noch ein Studium der Germanistik und Religionskunde an. Von 1970 bis 1999 lehrte Prof. Rucker an der ordenseigenen Nanzan-Universität in Japan Germanistik und Religionskunde und betreute als Pfarrer einige Missionsstationen. Seit seiner gesundheitlich bedingten Rückkehr nach Deutschland (1999) lebt und arbeitet er als Zeitschriften- und Buchautor im Missionshaus der Steyler Missionare in St. Wendel.

P. Urban Sauerbier ofm, geboren 1933 in Dortmund, trat 1953 in den Franziskanerorden ein. Nach Theologiestudium und Priesterweihe (1959) war er für kurze Zeit Kaplan in Rastatt und wurde 1961 als Missionar nach Japan gesandt. Im Anschluss an das obligatorische zweijährige Sprachstudium wirkte P. Urban 30 Jahre (bis 1993) als Pfarrer in verschiedenen Gemeinden auf Hokkaido. 1985 trat er als einer von zwei deutschen Thuringianern der neu errichteten Japanischen Provinz bei, zu deren Provinzvikar (Stellvertreter des Provinzials) er von 1995 bis 2001 gewählt wurde. Seit 1993 arbeitet P. Urban zumeist als Pfarrer im Großraum Tokyo und lebt seit 2005 als Pfarrer einer Gemeinde in Osaka-Ikuno mit vielen koreanischen Christen.

P. Helmut Schlegel ofm, geboren 1943 in Riedlingen, trat 1963 in den Franziskanerorden ein. Nach Theologiestudium und Priesterweihe (1969) arbeitete er unter anderem als Jugendpfarrer, Religionslehrer, Seelsorger und Exerzitienleiter in verschiedenen Konventen der Thüringischen Franziskanerprovinz. Bekannt wurde er u. a. durch zahlreiche Veröffentlichungen in Zeitschriften und Büchern. Von 1988 bis 1998 war P. Helmut Leiter des Exerzitienhauses der Franziskaner in Hofheim und von 1998 bis 2007 Provinzial der Thüringischen Franziskanerprovinz. Seit 2007 leitet er das neu gegründete Zentrum für Meditation und Spiritualität in Frankfurt-Bornheim.

Brüder in der Japan-Mission der Thüringischen Franziskanerprovinz von der heiligen Elisabeth, Fulda

		Provinzzugehörigkeit	Einreise[1]	Ausreise	Todesdatum
1	P. Wenzeslaus Kinold	Thuringia	1907		22. 5. 1952
2	P. Maurice Bertin[2]	Paris	1907	1914	8. 7. 1968
3	P. Petrus Gauthier[3]	Paris	1907	1912	24. 2. 1920
4	Br. Gabriel Godbout[3]	Paris	1907	1914	
5	P. Christoph Fitzmaurice	Paris	1909	1912	3. 3. 1962
6	P. Franz Vergott	Tyrolia	1909		25. 7. 1944
7	Br. Valentin Sauer	Thuringia	1909	1952	8. 1. 1959
8	Br. Marcellin Weigert	Bavaria	1909	1914	
9	Br. Herkulan Irlbeck	Bavaria	1909	1911	
10	P. Eusebius Breitung	Thuringia	1910		18. 10. 1969
11	P. Alexius Hipp	Thuringia	1910		10. 3. 1945
12	P. Hilarius Schmelz	Thuringia	1910		13. 8. 1954
13	Br. Joseph Barthelme	Thuringia[4]	1910		19. 12. 1952
14	Br. Rochus Becker	Thuringia	1910		8. 9. 1920
15	Br. Gerhard Hill	Irland	1910	1914	15. 9. 1943
16	P. Calixte Gelinas[3]	Paris	1910	1922	15. 1. 1959
17	P. Agnellus Kowarz	Silesia	1910	1935	22. 6. 1937
18	P. David Miebach	Thuringia	1911	1960	23. 4. 1962
19	P. Wolfgang Lang	Thuringia	1912	1929	30. 6. 1958
20	P. Dorotheus Schilling	Thuringia	1912	1920	5. 6. 1950
21	P. Timotheus Ruppel	Thuringia	1913		4. 9. 1924
22	P. Urbain Cloutier[3]	Paris	1918	1921	22. 2. 1965
23	P. Lukas Berning	Thuringia	1920		27. 1. 1933
24	P. Hugolin Noll	Thuringia	1921		18. 12. 1957
25	P. Didymus Jordan	Thuringia	1921	1972	14. 11. 1972
26	P. Emmanuel Zentgraf	Thuringia	1923		10. 2. 1970
27	P. Titus Ziegler	Thuringia	1923		28. 8. 1959
28	P. Damasus Golla	Silesia	1923	1960	26. 5. 1977

Anhang

		Provinzzugehörigkeit	Einreise[1]	Ausreise	Todesdatum
29	Br. Titus Jakobs	Thuringia	1923	1930	
30	Br. Ludger Heim	Thuringia	1923		12.12.1963
31	Br. Antonius Joseph Shiraishi[5]	Thuringia	1923		16.8.1957
32	P. Martin Plotnik	Silesia	1925		
33	P. Ubald Schecke	Thuringia	1925	1955	2.8.1964
34	P. Solanus Denkel	Thuringia	1925		21.11.1974
35	P. Ladislaus Flesch	Thuringia	1926	1955	20.6.1978
36	P. Nazarius Dietz	Thuringia	1926	ca. 1928	
37	P. Zeno Fleck	Thuringia	1927		1.5.1980
38	Br. Vitalis Cire	Thuringia	1927	1931	9.7.1962
39	Br. Ludwig Stephan	Thuringia	1927		25.4.1978
40	P. Martin Friese	Thuringia	1927	1937[6]	27.8.1980
41	P. Gerhard Huber	Thuringia	1928		7.9.1978
42	Br. Daniel Klüber	Thuringia	1928	1984	25.2.1987
43	P. Robert Klitsch	Thuringia	1930	1933	12.11.1964
44	Br. Optatus Buhr	Thuringia	1930	1969	10.5.1972
45	Br. Silvius Steinmetz	Thuringia	1930	1941[6]	30.6.1963
46	P. Ludolf Kellner	Thuringia	1931		21.4.1985
47	P. Augustin Tischlinger	Thuringia	1931		24.4.1960
48	P. Gratian Drößler	Thuringia	1932	1941[6]	22.5.1970
49	P. Virgil Nagel	Thuringia	1932	1939–1949[7]	22.11.1965
50	P. Petrus-Baptista Takemiya[5]	Thuringia	1932		4.8.1983
51	P. Justinian Hinz	Thuringia	1933	1941–1950[8]	6.6.1987
52	Br. Oswald Braun	Thuringia	1933	1941[6]	8.1.1978
53	P. Raimund Tschorz	Silesia	1935	1935[9]	
54	P. Antonius Kawamura[5]	Thuringia	1935		15.2.1943
55	P. Bernardin Asai[5]	Thuringia	1935		8.7.1978
56	Br. Joseph Kodama[5]	Thuringia	1936		26.12.1979
57	Br. Ägidius Izawa[5]	Thuringia	1936		15.4.1968
58	P. Lukas Bertram	Thuringia	1937		18.9.1980
59	P. Januarius Menrad	Thuringia	1939		20.1.1999

		Provinzzugehörigkeit	Einreise[1]	Ausreise	Todesdatum
60	P. Sigisbert Biedermann	Thuringia	1950	1973	19. 9. 1999
61	Br. Konrad Sato[5]	Thuringia	1950		März 1991
62	Fr. Leonardo Maeda[5]	Thuringia	1953		16. 8. 1954
63	Br. Heinrich Metzler	Thuringia	1953	1981–1985[10]	
64	P. Lothar Poremba	Thuringia	1953		
65	P. Niklaus Prescher	Thuringia	1953		6. 1. 2007
66	P. Mauritius Suzuki[5]	Thuringia	1953		5. 12. 2002
67	P. Gereon Goldmann	Thuringia	1954	1994	26. 7. 2003
68	P. Franziskus Sato[5]	Thuringia	1955		2. 1. 2005
69	P. Antonius Aoki[5]	Thuringia	1955		
70	P. Gabriel Takemoto[5]	Thuringia	1955		2. 4. 1997
71	P. Martin Yamanoi[5]	Thuringia	1955		1. 11. 1991
72	P. Leo Hoshino[5]	Thuringia	1955		
73	P. Dominikus Bauer	Thuringia	1956		
74	P. Alexius Hotta[5]	Thuringia	1956		28. 7. 1988
75	P. Benediktus Yatsu[5]	Thuringia	1956		
76	P. Johannes Kikuchi[5]	Thuringia	1957		
77	P. Marianus Ishii[5]	Thuringia	1957		
78	P. Joseph Tsuzukibashi[5]	Thuringia	1957		
79	P. Andreas Fukuda[5]	Thuringia	1959		
80	Br. Fidelis Mishima[5]	Thuringia	1959		31. 3. 1961
81	P. Rupert Müller	Thuringia	1959	1988	2. 5. 2001
82	P. Konrad Fujita[5]	Thuringia	1959		
83	P. Theodor Schiebel	Thuringia	1960		
84	P. Urban Sauerbier	Thuringia	1961		
85	P. Marcus Nasu[5]	Thuringia	1962		
86	P. Maximus Akimoto[5]	Thuringia	1963		
87	P. Hermann J. Watanabe[5]	Thuringia	1963		
88	P. Marianus Ito[5]	Thuringia	1963		
89	P. Hilarius Schmidt	Thuringia	1964		
90	P. Romano Nagao[5]	Thuringia	1964		

		Provinzzugehörigkeit	**Einreise¹**	**Ausreise**	**Todesdatum**
91	P. Titus Ogawa⁵	Thuringia	1965		
92	P. Manfred Friedrich	Thuringia	1967		
93	P. Kletus Nakamura⁵	Thuringia	1968		
94	P. Linus Odaka⁵	Thuringia	1968		
95	P. Valentinus Yamamoto⁵	Thuringia	1969		
96	P. Apollonius Sato⁵	Thuringia	1969		
97	Br. Antonius Yamagishi⁵	Thuringia	1969		25. 2. 2005
98	Br. Pius Takei⁵	Thuringia	1969		
99	Br. Thomas Sone⁵	Thuringia	1969		
100	P. Dominikus Savio Yamada⁵	Thuringia	1969		
101	P. Franziskus Shibata⁵	Thuringia	1969		
102	Br. Paulus Morishige⁵	Thuringia	1970		4. 11. 1992
103	P. Joachim Kawakami⁵	Thuringia	1970		
104	P. Andreas Suzuki⁵	Thuringia	1971		
105	P. Michael Yuzawa⁵	Thuringia	1973		
106	P. Gerbert Dierksmeier	Saxonia	1974		26. 2. 1984
107	Br. Markus Matsuda⁵	Thuringia	1974		18. 8. 1981
108	Br. Ubald Hashimoto⁵	Thuringia	1974		29. 12. 1998
109	P. Paulus Miki Murakami⁵	Thuringia	1976		

---

1 Für die ausländischen Brüder Jahr der Einreise, für die japanischen Brüder Jahr der Einkleidung bzw. Rückkehr nach der Priesterweihe in Europa.
2 P. Maurice, Franzose und Mitglied der Pariser Provinz, wirkte offensichtlich in deren Niederlassung in Montreal (Kanada), bevor er von dort nach Japan ausreiste.
3 Diese Brüder waren von der Herkunft Kanadier, gehörten aber bis zur Errichtung der ersten Kanadischen Provinz, mit Sitz in Montreal, zur Pariser Franziskanerprovinz.
4 Seit 1913 gehörte er zum neu errichteten Kommissariat Elsass-Lothringen.
5 Herkunftsland Japan.
6 Nach Brasilien.
7 Nach Brasilien, seit 1949 wieder in Japan.
8 Nach Brasilien, zwischen 1950 und 1963 wieder in Japan, 1963 Rückkehr nach Deutschland.
9 Nach Nagano (Japan).
10 Zum Theologiestudium nach Schwaz/Tirol; 1985 Rückkehr nach Japan, Priesterweihe in Tokyo 1986.

Bibliografie (Auswahl)

Zur Geschichte der Franziskanermission auf Hokkaido und in ganz Japan

1. **Boehlen, Hippolytus ofm: Die Franziskaner in Japan einst und jetzt.**
Trier: Paulinus-Druckerei 1912, 148 S.
(Aus allen Zonen, Bd. 15)

2. **Christus ruft. Von unserer Missionsarbeit in Japan.** Lichtbildreihe in 90 Bildern. Privatfilmstreifen von der Provinz-Missionsprokuratur Fulda.
Fulda: Kloster Frauenberg 1933, 41 S.

3. **Festschrift zum 30jährigen Bestehen der katholischen Kirche St. Paulus, Rumoi.**
Rumoi: Pfarrei St. Paulus 1967, 56 S., Abb.
(in japanischer Schrift)

4. **Die Franziskanermission in Japan.**
Jahresbericht 1912/1913, zusammengestellt von P. Wolfgang Lang ofm.
Fulda: Kloster Frauenberg 1913, 24 S.

5. **Fünfundsiebzig Jahre Hokkaido-Mission der Fuldaer Franziskanerprovinz (Thuringia), 1907–1982.**
Fulda: Sonderdruck aus Thuringia Franciscana NF 38 (1983), S. 181–266

6. **Fünfundzwanzig Jahre Katholische Pfarrei St. Elisabeth, Tokyo-Itabashi.**
Tokyo: Pfarrei St. Elisabeth 1978, 110 S., Abb.
(in japanischer Schrift)

7. **Fünfundzwanzig Jahre Pfarrei Asahikawa-Omachi.**
Asahikawa: Catholic Center 1975, o. P. Abb.
(in japanischer Schrift)

8. **Die fünfzigjährige Geschichte der Franziskaner in Hokkaido (Japan).**
Sapporo: Komyo-sha-Verlag 1957, 34 Bl.
(Beilage zum Monatsblatt Komyo-Sapporo, hrsg. von **P. Gerhard Huber ofm,** in japanischer Schrift)

9. **Fünfzig Jahre Kirche in Nayoro.**
Nayoro 1990, 87 S., Abb.
(in japanischer Schrift)

10. **Geschichte der Kirche in Japan.**
Eine Ausstellung der Diözesan- und Dombibliothek Köln … zum 50jährigen Bestehen der Partnerschaft der Erzdiözesen Köln und Tokyo.
Köln: Erzbischöfl. Diözesan- und Dombibliothek 2004, 354 S., Abb.
(Libelli Rhenani, Bd. 7)

11. **Henseler, Ewald SJ: Katholische Kirchenmusik in Japan.** Untersuchungen

zu den Quellen und kommentierte
Bibliographie.
St. Ottilien: Eos-Verlag 1994, 372 S.

12. Huber, Gerhard ofm: Die Ainu.
Ein Volk im Untergang.
Fulda: Kloster Frauenberg 1964, 123 S.

13. Huber, Gerhard ofm: Erinnerungen eines Japanmissionars.
Fulda: Kloster Frauenberg 1959, 146 S.

14. Huber, Gerhard ofm: Fünfzig Jahre in Japan. Geschichte der Hokkaido-mission der Thüringischen Franziskaner.
Fulda: Kloster Frauenberg 1957, o. P., Abb.
(Umschlagtitel: Heiliges Vermächtnis).
Entspricht Thuringia Franciscana NF 12 (1957), Heft 2 (= S. 1–159)

15. Huber, Gerhard ofm: Die Geschichte der katholischen Mission in Sachalin.
In: Thuringia Franciscana NF 14 (1959), S. 133–160

16. Huber, Gerhard ofm: Kreuze über Nagasaki. Den 26 Erstlingsmartyrern Japans zum Gedächtnis.
Werl: Dietrich-Coelde-Verlag 1954, 212 S.

17. Huber, Gerhard ofm: Der selige Pater Ludwig Sotelo. Märtyrer
aus dem Franziskanerorden.
Werl: Franziskus-Druckerei 1937, 155 S.
(Aus allen Zonen, Bd. 24)

18. Huber, Gerhard ofm: Die tausend Inseln. Ein Beitrag zur Missionsgeschichte Hokkaidos.

In: Thuringia Franciscana NF 16 (1961), S. 63–84

19. Katholische Pfarrei Sapporo, 11. Bezirk.
Sapporo: Komyo-sha-Verlag 198.,
223 S., Abb.

20. Kinold, Wenzeslaus ofm: Geschichte unserer Mission in Japan.
In: Bei St. Franziskus 6 (1926),
7 (1927), 9 (1929), 10 (1930)

21. Seitz, Josef: Gegen den Strom.
Packende Erlebnisse des Lumpensammlers von Tokyo, P. Gereon Goldmann.
Fulda: Missionsverwaltung der Franziskaner 1965, 64 S., Abb.

22. Stephan, Ludwig ofm: Fünfzig Jahre in der Japanmission. Lose Erinnerungen.
In: Thuringia Franciscana 33 NF (1978), S. 244–267

23. Uyttenbroeck, Thomas ofm: The Franciscans in the Land of the rising Sun. Fifty years after their return, 1957.
Tokyo: St. Joseph Friary 1957, 82 S., Abb.

24. Zehn Jahre Pfarrei St. Elisabeth Itabashi-Tokyo, 1953–1963.
Tokyo: Pfarrei St. Elisabeth 1963,
63 S., Abb.
(in japanischer Schrift)

25. Ziegler, Titus ofm: Die Sehnsucht unseres Herzens. Reisegedanken eines Franziskanermissionars.
Fulda: Kloster Frauenberg 1923, 63 S.

Andere Veröffentlichungen von Hokkaido-Missionaren

26. **Deutsch-Japanisches Wörterbuch in Zeichen und Umschreibung,** hrsg. von **Eusebius Breitung ofm.** Sapporo: Komyo-sha-Verlag 1936, 974 S. (mit 9 Nachdrucken der 2. Auflage von 1947)

27. **Katholische Heiligenlegende,** hrsg. von **Eusebius Breitung ofm,** 3. Auflage. Sapporo: Komyo-sha-Verlag 1963–1965, 2 Bde., Abb.
Bd. 1: Januar bis Juni, 1963, 626 S.
Bd. 2: Juli bis Dezember, 1965, 650 S.
(in japanischer Schrift)

28. **Katholisches Gebetbuch,** hrsg. von **Eusebius Breitung ofm.**
Sapporo: Komyo-sha-Verlag 1964, 227 S.
(in japanischer Schrift)

29. **Katholisches Gesangbuch,** hrsg. von **Eusebius Breitung ofm.**
Sapporo: Komyo-sha-Verlag 1966, 432 S.
(in japanischer Schrift)

30. **Klostermann, Mauritius ofm: Besuchungen des Allerheiligsten,** übers. von **Eusebius Breitung ofm.**
Sapporo: Komyo-sha-Verlag 1950, 261 S.
(in japanischer Schrift)

31. **Officium parvum Beatae Mariae Virginis. Editio amplior.** Lat.-jap., übers. von **Eusebius Breitung ofm.**
Sapporo: Komyo-sha-Verlag 1961, 607 S.
(in japanischer Schrift)

32. **Fleck, Zeno ofm: Katholischer Katechismus,** handschriftlich.
Ohne Ort und Jahr, 8 Bde.
(in japanischer Schrift)

33. **Goldmann, Gereon ofm: Briefe,** hrsg. von Willi Strunck.
Bergisch-Gladbach: ND-Freundeskreis, 3 Bde.
Bd. 1: 1960–1978, getr. Zählung, Abb.
Bd. 2: 1978–1993, getr. Zählung, Abb.
Bd. 3: 1994–2002, getr. Zählung, Abb.

34. **Goldmann, Gereon ofm: Tödliche Schatten – tröstendes Licht.** Anhang: Josef Seitz: Der Lumpensammler von Tokyo.
St. Ottilien: EOS-Verlag 2005, 344 S.

35. **Huber, Gerhard ofm: Asako, ein japanisches Mädchenschicksal.**
Werl: Franziskus-Druckerei 1936, 40 S.
(Franziskanische Weltmission, Bd. 6)

36. **Huber, Gerhard ofm: Das verlorene Paradies (Maranatha).** Ein Spiel von Sündenschuld und Erlösungssehnsucht.
Warendorf: Genesius-Verlag 1929, 40 S.
(Genesius-Spiele)

37. **Huber, Gerhard ofm: Weihnachten in Japan.**
Fulda: Parzeller 1937, 122 S., Abb.

38. **Wagner, Richard: Wagners Mysterienspiel Parsifal,** übers.

und bearb. von **Hugolin Noll ofm.**
Sapporo: Komyo-sha-Verlag 1925, o. P.

**39. Schilling, Dorotheus ofm:
Bereicherung der japanischen Flora
durch Missionare des 16. und
17. Jahrhunderts.**
Sonderdruck aus: Missions- und
Religionswissenschaft 1948, S. 192-197

**40. Schilling, Dorotheus ofm:
Christliche Druckereien in Japan.**
Sonderdruck aus: Gutenberg-Jahrbuch
XV, 1940, S. 356-395

**41. Harmonium-Begleitung ... zum
Gesangbuch der Apostolischen
Präfekturen Sapporo und Niigata,**
hrsg. von **Dorotheus Schilling ofm.**
Sapporo o. J., 36 Bl.

**42. Schilling, Dorotheus: Hospitäler
der Franziskaner in Miyako.**
Schöneck: Missionsseminar 1950, o. P.

43. Katholisches Lexikon, bearb.
von **Titus Ziegler ofm,** hrsg. von
der Sophia-Universität Tokyo.
Tokyo: Toyama-Verlag 1948–1960, 5 Bde.
(in japanischer Schrift)

44. Missale Romanum, hrsg. von
Titus Ziegler ofm.
Sapporo: Komyo-sha-Verlag 1935,
1.148 S.
(in japanischer Schrift)

**45. Terminologia Catholica Japonice
reddita,** hrsg. von **Titus Ziegler ofm**
und **P. Kraus SJ.**
Tokyo: Sophia-Universität 1937.
(z. T. in japanischer Schrift)

Zur Vertiefung

46. Baatz, Ursula: H. M. Enomiya Lasalle: Jesuit und Zen-Lehrer. Brückenbauer zwischen Ost und West.
Freiburg i. Br.: Herder 2004

47. Janzen, Bernhard-Maria: Sāmaññaphala. Die Frucht des Entsagens: Armut und Nicht-Anhaften als Weg zum Heil beim Buddha und bei Franziskus von Assisi.
Würzburg: Echter, und Altenberge: Oros 1997

48. Kadowaki, Kakichi: Erleuchtung auf dem Weg: zur Theologie des Weges.
München: Kösel 1993

49. Kämpchen, Martin: Franziskus lebt überall: seine Spuren in den Weltreligionen.
Würzburg: Echter 2002

50. Leroi-Gourhan, Arlette und André: Eine Reise zu den Ainu.
Hokkaido 1938.
Aus dem Französischen von Eva Moldenhauer.
Zürich: Ammann Verlag 1995

51. Okano, Haruko: Christliche Theologie im japanischen Kontext.
Frankfurt am Main: IKO 2002

52. Schrimpf, Monika: Zur Begegnung des japanischen Buddhismus mit dem Christentum in der Meiji-Zeit (1868–1912).
Wiesbaden: Harrassowitz 2000

53. Seiichi, Yagi und Luz, Ulrich (Hrsg.): Gott in Japan: Anstöße zum Gespräch mit japanischen Philosophen, Theologen, Schriftstellern.
München: Kaiser 1973

Anhang

Dokumente

Erhebung der Hokkaido-Mission zum rechtlich selbstständigen Missionsgebiet (1914)

Fulda, die februarii 1914.
(Germania)

Ill.me et Rm.e D.D. Episcope!

Amplitudo Vestra Rm.e non dedignetur sequentes litteras ab infrascripto Ministro Provinciae Thuringiae S. Elisabeth benigno favore recipere. Imprimis grates habeo Aplitudini Vestrae quam maximas, quod P.P. Missionariis Provinciae nostrae in insula Hokkaido pro cura animarum laborantibus Vestra eximia benevolentia et consilio adjuvit.

Valde certe dolendum est, quod R. P. Wenceslaus Kinold haud facile aegrotavit, ac etiam nunc quiete refectioneque indiget. Magna autem cum tranquillitate saepius tum a praedecessore meo tum a P.P. Missionariis audivi, Amplitadinem Vestram laboribus in cura animarum a P.P. Patribus nostrae Provinciae, maxime a R. P. Superiore Wenceslao susceptis semper contentum fuisse. Ego quoque non destiti id studere, ut in illam Missionem quotannis bonos Religiosos et firmos robustosque Missionarios mittam, ac spero, me aestate hujus anni iterum 4 Sacerdotes in insulam Hokkaido mittere posse, qui R. P. Superiori Wenceslao levamini sint et exonerationi.

Hac occasione data Rev. Vestrae quaestionem afferre audeo, ad quam sincere et aperte respondens Amplitudo Vestra maximam mihi parabit laetitiam et solatium, scl. num Amplitudo Vestra pronus et paratus sit approbare resp. S. Congr. de Propaganda Fide commendare, ut Missio nostra Japonica a Dioecesi sejungatur et sui juris fiat. Ex esse autem declaro, me neque a P. Superiore Wenceslao neque ab alio Patre Missionario rogatum esse, ut hanc quaestionem

Reverentiae Vestrae proponam. P. Superior Wenceslaus religiosus multo modestior et humilior, quam qui honores appetat et dignitates; quod etiam longissime abest a Provincia.

Quae vero me adhortantur ad hanc quaestionem Rmae Vestrae Excellentiae proponendam, sunt sequentia:

1° Et Patres in Hokkaido degentes et Confratres in Provincia commorantes magis inflammabuntur et laetius pro Missione laborabunt, si Provincia proprium districtum suo jure gaudentem obtinebit.

2° Benefactores in Germania, qui adhuc donis et muneribus Missionem Japonicam adjuverunt, hoc multo promptius facient, si Patribus nostris proprium territorium assignatum erit; quod maxime valet de unione Missionis".

3° Proprio districtu (praef. apost.) missioni nostrae attributo FFr. Clerici magis excitantur, ut ad missionem admitti desiderant.

4° His novis vocationibus magni labores Missionariorum imprimis R. P. Sup. Wenceslai, aliquo saltem modo dispertientur; maxima esset jactura pro Missione Japonensi, si R. P. Wenceslaus, peritissimus ille et condicionibus illius regionis assuetissimus Superior laboribus succumberet, oppressus multis aerumnis et curis.

5° Eventus Missionis ultimorum annorum firmissimam spem praebent, illam Missionem Provinciae nostrae concreditam magis magisque florere.

Hae sunt causae, quas pro separatione Missionis adducere conscam. Non praetermittendum videtur, Provinciam nostram ab anno 1907 pro Missione Japonica jam 120.839 M. 95 ₰ contulisse non computatis paramentis

aliisque rebus divino cultui servientibus nec non pro
itinere Missionariorum expensis (vl. circa 20.000 M).
Proximis annis numerus Patrum haud parum augebitur
quia in cursibus theologicis multi adsunt Fratres Clerici. Ad-
junctis Patribus provincia aestate mittendis, in missione Hokkaido ex nostra Provincia Thuringiae S. Elisabeth aderunt 12
Missionarii, ad quos accedunt duo alii Patres Germani ex.
Franciscus Vergott et Agnellus Howarz.

Ad emolumentum Missionis Hokkaido et auctoritatem
respiciens Provinciae nostrae, quae quum Missionarios misit
in Brasiliam, Americam sept., Terram Sanctam et Chinam,
cum omni humilitate hanc quaestionem Amplitudini Vestrae
proponere posse et debere putavi. Reverentia Vestra minime
dubitet, quin pendenti judicio Vestro – quodcunque responsum
accepero – me libenter subjiciam; nam contra voluntatem
Rmi et Illmi D.D. Episcopi nihil unquam suscipiam.

Cum omni reverentia, qua par est, anulum
episcopalem osculans permaneo

Rmae Paternitati Vestrae

obsequens et humillimus servus
Fr. Saturninus Goer, O.F.M.
Min. Provlis.

Brief des Provinzialministers der Thuringia, P. Saturnin Goer, vom 14. Februar 1914 an
Bischof Berlioz von Hakodate: Erhebung der Hokkaido-Mission zur Missio sui iuris, zum rechtlich
selbstständigen Missionsgebiet (Provinzarchiv der Franziskaner, Fulda)

*Ernennung von P. Wenzeslaus Kinold
zum Titularbischof von Panemotico (1929)*

...us **Servorum Dei**,

...o de Sapporo in Japonia, electo Episcopo Titulari Panemotichitano, salutem et Apostoli-
... officium, quo universo christiano orbi praesidemus, Nos impellit ut curemus ne
...modo temporum vicissitudine et iniuria pristinam amiserint fulgentem gloriam. Cum ita-
...uchut, postremi ipsius Episcopi, obitum in praesens vacans existat, Nos, volentes Te, alias
...le episcopali decorare, ut munus Tibi commissum utilius ac salubrius exercere valeas, de venera-
...toritate eligimus eiusque Tibi titulum conferimus cum omnibus iuribus et privilegiis, oneribus
...servandis, antequam episcopalem consecrationem recipias, in manibus alicuius, quem ma-
...sueta iuramenta praestare iuxta statutas formulas, harumque exemplaria, Tibi dicti que
Ad hoc Antistiti Ne electo professionem ac iuramenta illa Nostro et Romanae Eccle-
...alem favorabiliter prospicientes, facultatem Tibi concedimus episcopalem consecratio-
...em Sedis Apostolicae habente, assistentibus ei, si in dissitis istis partibus episcopalem con-
...nt duo alii catholici Antistites, qui commode vocari et Episcopo consecranti assistere pos-
...a diximus emiseris, nec non consecrationem praefatam recipere audeas, nec eorum Tibi
...autem spem fiduciamque concipimus fore, ut, dextera Domini Tibi assistente pro
...astoralem industriam et studium fructuosum regatur utiliter ac prosperi illic re...
...Domini millesimo nongentesimo vigesimo nono die decima octava mensis Martii,

...rd. Frühwirth
...rius S.R.E.
                        ...Capelli...   Rot. Ap.

                                    Angelus Pericoli script. Apostolicus

Ernennung von P. Wenzeslaus Kinold zum Titularbischof von Panemotico. Pergamenturkunde mit Bleisiegel, ausgestellt am 18. März 1929 durch Andreas Kardinal Frühwirth, Kanzler der Heiligen Römischen Kirche. Provinzarchiv der Franziskaner, Fulda.

Bitte von 16 Brüdern der Thuringia, in die Japanische Provinz überzutreten (1986)

請　願　書

フルダ管区長様

シルベストロ管区長様と兄弟の皆さんに神の平和と愛が豊かにありますように。

旭川地区は1985年11月19日に、日本管区の管区長様、理事の方々と日本で働く多くの兄弟の臨席のもとで、日本管区へ移籍しました。

つきましては、右に署名する兄弟達が、フルダ管区から日本管区へ移籍する許しを願っていますので、ここにその許可を請願致します。

An den P. Provinzial und die Leitung der thüringischen Provinz.
Die Brüder von Asahigawa wünschen P. Provinzial Silvester und allen Mitbrüdern den Frieden und die Liebe Christi.
Am 19. November 1985 ist die Kustodie von Asahigawa im Beisein der japanischen Provinzleitung und aller in Hokkaido arbeitenden Brüder in die japanische Provinz von den Hl. Martyren aufgenommen worden.
Nun bitten die unten verzeichneten Brüder, von der Fuldaer Provinz in die japanische Provinz übertreten zu dürfen.
Gott segne die Mutterprovinz von Fulda
Asahigawa, den 1. Februar 1986

Brief der Provinzleitung der Japanischen Provinz an die Provinzleitung der Thuringia vom 1. Februar 1986 mit der Bitte von 16 Brüdern der Thuringia um die Zustimmung zum Übertritt in die Japanische Provinz (Provinzarchiv der Franziskaner, Fulda)

Zustimmung zum Übertritt von 16 Brüdern in die Japanische Provinz durch das Definitorium (1986)

Provinzialat der Franziskaner
Am Frauenberg 1, D-6400 Fulda

15.03. 1986

Franciscan Province
of Japan
Roppongi 4-2-39
Minato-ku

J-106 Tokyo / Japan

Betr.: Petibio der japanischen Brüder
Schreiben vom 01.02. 1986

Lieber P. Provinzial,
liebe Brüder in der Provinzleitung,

nachdem am 19. November 1985 unsere langjährige Kustodie von Asahigawa rechtlich in die japanische Provinz eingegliedert wurde, baten mit Schreiben vom 01. 02. 1986 16 Brüder der Thuringia in Japan auch persönlich in die Japanische Provinz übertreten zu dürfen.

Das Definitorium der Thuringia hat nun auf seiner Sitzung am 28. 02. 1986 in Mannheim einstimmig seine Zustimmung zum Übertritt der namentlich aufgeführten Brüder gegeben.

Um den noch geltenden Generalkonstitutionen Rechnung zu tragen, bedarf dieser Übertritt auch der Zustimmung der aufnehmenden Provinz. CCGG Art.305: "Der Übertritt in eine andere Provinz bedarf der Zustimmung beider Provinzdefinitorien. Er wird erst nach 2 Jahren endgültig, wenn das Definitorium der neuen Provinz wiederum zustimmt. Ein endgültiger Übertritt muß dem Generalminister mitgeteilt werden."

Wir bitten Euch also um Zustimmung zum Übertritt unserer Brüder und verbinden damit die Hoffnung, daß die Einheit der Brüder in der Japanischen Provinz gefördert wird und der Herr der Provinz reiche Frucht schenkt. Möge so aus dem bisherigen Nebeneinander ein immer festeres Miteinander werden.

Allen Brüdern in der Provinzleitung und allen minderen Brüdern in Japan senden wir den Gruß des auferstandenen Herrn:

" Der Friede sei mit Euch! "

Herzlich Euer cfr.

Silvester Neichel
Provinzial

Anlage: Kopie der Petitio

Brief des Provinzialministers der Thuringia, P. Silvester Neichel, an die Provinzleitung der Japanischen Provinz vom 15. März 1986: Der Bitte von 16 Brüdern der Thuringia um den Übertritt in die Japanische Provinz wird vom Definitorium der Thuringia die Zustimmung erteilt.

Anhang

Orts- und Zeitüberblick

Zeittafel

1907 — Ankunft der ersten beiden Franziskanermissionare P. Wenzeslaus Kinold und P. Maurice Bertin auf Hokkaido

1911 — Anschluss der bis dahin internationalen Hokkaido-Mission an die Thüringische Franziskanerprovinz

1914 — Erhebung der Hokkaido-Mission zum rechtlich selbstständigen Missionsgebiet

1915 — Sapporo, das Missionsgebiet der Thuringianer auf Hokkaido, wird Apostolische Präfektur

1929 — Sapporo wird Apostolisches Vikariat

1953 — Erhebung von Sapporo zur Diözese

1956 — Formelle Errichtung des Provinz-Kommissariates von Sapporo durch das Generaldefinitorium in Rom

1967 — Erhebung der Hokkaido-Mission der Thuringia zur Kustodie

1971 — Errichtung der Japanischen Föderation aus allen zwölf Franziskanermissionen

1977 — Errichtung der Japanischen Provinz

1985 — Beitritt der Thuringia-Kustodie auf Hokkaido zur Japanischen Provinz

2007 — Feier zum Gedenken an 100 Jahre Hokkaido-Mission der Thüringischen Franziskanerprovinz

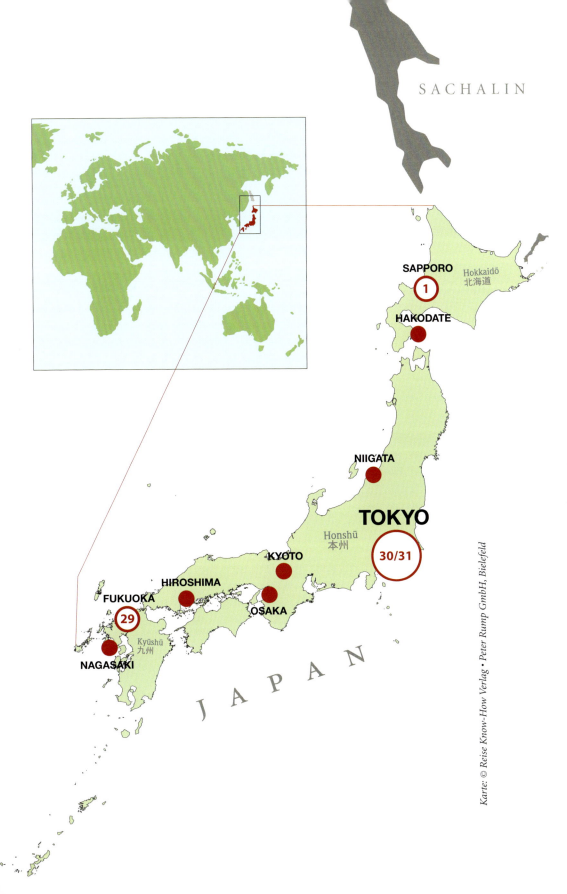

Missionsstationen der Thuringia in Japan

Hier sind nur die Orte aufgeführt, die als Stationen in den Schematismen ausgewiesen wurden und entweder von den Brüdern aus der Thüringischen Franziskanerprovinz übernommen oder gegründet wurden.

In einigen der unten aufgeführten Stationen auf Hokkaido sind noch heute Missionare aus der Thuringia tätig. Andere aus der Thuringia stammende Brüder arbeiten und leben heute in anderen Regionen Japans.

Die meisten der aufgeführten Stationen wurden im Laufe der Jahre durch Neueinteilung der Zuständigkeiten an andere übergeben. 1949 beispielsweise wurde Hokkaido in mehrere Distrikte unterteilt: Die Weltpriester der Diözese Sapporo übernahmen die Stationen im Distrikt Sapporo, die Thuringia-Mission den Distrikt Asahikawa sowie weiterhin ihre erste Gründung in Sapporo, der Distrikt Kushiro wurde der Franziskanerprovinz von Venedig und der Distrikt Kitami der Niederländischen Franziskanerprovinz übertragen.

Die Stationen auf Sachalin wiederum wurden 1931 als eigenständiges Missionsgebiet an polnische Missionare übergeben, nachdem einige von ihnen bei den deutschen Brüdern auf Hokkaido die japanische Sprache gelernt hatten.

Selten wurden Stationen wieder ganz aufgegeben wie die Station in Shiraoi, die schon nach einigen Jahren wieder verlassen wurde, da die dort geplante Ainu-Mission wenig erfolgreich verlief.

Stationen auf Hokkaido	Übernahme- bzw. Gründungsjahr
1. Sapporo	1907
2. Kameda (heute Kameda Hanto)	1909
3. Muroran	1909
4. Shiraoi	1911
5. Kutchan	1911
6. Hieroshima (heute Kitahiroshima)	1913
7. Iwamizawa	1913
8. Asahikawa	1915
9. Otaru	1915
10. Kushiro	1927
11. Sapporo-Yamahana	1930
12. Tomakomai	1930
13. Obihiro	1930
14. Wakkanai	1933
15. Kitami	1933
16. Rumoi	1936
17. Sapporo-Maruyama	1937
18. Nayoro	1940
19. Sunagawa	1949
20. Shimizusawa (gehört heute zu Yubari)	1949
21. Oyubari = Yubari	1950
22. Furano	1952
23. Bibai	1953
24. Esashi	1955
25. Haboro	1965
26. Shibetsu	1968
27. Takikawa	1974
28. Rishiri	1980

Stationen auf Sachalin	
Toyohara	1913
Otomari	1927
Maoka	1930
Nokkenshi	1935

Stationen im übrigen Japan	
29. Fukuoka	1950
30. Tokyo-Itabashi	1953
31. Tokyo St. Gregorius	1979

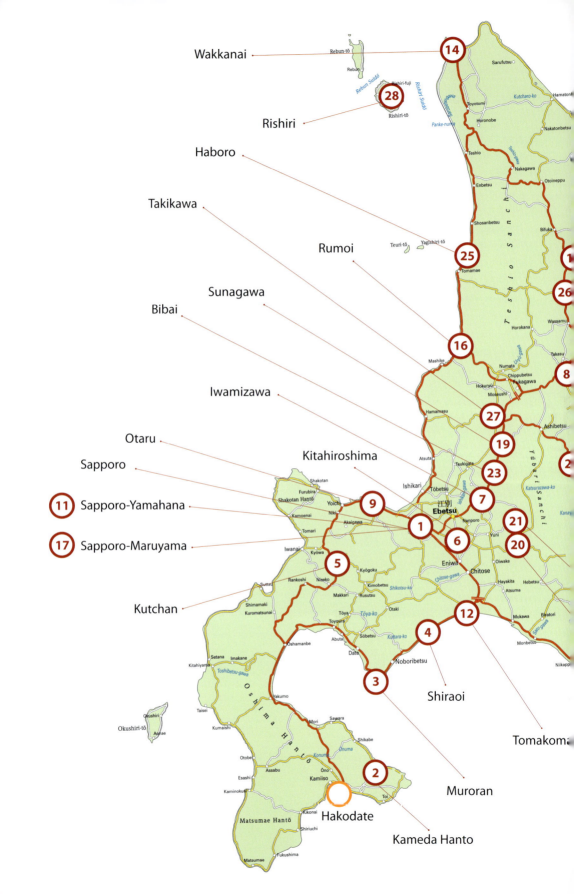